近代日本の思想家

7

Nishida Kitaro

西田幾多郎

Takeuchi Yoshitomo

竹内良知

東京大学出版会

Thinkers of Modern Japan 7
NISHIDA KITARO

Yoshitomo TAKEUCHI
University of Tokyo Press, 2007
ISBN 978-4-13-014157-4

下村寅太郎先生にささげる

UP選書に収めるにあたって

この本が「近代日本の思想家」シリーズの一冊として東京大学出版会から世に出たのは、一九六六年であった。いま読みなおしてみると、いろいろ不十分な点があることに気がつく。とりわけ、第五章の『善の研究』における「純粋経験」の哲学を論じた部分は、できれば書きなおしたいと思う。私はそこで西田の「純粋経験」の哲学をヘーゲル的合理主義の見地から批判しようとしているが、そのためにかえって西田の哲学の独自な意義が十分にとらえられていないからである。西田哲学にたいする私の理解は、いまでは、この本を書いたときよりもすすんでいる。それだけに、私にはこの本の不十分さがつよく感じられる。だが、西田の哲学については別に一冊書くつもりなので、この本の欠点はそのさいに改めることにして、いまは、そのままにしておくことにしよう。

今年は西田幾多郎生誕百年にあたる。その年に、この本が、いのちながらえて、UP選書に加えられ、東京大学出版会からあらためて出版されることになったのは、私にとってはうれしいことである。

一九七〇年六月

著　者

まえがき

この本の執筆にとりかかってから、すでに、かれこれ十年あまりの歳月が流れた。

この本を書きはじめたとき、私は、西田幾多郎の生涯と哲学とについてそれまでに発表したことのあるいくつかの文章を、まとめて書き足せばいいと考えていた。最初の原稿が半分ほどできたころ、私はそれが気にいらなくなって、はじめから書きなおすことにした。私は前半で『善の研究』の成立までの西田の生活と彼の思想の形成過程とを簡単に書くとともに、西田幾多郎を福沢諭吉、中江兆民、北村透谷、高山樗牛、綱島梁川などのなかに位置づけて、『善の研究』の思想史的意味を探り、後半で、大正から昭和二十年までの歴史的状況のなかでの西田哲学の発展をたどり、西田哲学が日本の思想と文化のなかで占めた位置を明らかにするつもりであったが、前半の部分を書いてみると、明治の他の思想家についての研究が十分でなかったことがわかって、できた原稿を活字にするのがいやになったのである。私は、後半の部分を書きかけたまま中断して、透谷や樗牛をあらためて読みなおしはじめた（できあがった前半の原稿は、督促されるままに編集者に渡したが、それから数年間、編集者の机のなかで眠ることになった）。

そうしているうちに、上山春平氏や山田宗睦氏の業績をはじめ、いくつかの西田幾多郎論があらわれたし、それらの業績のなかでは、若い西田と中江兆民との関係や、西田と透谷との系譜関係や西田と綱島梁川との親近性などが指摘されていた。それは、私も以前に指摘したことがあったり、右に述べた原稿のなかで触れておいたりしたことでもあるので、私は、それらの西田論に共感もし、教えられもしたが、それらの西田論における明治思想史のとらえ方には、私が自分に見出したのとおなじ不十分さがあることを感じないわけにはゆかなかった。したがって、私は明治思想史の研究の必要をますますつよく感じて、なかなか執筆にはとりかかれなかった。

それらの西田論のうち、宮島肇氏の『明治的思想家像の形成』には、私が以前に書いた西田論への批判がふくまれていた。それは、私のかつての西田論がイデオロギー論的でありすぎて、西田の生活とその状況とについての実証的な研究が足りないということのようであった。私は高校生のころ、三木清の著作をつうじて、西田哲学に興味をいだき、大学生時代にも西田の後期の著作をかなり熱心に読み、少なからず影響をうけた。それだけに、戦後は、自分のなかにある西田哲学的なものを否定しないではおれなくなって、西田哲学批判をはじめたのであった。私にとって、西田哲学批判は自分を古いものから解放するためのものであった。しかし、それはかなり性急なものでもあった。私はその性急さに気がつきはじめていた。明治の思想の歴史の研究をつうじて、戦前に西田哲学を批判した先輩たちにも、私とおなじ性急さと不十分さとがあったことも見えはじめていた。それで、私は宮島氏の批判のある面をすなおにうけいれることができた。しかし、宮島氏による西田の伝記のとらえ方は、私が以前に書いたものよりも、はるかに実証性に乏しいものであった。だが、宮島氏の弱点が西田の伝記資料を無批判にうけとっている点にもとづいていることがわかってみると、伝記資料そのものが批判を要することもわかって、私は自分で西田の伝記を批判的に組み立てなおしてみなければならないと考えるようになった。

　督促をうけて、二度目の原稿にとりかかるとき、私ははじめのプランをすてて、この本では『善の研究』の成立までだけを扱うことにして、第一部では若い西田の伝記をできるだけ正確に組み立てなおし、第二部で、『善の研究』を哲学的に検討したうえで、それの思想的位置を明らかにしようと考えた。そして、トマス・ヒル・グリーンの《Prolegomena to Ethics》やウィリアム・ジェームズの諸著をはじめ、西田が若いころに読んだ書物をあらためて読んでみたうえで、二度目の原稿を書きはじめた。

　書いてゆくうちに、調べておいたつもりの伝記的事実について、細かい点にかんする疑問がつぎつぎにあらわれて、そのたびごとに細かい考証をしなければならなかった。『西田幾多郎全集』の別巻に載っている「年譜」にさえ、疑わしい個所や明白な誤りと思われる個所があることもわかってきた（「年譜」のなかの明白に誤りと断定できる点は、『全集』の新版の編集にも携わっておられる下村寅太郎先生におしらせしておいた）。疑わしい点をやっと確かめて書きすすむと、まだ調べおとしていた点のあることに気がつき、その点を調べてみると、それまで書いてきたことを訂正しなければならなくなったりして、叙述はなかなか難航した。そのような難航をつづけているころ、船山信一氏の御好意で、西田の書いた「グリーン倫理学」を読むことができた。あらかじめグリーンの著作を読んで『善の研究』の成立におけるグリーンの意義についてはある見当をつけておいたが、この「グリーン倫理学」はその見当を確かめてくれるものであった。だが、それでもやはり、私ははじめに立てた叙述の計画をかなり修正しなければならなかった。こうして、できあがった原稿はかなりギクシャクしたものになった。私は、もう一度、はじめから書きなおすことにした。

二度目の原稿を書いているうちに、私には一つの重要な問題が感じられるようになった。それは、西田の思想の形成に陽明学が大きな役割をはたしたのではないかという問題である。日記や書簡を見ると西田は雲井龍雄とか河井継之助とかいう人たちを尊敬していたと思われるが、私はそれまでそれらの人物のことを調べてみたことがなかった。しかし、調べてみると、それらの人たちが陽明学者であることがわかった。そして、そのことがわかってみると、西田の若いころの日記の記事や文体が陽明学の影響をしめしていることなど、いろいろなことがわかってきた。しかし、私は陽明学のことをよく知らないので、その方面の文献を漁ってみたが、俄勉強では自信がなかった。そのうちに、明治の他の思想家たちにあっても陽明学が小さくない役割をはたしていたことがわかってきた。こうして、日本の近代文化の形成において陽明学が重要な役割をはたしたのではないか、陽明学が西欧思想の摂取のバネになったのではないか、ということが私にとって問題になりはじめたのである。しかし、私は、この問題はつぎの研究課題にしてこの本では触れまいと考えて、とにかく三度目の原稿にとりかかった。そのころ、同僚の山下龍二助教授(中国哲学)が西田と陽明学との関係を考えるうえでの貴重な示唆をあたえて下さった。山下氏が貸して下さった三島復の『王陽明の哲学』は私にはたいへん役に立った。だが、私にはまだ自信がなかったので、陽明学のことには触れずに、三度目の原稿を書きすすめた。

第三章まで書いてきたとき、私は別の仕事のために中断しなければならなくなった。第四章の原稿にとりかかったのは、一年ちかい間をおいたあと、今年の二月であった。そのため、第三章までと第四章からとでは、叙述の調子がいくらかちがうことになった。そのうえ、伝記的記述の部分が予想よりはるかにながくなって、はじめ予定していた二つの章——『善の研究』の哲学的検討をおこなう章と『善の研究』の明治思想史における位置を明らかにする章とを書くだけの紙幅はなくなってしまった。それで、私は四章までのまとめと補遺とをかねて第五章を書き、そこで西田と陽明学との関係という問題を提起して、結びに代えることにした。

こうして、やっとこの本を書きあげたのだが、時間のかかったわりにはあまりにも貧しい出来ばえである。できたら、もう一度書きなおしたいけれども、十年あまりも待ってくれた東京大学出版会がこれ以上待ってくれそうもないので、不満足ではあるが、これはこれで読者の批判に委ねてみようと思う。はじめこの本にとりかかったとき、私はこれで西田哲学に訣れを告げようと考えていたが、この本を書きあげたいまは、やっと西田哲学批判の準備がどうやらできたという感じである。私は当分まだ西田哲学を相手にしなければならないだろう。それは、私が西田哲学に親近感を残しているからではなくて、日本の思想の問題を考えるうえで、西田哲学の全面的な克服の努力がいまもまだ必要だと思うからである。私はこの本を書く過程をとおして、いまやっと日本の近代史がはらんだ問題が自分の眼に見えはじめたように思う。機会があれば、この本に書くつもりで書けなかった部分といっしょに、後期の西田哲学をふくめた西田幾多郎の像を書いてみたい。そうすれば、おそらく、哲学が日本で真にアクチュアルな意味をもつための条件もわかるようになるであろう。

この本を書いているあいだに、『西田幾多郎全集』の新版が出はじめたけれども、この本では旧版に拠ったことをつけ加えておこう。なお、先学、同学の人びとの業績に触れるにあたっては、すべて敬称を省かせていただいたこともおことわりしておく。

私はこの本を、下村寅太郎先生が東京教育大学を停年で退職される今年三月までに出したかったけれども、残念ながら間にあわなかった。おくればせになるが、私はこの本を下村先生にささげて恩師への謝意のしるしにしたい。

最後になったが、この本を書くのに貴重な教示や援助を与えて下さった船山信一、加藤将之、上田義文の諸先生ならびに山下龍二、溪内謙、江藤恭二の諸氏にお礼を申上げたい。また、かつて東京大学出版会にあって、この本を書く機会を与えてくれたうえ、私の我儘をきいてくれた山田宗睦氏、その後をうけて、忍耐づよく無精な私を励まして下さった東京大学出版会編集部の諸氏、わけても斎藤至弘氏および本書の製作のうえでお世話になった公文京子さんに厚くお礼を申したい。

一九六六年七月

著　者

目次

第一章　青年の客気

昭和三(一九二八)年、西田幾多郎は還暦に達して、(1)停年で京都帝国大学教授の職を退いた。当時は、停年で大学を退職すれば、学界の第一線からも退いて、いわば悠々自適の生活に入るのが通例であったし、著名な学者が還暦に達して大学を退くと、同学の友人・後輩や弟子たちがその還暦を祝い、在職中の業績を讃え、あるいは謝恩の意を表わすために、たとえば記念論文集を編纂して贈るなど、さまざまな記念の事業をおこなうのが慣例であった。還暦の祝いはその学者の学問的生活の完結を記念するという意味をもっていたのである。ところが、西田は停年退職にあたって、自分にたいするそのような企てを固く辞退していっさい受けつけなかった。彼は、そうすることによって、退職後も、在任中とおなじように、いやそれにもまして、哲学的思索活動をつづける決意を披瀝したのであった。

(1) 西田はこの年、戸籍のうえでは満六〇歳になって還暦に達したことになったが、じっさいにはまだ五八歳であった。戸籍上の年齢とじっさいの年齢とが違っている事情についてはのちに述べる(一九頁参照)。

明治の末に『善の研究』を発表していらい、西田の努力は、一貫して、彼が「真実在」とみなしているものの論理的・概念的把握を深めることに注がれていたが、その「真実在」は、彼が還暦を迎えたからといって、論理的把握の努力をゆるめたり、やめたりすることを許さない底のものであった。事実、西田の哲学的活動は、京都大学を退いたのちもいっこうに衰えを見せなかったばかりでなく、かえって、それ以前よりもいっそう活潑になっていった。西田の思索は何ものかに憑かれでもしたかのように、ひたむきにつづけられた。そして、大学を退いた当時すでに「西田哲学」という名で知られるようになっていた彼の「絶対無の場所」の哲学が「絶対矛盾的自己同一」の論理にまで彫琢されていったのは、まさに停年退職から逝去にいたるまでの晩年十数年間のこのひたむきな哲学的思索によってであったし、彼の著作の大半は停年退職以後に書かれたものである。この点からいえば、還暦・停年退職ということは、西田の生涯にとっては、ほとんどとるに足りない里程標にすぎないといってもよかろう。

しかし、それでもやはり、停年退職ということは彼にそれまで自分が歩いてきた道程を回顧させる機会にはなった。西田はこの年の暮に「或教授の退職の辞」という短い自伝的な文章を書き、そのなかで、自分の過去をふりかえりながら、

「私の生涯は極めて簡単なものであった。その前半は黒板を前にして坐した。その後半は黒板を後にして立った。黒板に向って一回転をなしたといえば、それで私の伝記は尽きるのである。併し明日ストーヴに焼《く》べられる一本の草にも、それ相応の来歴があり、思出がなければならない。平凡なる私の如きものも六十年の生涯を回顧して、転《うた》た水の流と人の行末という如き感慨に堪え

ない。」[1]

と述べて、自分の生い立ちをごく手短かに語っている。澄んだ水の流れのように淡々として簡潔なこの文章は、自分の哲学の「それ相応の来歴」にたいする西田の限りない感慨がこもっていてたいへん美しいが、彼の思い出ははるかなる若き日々、とりわけ四高の学生時代に向けられている。

「四高の学生時代というのは、私の生涯において最も愉快な時期であった。青年の客気に任せて豪放不羈、何の顧慮する所もなく振舞うた。その結果、半途にして学校を退く様《よう》になった。当時思う様《よう》、学問は必ずしも独学にて成し遂げられないことはあるまい。寧ろ学校の羈絆を脱して自由に読書するに如くはないと。」[2]

と西田は書いているが、ここには若き日々をなつかしむ思いとともに、それらの日々の自分を誇りに感じているといってもいいような西田の心のはずみがひびいている。彼が自慢にも似た感慨をこめて四高の学生時代をなつかしむのは、それ相応の理由があってのことである。

(1)『西田幾多郎全集』第一二巻一六九頁。以下『全集』と略記する。なお、引用にあたっては、原文の仮名遣いをすべて現代仮名遣いに改めた。

(2) 同前、一七〇頁。

明治二二(一八八九)年、当時四高——正確にいえば第四高等中学校——の生徒であった西田幾多郎は、「行状点欠少」のために落第し、その翌年には四高を中途退学してしまった。「青年の客気に任せて豪放不羈、何の顧慮する所もなく振舞うた」からだ、と西田はさりげなく語っているけれども、それは若き西田幾多郎の面目を伝える出来事であったばかりでなく、「西田哲学」の成り立ちや性格ともけっして浅くはないかかわりをもつ出来事でもあった。

だがこの出来事について述べるまえに、西田の生い立ちを記しておくことが必要であろう。

西田幾多郎《きたろう》が西田得登《やすのり》の長男として石川県河北郡宇ノ気村字森に生まれたのは、明治維新によって新しい社会の動きがはじまったばかりの明治三（一八七〇）年五月一九日のことであった。宇ノ気村はひろびろとつづく砂丘とそれをおおうてつらなる松原とをこえて、紺碧の日本海が、あるときは静かに、あるときは激しく望み見られ、海鳴りの音がつねにきこえてくる北陸の海辺の村である。西田家は、文禄・慶長の昔からすでにこの地の素封家として近隣にきこえ、徳川幕藩時代をつうじて加賀前田藩のもとで、代々、森の十村《とむら》(1)をつとめてきた旧家であり、幾多郎の幼少のころにも「森のものは殆ど全部が西田家の小作人であり」(2)、「お米も三百五十石から取れたという記録が残されておる」(3)ほどの大きな地主であった。母は寅三《とさ》といい、やはり前田藩のもとで七窪の十村をつとめた林家の出であった。幾多郎には正《まさ》、尚《なお》という二人の姉と、隅《すみ》、憑次郎《ひょうじろう》という妹と弟とがあった。

（1）前田藩は藩民統治のために、ほぼ十ヵ村ごとに長をおき、行政にあたらせたが、その長が十村《とむら》と呼ばれた。十村というのは庄屋のことである。十村の役は世襲であって、その家柄は苗字を許されていた。
（2）島谷俊三「『善の研究』の生れるまで」『哲学研究』第三四七号（一九四六年四月号）三一頁。
（3）西田静子「父」『わが父西田幾多郎』四頁。

西田幾多郎はこの富裕な旧家の総領息子として、恵まれた境遇のなかで、誰からも大事にされて幼少の時代をすごした。幼いときは虚弱でよく風邪をひいたが、それだけに母は幾多郎をずいぶん大切にして可愛がった。彼は、数え年五歳になっても一歳ちがいの妹といっしょに母の乳房にとりすがって乳を飲んだというほど母に甘え、いつも母のあとを追い、すこしでも母の姿が見えないと、呼びつづけてむずかり、よく癇をおこしたが、そんなとき、母はいつも幾多郎の頭を静かに撫でてあやし、癇をしずめたといわれる。そのためか、幾多郎は我のつよい、負けず嫌いな、強情な一面をもった子に育っていった。気に入らぬことがあると、屋根のうえにのぼって、「ここまでおいで」と悪たれ口をきいたそうである。[1]また「喧嘩などした時は、いくら涙を流しても決して負けたといわなかった」[2]ということも伝えられている。

（1）岸本鎌一「西田幾多郎」『国文学、解釈と鑑賞』第二六八号（一九五八年九月号、「精神病理学と文学研究法」特集）四七頁。
（2）島谷俊三、前掲論文、三五頁。

我がつよく、負けず嫌いで、強情なというこの性格は、西田のパーソナリティの重要な側面を形づくることになった。しかし、それと同時に、感じ易い心をもっていた幾多郎には、やさしい、人なつこい、思いやり深い性質もまた形づくられていった。そして、これもまた母の薫陶によるものであった。母は「女ながらも……男子に負けない胆力の据った女」[1]であったが、その反面、「非常に情深い性質で、貧しい者や困っている者があれば、縦令、それが見知らぬ旅のものであっても、どこまでも面倒見て(2)」やるというような人であったし、北陸の地に根ぶかい伝統をもっていた真宗の篤い信者でもあった。母はけっして幾多郎を甘やかしてばかりいたのではなかった。幾多郎は、母の訓育のもとで、幕藩時代のながい期間をつうじて庄屋の家柄が担い、洗練してきたエトスを、身につけて成長したのである。

（1）上田弥生「あの頃の父」『わが父西田幾多郎』五七頁。
（2）島谷俊三、前掲論文、三二頁。

甘えっ子ではあったけれども、幾多郎はまだ母の乳房をもとめていたころから、すでにすぐれた知能のひらめきを見せていた。真宗の篤い信者であった母は、乳をねだる幾多郎にむかって「お文《ふみ》さまをつとめたら乳を進ぜよう」というのがつねであった。すると、幾多郎はすぐに蓮如上人の『御文章』の一つをすらすらと暗誦して母の乳房にとりすがり、母は満足げに乳房を彼にふくませたといわれている。(1)母が幾多郎を、甘やかすといっていいほど大切にして可愛がったのは、彼が二人つづいた女の児のあとで生まれた総領息子であって虚弱だったからという理由だけによるのではなくて、数え年五歳になるかならないで、母親が誦する『御文章』をききおぼえて、すらすらと間違いなく暗誦できる彼の知能が彼女の誇りであったからでもあるにちがいない。

（1）岸本鎌一、前掲論文、四七頁。島谷俊三は、西田が母から厳格な教育をうけたことを述べ、その例として、母は幾多郎がまだ幼年のころ、毎朝彼に『歎異抄』の一句ずつを暗誦させ、それができないときは朝食をあたえなかったという話をあげている。後年、有名になってから、西田は乞われるままに郷里の小学校に、児童の訓育の資料として自分の略歴を書いてあたえたが、そのなかに、彼は「幼時母ノ厳格ナル家庭教育」をうけたと記している。西田が母からうけた家庭教育がどんなふうに「厳格」であったかは、その文面からはわからないし、西田の書いた他のいくつかの自伝的な文章のなかにも家庭教育のことは見出せない。郷里の小学校に訓育資料としておくった略歴に西田がどんな意図で、どんな意味をこめて「厳格」という言葉を用いたかについては、いくつかの推測が可能であるけれども、とにかく西田が自分では「母ノ厳格ナル家庭教育」をうけたと思っていたことは事実であろう。しかし、島谷があげている『歎異抄』云々という話は、島谷自身「そのことを何時か先生に話したら、そんなことはなかろうと苦笑しながら否定されていた」と書いているように、事実であるよりも、むしろ、つくりばなしであるように思われる。それは西田の崇拝者であった知識人たちのあいだで生まれた伝説なのであろう。『歎異抄』が話のなかに登場するあたりに、そんなにおいが感じられる。

もっとも、木村素衛は、「西田幾多郎先生の話」（『心』一九六四年一一月号）という題で発表された遺稿のなかで、毎朝朝食のまえに『歎異抄』の一句を暗誦させられたということを彼に西田自身が話してくれたと書いている。木村のこの遺稿は、島谷の「『善の研究』の生れるまで」よりもずっと前、大正一一、二年ころに書かれたものである。島谷が例にあげた『歎異抄』云々の話は、案外、木村あたりから拡がったのかもしれない。西田が幼少のころ、朝食のまえに真宗の聖典の一句を唱えさせられたということは、きわめてありうることであるが、木村がきいた談話のなかで、西田がじっさいに『歎異抄』の名をあげたのか、木村が『歎異抄』のことだろうと思ったのか、そのあたりは明らかではない。

真宗の信者の家庭での躾としては、木村や島谷のあげている『歎異抄』よりも、岸本があげている『御文章』のほうがはるかに真実性をもっている。岸本の蒐めた資料は、西田の幼時を直接知っている人びとからえられたものが多く、信憑性が大きい。そして、岸本のあげた資料から推して考えれば、西田が幼年期に家庭で母からうけた躾や訓育は、旧庄屋の家の家庭教育としては普通であって、特別に「厳格」なものではなかったと思われる。

明治五（一八七二）年に明治の新政府が発布した学制にもとづいて、明治八年には、宇ノ気村でも、森の部落にある長楽寺という寺を仮の校舎にして小学校が開設された。この小学校の開設のために骨折ったのは、宇ノ気村の戸長であり、学事係であった西田得登、すなわち幾多郎の父であった。仮の校舎とされた長楽寺は西田家の菩提寺であり、文禄・慶長のころから西田家ときわめて密接な関係をもってきた寺であった。(1) 幾多郎はまだ学齢に達していなかったけれども、このような事情から、さっそく、父の努力で開設された小学校に通学することになった。西田の一家は、これよりさき明治六年に、森の屋敷からおなじ宇ノ気村の向野の部落にある砂丘の松林のなかの一軒家に居を移していたので、(2) 幾多郎は毎日この松林のなかの家から森の長楽寺まで通った。学校はいったん宇ノ気新という部落の森七左衛門の家に移ったが、明治一三（一八八〇）年には、やはり父得登の采配によって、森の部落にあった西田家の持家を校舎にして新化小学校が開設され、(3) 幾多郎はそこで学ぶことになった。小学校に通うようになってから、幾多郎はますますそのすぐれた知能を表わすようになった。当時は就学する児童が少なかったので学校の授業はいわゆる複式授業の形でおこなわれたが、そのような条件のもとで、しかも他の生徒たちよりも年齢が低いにもかかわらず、幾多郎は群を抜いて優秀な成績をしめし、郡役所その他からたびたび表彰された。

（1） 西田家と長楽寺とは、「西田家の祖先というのは豊臣の冬の陣、または夏の陣何れかの時、主従二人この地に逃れ落ち土着するようになったもので、一人は百姓をし代々庄屋を勤め、一人は長楽寺の住職となりました」と西田静子が書いているような関係にあった（『わが父西田幾多郎』三頁）し、代々きわめて密接にむすびついていた。そして長楽寺と西田の屋敷とは隣接していた。

（2）西田の一家が森から向野に居を移したのは、西田が「三つの時隣家から出た火事で」森の家が焼けてしまった（西田静子『わが父西田幾多郎』三頁）ためであろう。向野の家に移ったのは「父の六つの頃」だと西田静子は書いている（同前）が、私は、『全集』別巻六の「西田幾多郎年譜」にしたがって、明治六年に移転したものとしておく。おそらく火災に遭ってすぐ向野の家に移ったのであろう。

ところで、西田の伝記の基礎的資料とみなされているのは島谷俊三の『『善の研究』の生れるまで』であるが、そのなかで島谷は、この転居について、「或る事情のため」と記しているだけである。「或る事情のため」という一句は、西田家が没落した、あるいは没落に瀕したということをあからさまに言うのを憚って、ぼかした表現をした言葉だととって、とれないことはない言い方である。『明治的思想家像の形成』の著者、宮島肇は、島谷の右の一句をそのように解したのであろう。宮島はこの著書において、明治六年の向野転居の理由が西田家の「没落」であったと解釈して、その「没落」が西田のパーソナリティと哲学との形成に重要な意義をもっていたとみなし、「西田の後年のあの沈うつな、内面的で思索的な強い内向的性格の土台がこの辺で方向づけられているようにも感じられるのである」（一〇九頁、なお同書三四―五頁、一〇七―九頁をも参照）と書いている。

西田幾多郎の哲学を「発想社会心理学的方法」によって説明しようとする宮島にとって、幼年期における家の「没落」の体験が西田幾多郎の「あの沈うつな、内面的で思索的な強い内向的性格の土台」を方向づけたとするこの推定は、彼の西田幾多郎論のもっとも重要な「土台」の一つである。しかし、明治六年の西田家の転居を「没落」という事情のせいにするのは正しくないと思われる。

宮島が明治六年の西田家の向野移転を「没落」のせいにするもっとも大きな理由は、森の屋敷が火災に遭ったということではなくて、この明治六年から「明治日本の農村社会の一番激しい変動期」（同前、三五頁）がはじまったということである。宮島はそこから西田家の「没落」過程を、徳富蘆花が『思出の記』

で描いている菊地家の没落過程と似たものであったと推定している(同前、三五頁)。明治六年ころからはじまる農村の変動のなかで旧庄屋の没落した例が少なくなかったことはたしかであるけれども、このころから農村が変動しはじめたからといって、そのことからただちに、旧庄屋であった西田家もまた没落しなければならなかったという結論をひきだすことはばかげたことである。そのうえ、地租改正とそれに伴うさまざまな政治的、社会的な出来事はけっして直接に地主=庄屋層の没落をひきおこすものではなかった。それどころか、それは、むしろ、地主層の富裕化を促進する条件でもあった。地租改正がけっして不可避的に地主の没落を促す誘因となったわけではないということは、宮島自身も認めざるをえなかったところである(同前、一一〇頁参照)。そこで、宮島は、西田家の「没落」の原因を「専ら米相場に手を出した父の事業の失敗と遊蕩生活の浪費」とに帰して、「学問好きの元庄屋の当主が士族の商法の例にもれず、農村に初めて浸透してきた貨幣経済の波にまきこまれて、没落してしまった」というふうに説明している。西田の父が米相場に手を出して失敗し、莫大な財産を蕩尽してしまったことは事実である――「遊蕩生活の浪費」については私は知らない――が、それは、のちに本文で触れるように、はるか後年の出来事であって、西田家が明治六年にすでに森の屋敷を明け渡して向野の一軒家に引越さなければならないほど没落していたということを立証する資料は、私の知るかぎりでは、どこにも見出せない。

宮島も、西田家の向野への移転の理由が「没落」であったという見解の根拠となるような資料を何一つあげてはいない。西田が三歳のときに隣家から出た火事のために西田家の屋敷が焼けたという事実さえ、宮島はどこにもあげていない。宮島はただ、たとえば、西田が「或教授の退職の辞」において自分の郷里を「北国の一寒村」といっている言い方や、「子供の時は……砂原の松林の中を遊び暮した」と書いている文章のなかに、「どことなくさくばくとしてわびしい」(同前、一〇八頁)ひびきが〔宮島に〕感じられるということから、それは西田の幼年時代の環境が「どことなくさくばくとしてわびしい環境」であったからにちがいないと考えて、その「どことなくさくばくとしてわびしい環境」を「没落地主の家庭的雰囲気」

だと規定しているだけである（同前、一〇九頁）。宮島が西田家の転居を「没落」のせいにする「実証的」根拠はこのような類のものにすぎない。しかし、それは宮島が自分のつくりあげた先入見を西田の文章のなかに勝手に読みこんでいるということにほかならない。

西田の「或教授の退職の辞」に「どことなくさくばくとしてわびしい」調子が感じられるとしても、それは、

冬の日の影うすらなり幾年かこやしし妻のみまかりし閨《ねや》

人は皆幸ありげなりこの思い誰と語らむ物足らぬ世や　（大正一四年）

かくてのみ今年もくれぬこん年もかくてやあらんせむ術もなし　（大正一五年）

でで虫の身は痩せこけて肩書の殻のみなるを負へる我はも　（昭和三年）

と、詠まずにおれなかったほど数々の家庭的不幸をかかえた数年間をすごしてきた西田の昭和三年当時の「わびしさ」であって、けっして「砂原の松林の中を遊び暮した」日々が「さくばくとしてわびし」かったことを意味してはいないはずである。西田が自分の郷里を「北国の一寒村」と呼んだからといって、郷里での西田の幼年時代の境遇が寒々としており、「さくばくとしてわびしい」ものであったという結論をひきだすことはできないであろう。東京や京都のような大都市からみれば、宇ノ気村は北陸の片田舎の「一寒村」にちがいないし、ながく京都ですごした西田が郷里を「北国の一寒村」と呼んだことのなかに特別の意味を読みとろうとするほうが不自然であろう。「或教授の退職の辞」においては、妻と長男とを相ついで失い、病に臥す娘をかかえて停年を迎えた西田の「さくばくとしてわびしい」心境と、うららかに愉しかった幼い日や若い日に寄せる追憶の情とが、彼自身の観照の深さによって、叙情詩のような美しさを織りなしている。それだけに、私は、「子供の時は……父母の膝下で砂原の松林の中を遊び暮した」という一句から、何の屈託もなくのびのびと育った幼年時代をなつかしむ西田の思いがひびいてくるのをきくことはできるが、「没落」の悲運のなかですごした暗い日々にたいする感慨をきくことはできない。

明治六年に西田家が没落し、あるいは没落に瀕していたということ、そして、西田の「後年のあの沈うつな、内面的で思索的な強い内向的性格の土台がこの辺で方向づけられているようにも感じられる」ということは、すべて宮島の臆測にすぎないのである。宮島は、西田家が向野の一軒家に居を移したということから、「一軒家」という言葉をみすぼらしい家のことと解して、そのイメージを明治六年の地租改正にはじまる「明治日本の農村社会の一番激しい変動期」といきなり結びつけて、西田家の「没落」という先入見をつくりあげたのでもあろうか。そして、そのさい、島谷俊三の「或る事情のために」という言葉がその先入見のよりどころになったのであろう。だが、宮島はその先入見のために、彼自身の引用しているいくつかの資料が、彼の臆測とは反対に、明治六年にはまだ西田家は没落していなかったし、したがって、転居したのは「没落」のためではなかったと考えることをも充分に許すものであることに気がつかなくなったらしい。宮島が用いた資料はすべて、幾多郎の幼年期をつうじて西田家が依然として富裕であったことをわれわれにしめしているといってもよい。宮島も引用しているが、西田の三女である西田静子は、

「父は駅に近い屋敷で、金沢へ出て勉強するまでの日を過しました。小川でメダカを掬ったり、野や山や松原の中をかけまわった楽しい少年の日を、嬉しそうに話して懐しがっておりました。……小学校の先生が離れ座敷に住んでいて、勉強を教えてもらったりした事や、お倉の中に這入ったら曾祖父の本がギッシリつまっていて箪笥の中に小判が沢山入れてあった事や、父がそれを連れて来た村の子供達に一枚ずつやった事や、それをまた貰った子供の親達が、吃驚して返しに来た事など、夢の様な楽しい幼い日のことを話して上機嫌でした。」

と伝えている（『わが父西田幾多郎』四—五頁、宮島、前掲書、一〇八頁参照）。ここに述べられている逸話が、向野の「一軒家」でのことであることは、この文章から明白である。少なくとも、これが向野に移ってからのことであると考えるほうが、森の屋敷でのことだと考えるよりも、はるかに真実に近いことはたしかである。というのは、これが明治六年以前のことだとすれば、西田の数え年四歳よりも前のことだ

ということになるが、たえず母のあとを追いかけて母の姿が見えないと疳をおこすほど泣きつづけたという虚弱な幾多郎が土蔵の二階にあがったり、村の子供たちを連れてきて箪笥をあけたりしたということはちょっと考えられないからである。当時の幾多郎はそんなことをするにはまだ幼すぎるというべきである。したがって、これらの逸話は西田が小学校に通うようになるころからあとのことだと考えるほうが自然である。そうだとすれば、向野の屋敷、すなわち「駅に近い屋敷」に移ってからのことであるということになる。小学校の先生が離れ屋敷にいたのが明治八年に森の部落に小学校が開設されたとき以降のことであることはいうまでもない。そうだとすれば、向野の家には土蔵や離れ屋敷があり、小判が箪笥にギッシリつまっていたわけである。向野の家は一軒家ではあるが、けっしてみすぼらしい家ではなかった。むしろ、一軒家であるということは、「屋敷の中に」「狸が住んでいた」ほど大きな木のあった、かなり大きな敷地のなかにある家を意味しているのであろう。したがって、向野の家を、没落した一家の「さくばくとしてわびしい」、人目を忍ぶ住居だと想像することは困難である。

また、明治一三年に西田の父得登が森の部落にある西田家の持家を校舎にして新化小学校を創設したという事実は、西田家が明治六年以後にも森に家をもっていた――少なくとも家作をもっていたことを物語っている。没落して家屋敷を明け渡した人がどうして自分の持家を学校にすることができるだろうか。西田家に家作があったのならば、本家を手離す前にそっちを手離すのが普通ではあるまいか。西田家の持家というのがかつての持家であったという意味だとすれば、たとい西田得登が村の学事係であったとしても、その家を学校につくりかえることは困難であったにちがいない。第一、明治六年に没落して家屋敷を手離して「わびしく」生きていた人が明治一三年にもまだ戸長兼学事係に任命されたまま在職しているということは、明治初年にはありえなかったにちがいない。

いずれにしても、西田家の向野への転居を「没落」によるものと考えるのは、なんら根拠のない臆測であり、先入見にすぎない。島谷のいう「或る事情」は、必ずしも没落や零落をぼかして表現した言葉と解さなければならないわけではない。転居の理由はあきらかに、火災によって森の家が焼失したからである。家屋の焼失ということがけっして小さな損害でないことはいうまでもないが、それが西田家の没落をひきおこすほどの打撃であったとは思われない。向野の屋敷の土蔵の二階に西田の祖父の読んだ書籍がたくさんあったり、簞笥のなかに小判がたくさんあったということは、家財道具がかなり火災を免れたことをしめしているし、西田家の財産が「お米も三百五十石から取れた」という田地を中心とする不動産であって、それらの財産が火災で焼失したわけではないからである。

しかし、森の屋敷の焼けあとに家屋を再建せずに、向野に移転した理由が問題になるかもしれない。もちろん、私にはその理由はわからない。あるいは、向野の家は西田家の以前からある別宅だったのかもしれないし、西田家の一族の家が絶家となって空いていたのかもしれない。西田幾多郎は戸籍上、西田藤九郎の養子となっているが（島谷俊三、前掲論文、三二頁参照）、向野の家とこの西田藤九郎という人とのあいだに何らかのつながりがあったのかもしれない。

明治六年に西田家が没落したのではないがこのころから家運が傾きかけた、ということは考えられないことではない。宮島は、このころから西田家はますます衰運にむかったとも考えている。しかし、西田家が明治六年ころから没落にむかったということを否定する資料も、肯定する資料も、いまのところ、私には見出されない。宮島があげているかぎりの資料、そして私に接近できるかぎりの資料はすべて、西田の幼年時代、彼の家は富裕であって、西田はのびのびと屈託のない生活をしていたことを物語っている。宮島の『明治的思想家像の形成』における西田幾多郎論は、宮島があれほど実証的根拠をやかましくいっているにもかかわらず、ここに一例をあげたように誤った推測、といって悪ければ、実証的根拠のない臆測のうえに組み立てられているのである。

（3）西田は昭和一一（一九三六）年、父の記念に中江藤樹の全集五巻を郷里の宇ノ気小学校に寄贈したが、それには西田の筆で、

「吾家世々里正トナル。先人夙ニ教育ニ志アリ、明治ノ始率先シテ此校ヲ創立シ、村民ノ子弟ヲ勉メテ学ニ就カシム。名ヅケテ新化小学校トイフ。」
と書かれているという（島谷俊三、前掲論文、三四―五頁参照）。宇ノ気小学校は新化小学校の後身である。

幾多郎はこうして小学校の期間を、家族のものばかりでなく、近隣の人びとからも大事にされながら、何の不自由も屈託もなく、「父母の膝下で、砂原の松林の中を遊び暮した(1)」り、書物を読みふけったりして、のびのびと成長していった。

(1)『全集』第一二巻一六九頁。

西田家には、多くの庄屋の家がそうであったように、学問を尊重する伝統がうけつがれていた。幾多郎の祖父新登は学問が好きで、庄屋の役目のほかは朝から晩まで読書をつづけて机をはなれなかったといわれている。父得登も、新登ほどではなかったけれども、学問が好きであったし、少なくとも学問を重んずべきことを知っていた。彼は村の戸長兼学事係として小学校の開設に熱意をもって努力したばかりでなく、開設された小学校でみずから教鞭をとったことさえあった。幾多郎の長女上田弥生が書いているところによれば、母寅三《とさ》も、「田舎の庄屋の娘に生れただけの別して学問のある人ではなかったが、学者程天下の至宝はないと思っている婦人であった(1)」。七窪の十村であった母の実家は幾多郎の外祖父母の代に落魄してしまったが、落魄したのちにも「玄関の隅にある二三の古ぼけた本箱の……中に旧事記という本や、徂徠の政談の写本や、それから大きな文字の東鑑の端本など」(2)が残っていて、幼い幾多郎の学問にたいする憧憬をそそるものをとどめていた。幾多郎のすぐ上の姉尚《なお》はたいへん学問好きで、幾多郎が小学校を卒業したころは金沢の女子師範学校に在学していた。このことは、明治の十年代のはじめにうら若い娘を父母の膝下から放して、金沢の学校で教育をうけさせるほどの学問にたいする理解が西田家にはあったということを物語っている、と考えてもよかろう。幾多郎はこのような家庭の雰囲気のなかで、学問にたいする憧れをいだくようになっていった。彼は「読書」という随筆のなかで、

「極小さい頃、淋しくて恐しいのだが、独りで土蔵の二階に上って、昔祖父が読んだという四箱か五箱ばかりの漢文の書物を見るのが好《すき》であった。無論それが分ろう筈はない。唯大きな厳《いかめ》しい字の書を披いて見て、その中に何だかえらいことが書いてある様《よう》に思われたのであった」(3)。

と書いているが、小学校を卒業するころには、書物のなかに書かれているはずの「何だかえらいこと」を学びたいという志望が、彼の胸のなかに大きくふくらんでいた。そして、この志望をかき立てて、励ましたのは姉の尚であった。

(1)上田弥生『わが父西田幾多郎』五五―六頁。
(2)「吾妻鏡」『全集』第一二巻二三三頁。
(3)『全集』第一二巻二二八頁。

明治一五(一八八二)年、幾多郎は新化小学校を卒業した(1)。幾多郎は幼い胸に向学の思い禁じがたく、金沢に遊学することを許してくれるように再三にわたって父に願い出たが、父は幾多郎の願い

を許可しなかった。自分でも学問が好きであった父は、幾多郎が学問をすることに反対ではなかったが、長男である幾多郎が上級の学校にすすんで学問をしたならば、結局は村に帰らないことになって、地主の家督を継ぐことができなくなりはしないかという点を心配したのであろう。このとき、父を説得して幾多郎の進学を認めさせたのも、やはり姉の尚であった。彼女は、卒業後に村に帰って家事を見ることが問題なのであれば、師範学校なら小学校の教師として村に帰れるから差支えないだろうと説いて、幾多郎の進学の望みをみたしてやるように父にたのんだらしい。おそらく母もまた幾多郎の希望をききいれるように父にとりなしたにちがいない。父は尚の意見にしたがって、幾多郎を師範学校に進学させることに同意し、幾多郎は、女子師範学校に在学していた尚につれられて、父母の膝下をはなれ、宇ノ気から五里あまり距たった金沢に出てきた。そして、彼は、おそらく入学試験を受ける準備をもかねて、私塾に通って漢学と数学とを学んだ(2)。

(1) 当時は明治一三年の「改正教育令」によって、小学校は、六年で卒業するのが普通であった。
(2) 『全集』別巻六に附けられた「西田幾多郎年譜」(以下「年譜」と略記す)には、明治一五年に西田が金沢に出たという記載はなく、明治一六年の項に、一家が金沢に移ったことと西田が師範学校に入学したことが記載されているだけである。だが、明治一五年の項には、幾多郎がこの年五月から翌一六年の六月まで藤田維正という人について漢学を学び、石田古周という人の門をたたいて数学を教わったことが記されている。
　島谷俊三は「『善の研究』の生れるまで」のなかで、「先生は、村の小学校を卒業すると一時金沢の師範学校に入ったが、病気のため直ぐ退学した。その後は姉上と一所に金沢に出て、漢学や数学を勉強するために私塾に通うた」と書いている（『哲学研究』三五―六頁、傍点竹内）。しかし、島谷のこの記述が誤りをふくんでいることは明らかである。というのは、「年譜」に記されているように、西田が師範学校に入学したのは明治一六年であり、病気のために退学したのは「年譜」によれば明治一七年のことである――この点をめぐる問題については、三〇頁の注5を参照――が、姉の尚は、島谷自身も書いているとおり（三五頁）、明治一六年に死亡しているので、西田が師範学校退学後に「姉上と一所に金沢に」出たということはありえないからである。

西田は「或教授の退職の辞」において、「十三四歳の時、小姉につれられて、金沢に出て、師範学校に入った」（『全集』第一二巻一六八頁）と書いているが、それは小学校を卒業した年に尚といっしょに金沢に出て、私塾に通ったのち、翌年師範学校に入ったという意味であるにちがいない。彼は小学校を卒業して金沢に出るとすぐ、藤田維正（島谷は藤田維心と書いている）と石田古周とについて学び、彼らの塾に通ったのであろう。

西田が明治一五年五月から藤田の塾と石田の塾に通ったということは、おそらく事実であろう。けれども、「年譜」が翌一六年の六月までと記しているのは正確ではないように思われる。というのは、明治一六年六月といえば、つぎに本文で述べるように、西田が師範学校に入学を許される直前までということになるが、そのころには、彼は井口済と上山小三郎の門に入っていたと思われるふしが多いからである。もしかしたら、西田は明治一五年のうちからすでに井口や上山について学んでいたのかもしれない。その点については二三頁以下を参照。

明治一六（一八八三）年七月、西田幾多郎は志望どおりに石川県師範学校を受験して入学を許可された。このときは彼はようやく満一三歳をすこし過ぎたばかりで、師範学校に入るには、入学資格として法規に定められている年齢にまだ達していなかった。その彼が入学を許可されたのは、入学を志願するにあたって、村役場につよい発言権をもっていた父が、年齢上の資格をみたすために幾多郎の戸籍の記載を書き改める措置をとっておいたからであった。幾多郎の生年月日が戸籍上では明治元年八月一〇日となっているのは、そのためである。

幾多郎が師範学校に入った年には母も金沢に来て、彼といっしょに暮すことになった。ついで、父もまた宇ノ気の家をたたんで金沢に出てきた。こうして、明治一六年いらい、西田一家は金沢という北陸随一の都市に居を構えて都会暮しをすることになった。一年前に、地主の長男だからという理由で幾多郎の進学志望を許すことさえしぶっていた父が、一家をあげて金沢に住む気になった理由ははっきりしないけれども、おそらく、尚の死がその大きなきっかけになったのであろう。

幾多郎を金沢につれてきた尚は、この年、女子師範学校を卒業すると間もなく、腸チフスに罹って一八歳という若さで亡くなった。彼女が亡くなったのは、たぶん、幾多郎が新学年の開始を待っていた夏のさかりのあいだのことであっただろう。姉が亡くなったときのことを回想して、幾多郎は、のちに、

「余は其時生来始めて死別のいかに悲しきかを知った。余は亡姉を思うの情に堪えず、また母の悲哀を見るに忍びず、人無き処に到りて、思う儘に泣いた。稚心《おさな》に若し余が姉に代りて死に得るものならばと、心から思うたことを今も記憶している。(1)」

と書いているが、幾多郎の多感な心にとって、最愛の姉の死は耐えがたいほど切ないものであったにちがいない。しかし、幾多郎の悲しみもさることながら、一八歳まで育ててきた娘をうしなった

母の悲しみはまた、いいようのないものであったにちがいない。それに、母は娘をうしなった悲しみのなかで、幾多郎の身にも万一のことがあってはとさまざまに案じたにちがいない。幾多郎が師範学校に通うために金沢に行くようになると、母は長姉の正《まさ》をつけて彼の世話をさせることにしたけれども、それでもやはり心配で、みずから金沢に出ようと決心することになったのであろう。「大の」幾多郎「贔屓《ひいき》で自分の息子を信ずること厚く」、幾多郎ほど「学問の出来る男は無い(2)」ように思っていた母であるだけに、金沢に遊学している息子が病気になって命をおとすことにでもなったらと考えるだけでも居たたまらない気持ちになり、父を口説いて金沢に出てきたということは充分ありうることである。そして、父もまた、それを機会に、金沢で何か新しい事業に投資することによって利殖をはかり、新しい社会に乗り出そうと心を決めたのであろう。西田一家が金沢に移ったのはこの年（明治一六年）に父得登が米相場に手を出して失敗し、家屋敷をすべて人手に渡さざるをえなくなったためであるという説がひろくおこなわれているけれども、それは根拠の薄弱な臆測にすぎないと思われる(3)。西田家は尚の死と幾多郎の進学とを機縁にして、当時の多くの地主たちとおなじように、不在地主として資本家的ブルジョアへの道にむかって踏み切ったと見るべきではあるまいか。

（1）『国文学史講話』の序」『全集』第一巻四一六頁。
（2）上田弥生『わが父西田幾多郎』五七頁。
（3）たとえば、宮島肇は、西田一家の金沢移住に触れて、つぎのように書いている。

「明治十六年には、西田家はすっかりゆきづまって、その土地や屋敷のすべてを人手に渡さざるを得なくなり、ついに幾百年住みなれた父祖の土地をすてて一家をあげて金沢市に転住することになった。」

(『明治的思想家像の形成』一一〇頁)

上山春平も、『日本の土着思想』において、

「西田家は……庄屋格の大地主であったが、父の得登が明治一四、五年の《松方デフレ》の時期に米の相場に失敗して産を失い、金沢に居を移した。それは明治一六年、西田が一四歳の年である。」

と書いている(三六頁)。上山はおそらく宮島に拠ったのであろう。もっとも、西田得登の「失敗」を「明治一四、五年の《松方デフレ》の時期」とむすびつけたところは上山の創見(?)であろう。

ところで、宮島が、金沢移住の理由を西田家の「没落」に見る根拠は、ここでも、西田静子が『わが父西田幾多郎』におさめられた「父」において、

「祖父は……今の宇ノ気村の小学校の前身をつくった人でした。が相場に手を出し、家をすっかり破産させてしまいました。終に土地や屋敷を人手に渡し金沢へ出て、父は東京へ出て大学に入りました。その頃の若い父の歌に、
　故なくて唯さめざめと泣きし夜半知りぬ我まだ我に背かぬ
　…………

　古郷に我に五反の畑あらば硯を焚きて麦植えましを
　…………

の四首があります。この頃の父は精神的にもお金にも悲しい思いを致しました。」

と書いている(五頁)ということだけであるように思われる。

西田静子のこの文章は、なるほど、西田の父が破産したために金沢に居を移した、というふうに読める。しかし、「祖父は……終に土地や屋敷を人手に渡し金沢へ出て、父は東京へ出て大学に入りました」とい

う文章は、西田家の破産と西田の大学入学とがほぼおなじころであることを語っている文章である。そのことは、この文章を、おなじ『わが父西田幾多郎』におめられた上田弥生の、

「私の家が祖父の失敗から破産に成ろうとした際、祖父にねだって五百円の金を懐にし、幾多郎、憑次郎の二子を引き連れて上京し、一人を大学に一人を士官学校に学ばせたのは祖母であった。」

という文章（五七頁）とくらべてみれば、明らかである。西田静子は「その頃の若い父の歌」を四首あげて、「この頃の父は精神的にもお金にも悲しい思い」をしたと述べているが、「その頃」といい、「この頃」というのが、西田家の破産した「頃」のことであるのはいうまでもない。しかし、彼女はそれを、西田が「東京へ出て大学に入」るころとしているのである。そればかりでなく、彼女は『父西田幾多郎の歌』のなかでは、右とおなじ四首の歌をあげて、おなじく、「この頃の父は精神的にもお金にも悲しい思いを致しました」と書き、「この頃」というのが西田の二〇歳の頃であることを明記している（同書三頁）。それに、「故なくて……」という歌の下の句は、この歌が西田の四高退学以後、東大入学以前の時期の作品であると考えてこそ、よくわかるであろう。この四首の歌は、宮島が考えるように西田が師範学校に入ったころの作品ではないのである。

したがって、宮島のように、西田静子の右の文章とそこに引用された西田幾多郎の短歌とから、西田家の金沢移住が没落や破産のためであったという結論をひき出すことは正しくない。宮島は、明治六年の向野への転居をも西田家の没落のせいにし、金沢への転居をもまた西田家の破産のせいにしているわけだが、彼はいったい何度西田家を没落させるつもりなのだろうか。

なるほど、金沢に移るまえに、西田の家が父得登の失敗から傾きかけていたということは、ありえないことではないであろう。むしろ、傾きかけた家運を挽回するために、父は金沢に出て利殖の道を講じようとしたのかもしれない。だが、そうであったにしても、父はまだそうした利殖のための投資を企てるに充分なだけの財産をもっていたにちがいないし、まだけっこう富裕であったにちがいない。父祖の地をはな

れて金沢に移ったからといって、そのことがただちに、宇ノ気村にあった不動産をすっかり手ばなしたということの証拠にはならない。それがその証拠になると考えることは、そう考える人が現状を守るに汲々としている保守的なみみっちい心の持主であることを証拠だてるだけであろう。金沢転居前に西田家が破産していたとか傾きかけていたとかいうことを立証する資料は、私にはまだ見出せない。

もし、宮島がいうように、金沢に移転したときすでに西田家が没落してしまっていたならば、西田は、つぎに本文で述べるようなぐあいに、少年期をすごすことはできなかったにちがいない。

上山は、明治一六年に西田家が破産したということを、明治一四、五年の「松方デフレ」をもち出して「説明」しているわけだが、明治一六年に西田家が破産したという事実が確認されなければ、「松方デフレ」によって経済的打撃を蒙った人びとが少なくなかったとしても、そこから西田家の破産という「事実」を演繹するわけにはゆかない以上、「松方デフレ」をもち出したからといって、それは西田家が「産を失」ったことの証明にも説明にもならない。

師範学校に入ったとき、幾多郎の心のなかには学者になろうという志望がかたまりかけていた。もちろん、その志望はまだ近代的な性格の学問とはむすびついていなかったし、彼が心に描いた学者像も、「村では小学校の先生程の学者はない(1)」その「小学校の先生」のような学者になりたいという幼稚なものにすぎなかった。しかし、それは社会的視野という点からいえば、なるほど幼稚ではあったけれども、その学問――もちろん、それは伝統的な学問であったが――の内容からいえば、かならずしも幼稚とはいえないものであった。というのは、まえにも触れたように（一八頁、注2）、西田は師範学校に入学するまえから、井口《いのくち》済や上山小三郎というすぐれた学者について学問を学んでいたし(2)、これらの学者から彼がうけた学問は当時としては水準の高いものであったからである。

西田はおそらく井口や上山のような学者に接することによって、学者になろうという志望を強くかためるようになったのであろう。

（1）『全集』第一二巻一六九頁。

（2）「年譜」によれば、西田が井口済、上山小三郎について学んだのは、明治一八年のことになる。しかし、この年譜の記載は、井口済にかんしては明白に誤りである。なぜなら、井口は明治一七年五月一五日に享年七二歳を以て没している（『加能郷土辞彙』）からである。したがって、西田が井口の教えをうけたということはありえない。亡くなった翌年に西田が彼の教えをうけたのは、明治一七年以前のことでなければならない。西田は後年、井口のもとでテキストに用いた宋本の『爾雅』を見つけだして、それに、

「余年十四受業井口孟篤先生　先生為余講詩経及左氏伝且令余読爾雅……」

と後書を書きつけたが、西田の記憶が正しいとすれば、彼が井口について学んだのは明治一六年のことでなければならない。そして、井口が明治一七年に没したことや、西田が明治一六年の秋から師範学校に通いはじめたことなどを考えれば、西田のこの記憶は正確であると思われる。そして、西田が井口に教えをうけたのは、おそらく明治一六年の前半であっただろう。もしかすると、明治一五年の末にはすでに井口の門をたたいていたのかもしれない。師範学校に通学するようになってからは、私塾には通わなくなっただろうと思われる（一八頁の注2に書いたように、藤田維正について明治一六年の六月まで学んだとする「年譜」の記述に私が疑いをもつのは、そのためである）。

上山小三郎について学んだ時期を明治一八年とする「年譜」の記述も、私には正確だとは思えない。西田は「木村栄君の思出」のなかで、

「村の小学校を了えてから、金沢に出て、色々の先生の所へ漢学や数学など教わりに行っていた。木村君はその頃の友達の一人であるのである。私にとりては、小学校を了えてからの始めての友達である。私の小学校時代の友達というのは、大抵、村の百姓の子弟であり、金沢へ出て、始めてできた二三人の

友達というものも、暫くして、方向を異にし、今日は何処にどうなったか分らない。唯、木村君だけは一所にいたこともなく、始終御無沙汰勝であったが、とにかく七十四歳の今日に至るまで、忘れもせず忘れられもせない友達であった。

木村君と友達になったのは、私が上山小三郎という先生の所へ、数学を教わりに行った時からのことである。……木村君もその先生の所へ数学を教わりに来たので、一緒になったのである。木村君と私とは同庚で、御互に十三四歳の頃であったと思う。その先生の教えに出られない前に、二階で、二人で『幾何学例題』という本の問題に、頭をひねっていたことなど、今に記憶している。……それから私が四高の前身の専門学校に補欠で入った時、木村君は一二級上の組にいた。」

と書いている（『全集』第一二巻二五二―三頁）ことから推して、西田が上山の門をたたいたのは、明治一五年または明治一六年のことであったとすべきであろう。木村栄を「金沢に出て、始めてできた二三人の友達」のうちに数えている点から推して、西田が上山のところで木村と友達になったのは、師範学校に入るまえのことだと見ても間違いではあるまい。さらにまた、当時、上山が石川県師範学校の教師であったことを考えれば、西田が上山の門をたたいた時期を師範学校入学前におくほうが穏当であろう（こう考えれば、「年譜」が明治一六年六月まで石田古周から数学を学んだとしているのもやはり疑わしい）。

しかし、「年譜」が記しているように、明治一八年に西田が上山から数学を学んだということは、ありうることである。この年、西田がふたたび上山の門をたたいたと考えることは、不条理ではないからである。もっとも、木村素衛は、「西田幾多郎先生の話」において、木村栄といっしょに数学を学んだのが明治一八年ころのことであるようなことを、西田が語ったと伝えている。この点については、のちに述べる（三五―六頁参照）。

いずれにせよ、西田が井口済と上山小三郎とについて学んだのは、明治一六年ころであると考えることができるし、それも師範学校入学以前と見て、間違いはないであろう。

西田が漢学を学んだ井口済は、字を孟篤、通称を嘉一郎といい、犀川または孜々堂と号し、若いとき江戸に出て安井息軒について朱子学を学び、息軒の高弟となった人で、「博覧広渉一説ヲ規トセズ、ソノ経ヲ解スルヤ訓詁精微ヲ究ム」（『石川県史』）といわれているように、エティモロギッシュな方法によって独自な学風を切りひらいた傑出した漢学者であった。(1) 彼は、そのまま江戸にとどまっていたら、師の息軒や塩谷宕陰らとならぶ名声を世にひびかせたにちがいないといわれたほどの碩学であったが、父母に孝養をつくすために早くから郷里の金沢に帰って隠棲し、西田が入門したころは、かたく門を閉ざして弟子をとろうとはしなくなっていた。しかし、西田は井口の孫に『孟子』を教えるという約束で、井口から詩経や左氏伝の講義をうけることになったのだといわれる。このことは、一四歳の西田が井口に見込まれるほどの漢学の素養をもっていたことを物語るものであろう。(2)

(1) 井口済の孫にあたる井口武英は、「父、井口在屋の思い出」のなかで、祖父済のことを書いているが、それによると、井口済は文化九（一八一二）年、「加賀藩の持筒足軽（いいかえれば小銃をもった歩兵）の息子」として生まれたが、若いときから学問が好きで苦学し、「成年になってから数年間は浜松の水野藩の藩学教師を勤め、その後は加賀藩の儒員となり、明治時代には金沢の諸校の教師」をしたこともあるということである。また、没後の門弟たちが建てた墓碑には、済が親孝行であったこと、弟子たちに親切であったこと、幕末の変動期に当たって言動が公明適切であったことなどを漢文で記した銘が刻まれているという（『エハラ時報』一〇巻四〇号、四六頁参照）。武英はまた済の遺品としては、「此是吾家図書」と彫った蔵書印だけが残っていることを述べて、「此れは是れ吾が家の図書」という蔵書印なら、それを捺した蔵書を「売りとばしても誰が売ったかわからないし、買いとった人にとっても……一向に差支えなかろう」と済が説明していたということを伝えている（同前、四七頁）。井口済という人はそういうユーモラスなところもあった人のようである。ついでにいえば、井口在屋《ありや》は済の三男で、明治一五年に工部大学を卒業し、工部大学が東京帝国大学に編入された明治一九年いらい大正一二年に逝去するまで四一年間、東京帝国大学工学部教授として機械工学を講じた人で、日本の機械工学の草分けであった。幼名は窓助といったが、のちに自分で在屋という名に変えた。在屋というのは『康熙字典』に載っている「屋に在るを窓と謂う」という句から採ったのだそうである（『エハラ時報』七巻二七号、五一頁）。

（2）もしかしたら藤田維正が西田を井口済に紹介し、とくに教授を依頼したのではあるまいか。藤田維正のことは私にはわからないが、あるいは井口の弟子であったかもしれない。これは私の推測にすぎないが、識者の教示を待つために、あえて私の臆測を記しておく。

上山小三郎は、和算から転じて明治のはじめにまったく独力で西洋の数学を微積分までマスターしたことで有名な数学者関口開の高弟であった。上山は当時、石川県師範学校の教師をしていたので、弟子をとって個人的に教授するということはほとんどしなかったが、西田はとくに頼みこんで、上山から関口開の教科書を教わったのであった。このころ、のちにZ項の発見者として世界的に著名になった木村栄もまた上山のもとで西田といっしょに学んでいたことは、さきに触れたとおりである（二四―二五頁参照）。西田が数学の才に秀でていたことは多くの人の認めるところであり、数学にたいする西田の関心は晩年まで変ることなく強かったが、その基礎はこのときの上山の指導によってつくられたといっても過言ではあるまい。

金沢は、のちに西田が、

「今でも長町とか長土塀とかいう町に行けば、土塀がつづいていて昔の武士家らしいものが残って居る、封建臭い匂のする所である。私共の子供の時には、まだその時代の遺物らしい名人気質の人が残っていた。一つの箱を塗るのに三年もかかるという塗師の名人もあった。(1)」と回顧しているように、「封建臭い」城下町ではあったが、一方また「筆頭の大藩であった所為か、明治の始、他に先んじて西洋の学問が取入れられ、比較的進んだ専門の学校が設けられ(2)」ていた開化的な都市でもあった。(3)そのうえ、西田が師範学校に在籍していたあいだは、政府の欧化政策たけなわな鹿鳴館時代がはじまろうとする時期であっただけに、「封建臭い」金沢にもいちだんと文明開化の波がおしよせてきたにちがいない。このような金沢での生活をつうじて、「村では小学校の先生程の学者はない」という西田の伝統的な学者像は急速にのりこえられ、彼にはそれが幼稚なものとして自覚されるようになってきた。彼は、さまざまな経験や見聞をとおして、日本人の前に新しい文化と学問との世界が開かれていることをだんだん知るようになり、そのような新しい世界への憧れに胸をときめかせるようになったのであろう。たとえば、数学をさらにすすんで学ぶためには英語の知識が必要であることに気がついたであろうし、友達である木村栄に出合って石川県専門学校のことを聞いたことがあったかもしれない。こうして、「追々世の中のことも分かる様《よう》に(4)」なるにつれて、師範学校が学者になるためのコースではないことに気がつき、西田は小学校の先生になるための学校が物足らなくなった。一年あまり在学したころ、彼は重い腸チフスに罹って、「一年程学校を休んだ(5)」。そして、それを機会に、彼は石川県師範学校を退校してしまった。退校後はまた私的に幾人かの師について、英語や数学を学んだ。「年譜」によれば、師範学校を退校したのち、明治一八（一八八五）年には、本田維正について文学を修め、佐久間義三郎に英語を学び、井口済に漢文を、上山小三郎に数学を学んだことになっている。しかし、井口についてのこの記載が明らかに誤りであり、上山についての記述も疑わしいことは、さきに述べた（二四――二五頁参照）とおりである。もっとも、このころ西田がふたたび上山について数学を学んだということは、ありえないことではない。西田はのちに、

「私共の子供の時には、代数でも幾何でも、すべて問題集という様な形で、関口先生の教科書であったが、それから何でも長沢・川北両氏のトッドハンタの訳書ということになった。その頃、私はどうして手に入れたか、今は思い出せないが、右両氏訳のトッドハンタのコニク・セクションスを手に入れた。たしか円錐曲線とか何とかいう書名であったと思う。読み行くにつれて、始めて種々な幾何学的図形が代数方程式によって表され、色々の曲線がすべて二次方程式の曲線として、いわば楕円の特殊の場合と考えられ、幾何学的には中々むつかしい複雑な問題も方程式的に簡単に解決せられるという如きことに出逢い、深い興味をそそられた。全く理論というものの面白さを感じた様に思う。十六七才の頃であったと思うが、今でも、どの室で、どういう様にして読んだかということが思い出されるのである。(6)」

と回想しているが、この回想から推して考えれば、師範学校を退校したのち、彼が数学を学んでいたことはたしかであるし、このときもふたたび上山に師事したのかもしれない。それはともかくと

して、師範学校を退学したとき、西田は石川県専門学校に入ろうと考えていたのであった。

(1)「三宅真軒先生」『全集』第一二巻二一二頁。

(2)「明治の始頃、金沢の古本」『全集』第一二巻二一一頁。

(3) 井口武英はその父在屋からきいた話として、在屋（一八五六年生）の青年時代「開国思想がもくもくと盛り揚ってきて、金沢でも帽子をかぶる人、靴をはく人などを見かけるようになり、また牛肉を売る店もできた。友人数名で、めいめいが鍋・炭・調味料などを分担して、郊外の林の中である夜ひそかにすきやきを試みた……家庭内によつあしの肉を持ち込むことが気がひけたから」ということを伝えている（「父、井口在屋の思い出」『エハラ時報』第一〇巻第四〇号、四七頁）。

(4)「或教授の退職の辞」『全集』第一二巻一六九頁。

(5) 岸本鎌一は、西田が腸チフスにかかったとき、姉の尚《なお》もいっしょに腸チフスにかかったと述べている（前掲論文、四七頁参照）。いっしょに暮していた二人がおなじころ腸チフスに感染したということは、きわめてプロバブルなことである。もしそうだとすれば、尚が死んだのは一八歳のとき（岸本もそのことを述べている）であるし、慶応二年生れの尚が数え年一八歳であったのは明治一六年であるから、幾多郎の罹患も明治一六年だとみなければならないことになる。「年譜」によれば、幾多郎は「明治一七年十月、チフスのため」師範学校を「退校」したことになっている。「一年程学校を休んだ」のち退校した、と西田自身は書いている（『全集』第一二巻一六九頁）が、「一年程学校を休んだ」のち退校したのが明治一七年一〇月であるとすれば、西田の罹患も明治一六年の夏か秋であったということになって、尚《なお》と同時にチフスを病んだという岸本の記述はスジがとおることになる。

　しかし、「年譜」には、明治一七年二月に師範学校の予備科を卒業し、八月に本科六級の課程を終えたことが記されている。明治一六年の夏か秋かに罹患したのだとすれば、西田は入学早々に病気で「一年程学校を休ん」だことになるが、それでいて予備科を卒業したり、本科六級の課程を終えたりできるはずはない。それに、明治一七年の二月と八月とのこの記載は確かなものと思われる。したがって、岸本がいうように幾多郎と尚とが同時にチフスを患ったということは、支持できない。そうだとすれば、尚の死んだ翌年、幾多郎がまたチフスにかかったのだと見なければならない。

しかし、西田が腸チフスに罹ったのが尚の死んだ翌年、明治一七年であったとすれば、「一年程学校を休んだ」という西田の言葉を一年あまり休学したという意味にとるかぎり、明治一七年一〇月に「チフスのために退校」したという「年譜」の記載とは喰いちがうことになる。してみると、明治一七年の一〇月に退校したのではなく、休学しただけであったか、それとも、師範学校をやめて石川県専門学校に入りなおそうと考えて、一〇月になって病気が峠を越してしまったところで思い切って退校してしまったか、そのうちのいずれかであろう。木村素衛は「西田幾多郎先生の話」という遺稿において、西田がつぎのように語ったと書いているが、木村のこの報告を考慮に入れて考えると、西田が一〇月に退校したとみなすほうが、真相に近いであろう。

木村はこう書いている。

「『人間の運命というものはどういうところからどうなって行くかも分らないもので』と、その時のことを追想しながら、先生はチフスが遂にかの最高理想〔小学校の先生になるという理想のこと――引用者〕から他の道へ転ぜしめる動機になったことを回顧された。チフスの為どうしても一級遅れなければならない。他の者について行くのかと思うと、どうしても癪に触って堪らない。そこで遂に転学の決心をされた。それは四高の前身の専門校であった。」

病気のために同級生から一年おくれなければならないのが癪に触ってたまらないために、転学を決心したというところには、西田の負けず嫌いな性格が躍如としている。しかし、自分の志望をみたすためには師範学校ではなくて、専門学校にすすむべきだということがわかっていなければ、西田がいかに負けず嫌いだったとしても、師範学校を退学する決心をしはしなかったであろう。

（6）「コニク・セクション」『全集』第一二巻二〇八頁。

明治一九（一八八六）年に入ると、西田は、石川県専門学校教諭として郷里の金沢に赴任してきた北条時敬《ときたか》について数学を学ぶことになった。北条は、上山とおなじく関口の門弟であるが、大学を卒業した気鋭の理学士として、金沢ではじめて系統的に西洋数学を教えた人であり、学力の点でも人物の点でも高く評価されていた人であった。西田は個人的に北条から数学を学んだが、そればかりでなく北条から深い人格的感化をも受けた。そして、このときから北条と西田とのあいだには美しい緊密な師弟関係が生まれ、その師弟関係は北条が死ぬまでつづくことになった(1)。

（1）北条時敬は創立期の東京帝国大学出身の数学者であるが、のちに山口高校、四高、広島高師の校長を歴任し、東北帝国大学総長や学習院長にもなった明治期の著名な教育者であった。西田は、はじめて北条に教えをうけたころのことを、つぎのように述べている。

「私が始めて先生に御目にかかったのは、私の十六七の頃……まだ学校に入らなかった時である。先生に教えを受けたいと思って、或人の紹介で、はじめて先生を御尋した。先生は出て来られて、今忙しいからというので、蒟蒻版に摺った数学の問題を渡され、これをやって来いということであった。……それから数日して、その問題を解いて持参したら、先生が逢って話して下さった。併しどうも沈黙な話にくい人で困った。私が外国に数学の雑誌というものがあるそうですがというと、本当に数学をやるものには、それは読まねばならぬものだ、併し今君方に分るものでないといわれた。その頃、先生が数学の教師を集めて、一週一二回数学の講義をして居られたがそれを聞きに来いということであった。その時の講義は微積分とデタルミナントであったと記憶する。私には大半分らなかったが、それでもデタルミナントというものは代数の方程式がいかにも手軽に解けて、実に巧妙なものだと思った。デタルミナントなどというものは、その頃珍らしいものであった。

それから私が高等学校に入り、先生から数学はいうまでもなく、英語の訳読も教わった。文学士の教師よりも理学士であった先生の訳読の方がしっかりして居た。その頃先生に教わったものの中には、後に立派な人々も多いが、其頃、先生は人物といい、学力といい、全校学生の景仰の的であった。当時、先生から教を受けたものは、皆先生から多大の感化を受けた。……」(「北条先生に始めて教を受けた頃」『全集』第一二巻二五七―八頁)。

西田を北条に紹介したのは上山であったかもしれない。右の引用のはじめの部分から、北条は西田の数学の才を見込んだと推測していいかもしれない。彼が西田の学才を深く感じていたことは疑いない(この点については、五四頁参照)。西田は四高生時代には北条の家に寄寓していたこともあった。北条からもっとも大きな人格的感化をうけたのは、誰よりも、西田であった。彼がのちに禅に関心をむけたのも、北条の感化とかかわりがあったといわれている。西田は深く北条を敬慕し、その敬慕の情は終生かわらなかったし、北条もまたつねに西田を愛し、西田のために配慮を吝まなかった。のちに述べるように、西田が四高講師、山口高校教授等になったのは北条の配慮によるものであった。

明治一九年九月、西田幾多郎は石川県専門学校初等中学科第二級に補欠編入で入学した(1)。石川県専門学校は、前田藩の藩校明倫堂の後身、啓明学校が明治一三年に改称されたもので、旧藩士の子弟に外国語で専門の学業を授けるために四年の初等中学科(予科)と三年の専門部とをもっている七年制の学校であって、専門部には法文理の三つの課程があった。この石川県専門学校について、西田は、

「東京を除いて、地方では、その頃、此種の学校は殆んど他になかったろうと思う。百万石の力

で明治の初年既にこういう学校が金沢にできたものと思う。我々以前の石川県の出身者は、文官は固より武官でも、多少はこの学校を通らない人はなかろう。学生というのは、悉く金沢の旧士族の子弟であり、先生というのも、皆この学校の卒業生で、兄貴分といった風であり、七年の学校といえば、最下級のものと最上級のものとは、可なり年齢の差があるのであるが、それでも誠に親しく、全体が一家族という様な温味のある学校であった」(2)と追想しているが、「百万石の力」でできた旧前田藩のいわば内輪の学校であって、明治政府の統制や拘束を直接にはうけていなかったので、この学校の空気がきわめてのびのびした、なごやかな、自由なものであったことは事実であろう。そして、鹿鳴館に象徴される欧化主義が頂点に達した明治一九年ころ、外国語による専門教育を目的とするこの学校の生徒たちには、西欧の近代文化にたいする憧憬と、それを摂取しようとする熱意とがますます強く高まっていたにちがいない。一方また、旧前田藩士とその子弟だけの学校であるだけに、校内には、明治藩閥政府にたいしてどことなく反撥する感情もながれていたであろうし、そこから、まだほとぼりの冷めやらぬ自由民権運動の思想的諸潮流、少なくとも啓蒙的自由主義の系譜をひく思潮に関心をひきつけられる部分も生徒たちのあいだにはあっただろう。もちろん、旧前田藩の学校であるこの学校では、教師たちのなかにも、生徒たちのなかにも、封建的な伝統的教養が根強く生きていて、それが校風をささえる柱の一つであったことはたしかであろう。というよりも、封建的教養がこの「全体が一家族という様な温味のある学校」の校風の土台であったというべきかもしれない。しかし、この封建的教養はながい歴史をつうじて洗練されて一定の歴史的普遍性に達しており、それなりに人びとの合理的思考力を培ってきたものであったばかりでなく、そこで培われた合理的思考力こそが新しい西欧の近代的文化の理解と把握とを可能にし、西欧的近代文化の摂取にたいする熱意を支える力となったものであった。それで、この学校の生徒たちは、「学問文芸にあこがれ、極めて進歩的な思想を抱いて」(3) それぞれの個性的な仕方で時代の空気をみずみずしく感じとりながら、学生生活を送ることができた。

（1） 西田が石川県専門学校の初等中学科の第二級（つまり第三学年）に編入試験をうけた事情について、木村素衛はつぎのように西田の談話を伝えている。

「病いえて（腸チフスをわずらったあと）先生はある数学の先生のところへ数学を学びに通われた。そこにも一人通って来る専門校の生徒がいた。それが後年Z項を発見した理学博士の木村栄氏であった。学力をひそかに比べて見るに、年長の栄氏に決して敗けない自信がある。そこで今一年生から専門校に入ると、彼の尻について行かなければならない。それは堪えられない事だ。栄氏と比べて落ちるのは英語だけである。英語は先生は小学校時代から夷狄の学として歯牙にかけられなかったが、金沢へ出るに及んで周囲の状況から段〻分って、英語を馬鹿には出来なくなった。そこで中途から専門校の上級へ飛び込む為に、一生懸命に英語を勉強し始めた。それが為すっかり眼を痛めてひどい近視になって了った。兎に角一生懸命に英語を独学でやっつけて、上級編入試験を受けた。するとうまくパスした。和文英訳の如きは単数の主格に複数の動詞をくっつけるといった様な随分なものであったという。入学して見るとこんな次第で語学の力の不足な為め、一方ならぬ困難を感ぜられた……」（「西田幾多郎先生の話」）。木村素衛のこの文章には誇張と思われる点や事実として必ずしも正確でないと思われる点が少なくない。西田がこのとおりに語ったのか、木村が西田の談話を正確に伝えなかったのか、その点はわからないが、たとえば、「英語は先生は小学校時代から夷狄の学として歯牙にかけられなかったが」という言葉は、西田の小学校時代に英語が教えられていたというのならとにかく、西田らしくない、ハッタリめいた言い方である。木村栄が西田より年長であるということも、西田自身が「木村君と私とは同庚で、御互に……」（二五頁参照）と書いていることを考えれば、正確ではない。西田が「木村君と私とは同庚」ということを忘れたり、間違えたりするということは、ちょっと考えられない。その点からいえば、おそらく木村素衛が西田の談話を正確に記さずに、（無意識的に）いくらかの脚色をおこなったのであろう。この文章に述べられていることは明治一八年ころのことであるが、このころ「ある数学の先生」のところで、西田と木村栄とがいっしょに学んでいたということも疑わしい。西田がこのころ上山小三郎のところに通ったということが、ありえないことではないという点は、前にしばしば述べたとおりである。同様に、木村栄がこのころ、「数学の先生」から個人教授をうけていたということも、ありえないことではない。しかし、石川県専門学校の生徒であった木村は、学校で数学の授業をうけていたので、そのうえになお私塾に通ったと考えることは、すこし無理だと思われる。というのは、石川県専門学校はおそらく県下でもっとも権威ある数学教師を擁していたであろうと思われるからである。

しかし、木村素衛の文章の伝える話の細部にかんするこうした疑点は別として、西田が――木村栄といっしょに数学を学んだのが「御互に十三四才の頃」だけであったとしても――「彼の尻について行かなければならない」ことを「堪えられない」と感じ、彼におくれまいとして、「一年生から専門校」に入らずに、「中途から……上級へ飛び込」もうとして、「一生懸命に英語を勉強」したということは、おそらく事実であろう。ここでも、負けず嫌いな西田のはげしい性格がうかがわれる。木村素衛の文章は、若い西田が強い自信の持ち主であったことを伝えているが、その点では西田の面目を正しく伝えているといってもよかろう。

（2）「山本晁水君の思出」『全集』第一二巻二四五頁。
（3）同前、二四七頁。

西田幾多郎はこの学校で、新しい文化と学問を力いっぱい学びとり、(1)新しい時代の空気を存分に吸って、友人たちとともに「学問文芸にあこがれ、極めて進歩的な思想を抱」くようになり、「独立独行」の精神をしっかりとつかみとるとともに、未来への夢に胸を大きくふくらませながら、新しい時代を担う学者になろうとする志望を固めるようになった。

（1）西田は石川県専門学校について、つぎのような回想を記している。

「私が補欠ではじめて専門学校の附属初等中学の上級に入った頃は、未だ二十に足らぬ青年であった。当時我国の学校も学問も尚幼稚なものであった。教科書といっても、大抵定ったものであった。読本を一通終れば、マコレーの論文を読むことになって居り、数学はトッドハンタ、物理はスチューアルト、化学はロスコ、万国史ならスウィントンという風であった。ミルやスペンサーの二三冊も読めば一角《かど》の哲学者と考えられたものであった。大学卒業の学士といえば、当時の金沢などでは珍らしいので、学士の先生に教を受けるということは、我々には少なからず光栄としたものであった。当時我々の最も尊敬したのは北条時敬先生であって、先生から我々は数学を教わった。先生が立体幾何の時間に屢々 one and only one plane can be drawn between ……といわれたのが今も尚耳に残って居る。当時はじめて日本にアーヴィングのスケッチ・ブックが入った頃で、先生からスケッチ・ブックも教わった様に記憶して居る。当時は学問も未だ分化せない時代であって、化学の先生が私共の上級でチャンバの万国史を教えられたことがあった」(「四高の思出」『全集』第一二巻一六四—五頁)。

明治二〇(一八八七)年九月、文相森有礼のおこなった教育令改正によって五つの官立の高等中学校が設置されることになったとき、石川県専門学校は官立に移管されて、第四高等中学校と改称され、一高、二高、三高、五高とならぶ文部省直轄の高等学校となった。西田たち専門学校の生徒たちは、それぞれ試験の成績にしたがって、この新しい学校に編入されて、四高生となった。西田は予科第一級に編入され、翌二一年九月に第一部の一年生となった。西田とおなじ級には藤岡作太郎、金田良吉（のちに山本と改姓）らがおり、一級上には松本文三郎、鈴木大拙、井上友一、松井喜三郎らが、一級下には藤井乙男、清水澄、倉地鋏吉らがいた。木村栄は部がちがっていたが一級上にいた。

石川県専門学校が官立に移管されて四高になると、学校の空気は一変した。この校風の変化について、西田はのちに、

「第四高等中学となってから、校風が一変した。つまり一地方の家族的な学校から天下の学校となったのである。当時の文部大臣は森有礼という薩摩人であって、金沢に薩摩隼人の教育を注入するというので、初代校長として、鹿児島の県会議長をしていた柏田という人をよこした。その校長についてきた幹事とか舎監とかいうのは、皆薩摩人で警察官などしていた人々であった。師弟の間に親しみのあった暖な学校から、忽ち規則づくめな武断的な学校に変じた。[1]」

と書いているが、この文章は、簡潔な記述でありながら、事態を的確に描き出している。

（1）「山本晃水君の思出」『全集』第一二巻二四七頁。

明治一五（一八八二）年、当時駐英公使であった森有礼は、憲法起草準備のためにドイツおよびオーストリアに出張していた伊藤博文とパリで会見し、憲法実施後を見こしての教育政策について意見を述べた。伊藤は森の意見を高く評価し、それに賛意を表して別れた。明治一八年、伊藤は内閣

制度をつくるとともに、自ら初代の内閣総理大臣となり、森を初代の文部大臣に起用して教育政策の責任を委ねた。明治一九年、森は従来の教育令を改正して、「帝国大学令」、「師範学校令」、「中学校令」、「小学校令」等の「学校令」を公布し、「国家ノ須要ニ応ズル学術技芸ヲ教授シ其蘊奥ヲ攻究スルヲ以テ目的トス」る帝国大学を頂点として下は小学校にいたるまで一貫して国家秩序の要請に応ずることを教育目的とする学校制度を確立し、来るべき憲法発布後の事態にそなえて、国家主義教育の基礎を据えたのであった。高等中学校の創設、したがって石川県専門学校の官立移管は、このような森の教育政策の一環であった。伊藤博文によって創始された内閣制度は、明治初年以来の自由民権運動による政治的不安定を克服して藩閥政府を補強するための布石であり、やがて発布される「欽定」憲法を中心とする天皇制国家のもっとも重要な中核的装置であった。そして、初代伊藤内閣は、国家秩序の中心をそのまま人民の精神的機軸となすことによって、「国体」が自在に人民の内面に入りこんで人民を「保護監察」する[1]という、あの独特な、絶対主義的とよびならわされている天皇制国家秩序を確立する任務を担っていた。森による「学校令」の制定がそのような国家秩序の確立のためのもっとも重要な施策の一つであったことはいうまでもない。したがって、高等中学校の創立はきわめて重大な政治的意義をもっていたのであった。

（1）丸山真男「日本の思想」、岩波講座『現代思想』第一一巻三〇頁参照。

森は高等中学校を創設するに当って、政治的情勢がまだ流動的であった明治一〇年代に藩閥政府の直接の統制と拘束との外にあって多少とも自由主義的な校風をつくりあげていた学校を、国家主義的な色彩の強いものにつくり変え、啓蒙主義的ないし自由主義的傾向をおさえて、忠君愛国、富国強兵のイデオロギーを注入しようと意図した。四高にたいしては、森はとくにそのような意図を強くしめしたように思われる。前田藩は幕藩時代における筆頭の大藩であっただけに、石川県専門学校の「全体が一家族という様な」雰囲気にしめされる旧前田藩士の「地方主義」はおのずから藩閥政府にとっては一つの障碍とも見えたにちがいないし、明治政府の中心人物であった大久保利通を暗殺した島田一郎が石川県人であったという事実は、政府をして石川県人に警戒の眼をむけさせるに充分であっただろう。森は、旧百万石の誇り高い石川県専門学校の自由な「家族的」な校風をうち破って、国家主義的教育方針を浸透させるとともに、あわせて薩長藩閥政府の威力を旧前田藩の人びとに見せつけてやることが必要だとつよく感じていた。

だから、森有礼は、西田が「四高の思出」において、「開校式には時の文部大臣森有礼氏が堂々と大名式に臨席せられ、我々は山中温泉から来る大臣を迎うべく野々市の辺に半日位立たされた」[1]と、幾分の皮肉をこめて追憶しているように、示威的に四高の開校式に臨んだ。そして、彼は、この開校式の壇上から、

「新日本の文明は王政維新の結果である。王政維新は聖天子の御明徳によって成就されたのであるが、能くこれを輔け奉ったのは薩長の旧藩士である。所がこの加州の如きはどうであったか。殆んど貢献する所がなかったではないか。考えても腑甲斐ないという感じが起るであろう。茲に高等学校を設立したのはすなわち加州の人物を造る為である。」

と演説した。(2) 初代の四高校長には、森の意図を実現すべく柏田盛文(3)が任命された。柏田は森文相の意を体して四高生に「薩摩隼人の教育」を注入するために、幹事や舎監を鹿児島からつれてきたばかりでなく、生徒たちにとって「兄貴分という風」であった旧前田藩出身の教師を更迭し、その代わりに、西田たち生徒から見ても「学力の十分でない先生」たちを迎えた。四高は「一地方の家族的な学校から天下の学校になった」ことによって、「師弟の間に親しみのあった暖な学校から忽ち規則づくめな武断的な学校に変じた」わけである。

(1)『全集』第一二巻一六五頁。
(2) 太田紝子、湯田純江「森有礼」『近代文学研究叢書』第一巻二六七―八頁。この演説にいきどおって森に斬りかかろうとしたものがあったが、連隊長目賀田某が制止したために事なきをえた、とこの論文の筆者はつけ加えている。
(3) 柏田盛文は、明治一四年ころには中江兆民や上条信次等とともに東京自由新聞の編集社員として名前をつらねているし、兆民の『一年有半』のなかにも名前があげられている。のちには文部次官もつとめたようである。それらの点から推せば、かなり著名な政論家であったと思われる。なお、石田雄『明治政治思想史研究』四三頁参照。

西田たちは「学問文芸にあこがれ、極めて進歩的な思想を抱いていたのであるが、学校ではそういう方向が喜ばれな」くなった。西田は学校が面白くなくなり、「学校を不満に思う様に」なった。もちろん、彼は「学問文芸にあこがれ、進歩的思想を抱」きつづけた。それればかりか、「青年気を負うとでもいうべきか……意気は盛んなものであった(1)」。西田はことごとに「規則づくめな」学校当局の「武断的な」方針に反抗し、それと「衝突すること」になった。彼は学力の充分でない教官に質問をしかけてからかったり、体操の教師に議論を吹きかけて兵式体操の時間を流してしまったり、(2)面白くない授業は欠席して「一人で学校の書庫の二階に上って静に書物を漁(3)」ったり、級友たちといっしょに学校を脱け出して卯辰山に登ったりするという仕方で学校当局に反抗し、他方では、数人の友人たちと、「毎月各人が文を作って、之を互に批判し合う」「文会」を結成して、ペガサスを意味する「有翼」という雅号を名のって文章を書いて回覧したり、「時代があまりに殺風景だというので、昔の節句を復興し……節句の日が来る毎に、各自の家に節句を催して集ま(4)」ったりなどして、官立移管以前の学校の「温味のある雰囲気」を再現してたのしんだ。そして、「憲法発布式の日に、……数人で頂天立地自由人という文字を掲げて、写真をとったこともあった(5)」。こうして、西田は、北条時敬の言葉を借りていえば、「自家ノ臆見ヲ準尺トシ敢テ学校ノ成規ニ乖(6)」いた結果、明治二二(一八八九)年七月、「行状点欠少」のために落第することになったのである。

(1)「山本晁水君の思出」『全集』第一二巻二四七頁。

(2)下村寅太郎は、西田が田部隆次に語った話として、本間(?)という法学士が英語の教師であったが、西田たちはこの教師を困らせるためによく勉強してきて質問し、教師が答えると「確かにそうですか」と念をおし、「そうだ」と答えるのをまって、「先生それは間違っています。これはしかじかです」とやりこめて面白がったということや、「下士官上りの教師」に西田がいつも議論を吹きかけるお蔭で、その間、同級生たちはきらいな兵式体操をしなくてすむのをよろこんだと、藤村作太郎が語っていたということを書いている(『若き西田幾多郎先生』四〇頁)。

(3) 西田は「四高の思出」のなかで、

「私はその頃一人で学校の書庫の二階に上って静に書物を漁ったことが思い出される。書庫というのは……小さい土蔵式のもので、書物といっても洋書は教科書が大部分であった。読本の外にアンダウッドの英文学史や絵入りの大きなアラビヤン・ナイツなどがあったことを覚えて居る。それでも誰がどうして買ったのかウォーレス訳のヘーゲルの論理学があり、何とかいう人の記念に寄附せられたマックス・ミューラ訳のカントの純理批評があった。それ等を借りて来て読んで見たが、当時はとても分りそうになかった。」

と書いている(『全集』第一二巻一六六頁)。

(4) 「山本晁水君の思出」『全集』第一二巻二五〇頁。

(5) 同前、二四八頁。

(6) 『廓堂片影』明治二三年五月一八日付、西田幾多郎宛書簡。

西田が深く敬慕していた北条時敬は、このころ、すでに一高の講師に転出して、四高を去っていた。たとえば英語の時間に「学力の十分でない先生」をいじめるとき、西田はいつも「文学士の教師よりも……訳読」がしっかりしていた北条を思い出していたにちがいない。落第した西田は北条を慕って一高に転じようと考えた。しかし、北条に叱られたので、(1)転校は思いとどまった。けれども、西田は四高当局にたいしては屈しなかった。そして、その翌年、「かかる不満な学校はやめても独学でやって行ける。何事も独立独行で途を開いて行く(2)」という考えで、彼は数人の友人たちとともに四高を中途で退校してしまった。

(1) 『廓堂片影』におさめられた日記(明治二二年八月二日)に、北条時敬はつぎのように書いている。

「西田ヨリ信書。行状点欠少ノ為落第シタルニ付第一高等中学ニ転ズルコトニ付出願シタル処出京ノ上他ニ依ル辺ナケレバ自分方ヲタヨリニ出京シ度依頼シ来ル。右返書、斯ノ如キ案策ハ凡庸ノ考案ニシテ怯懦ナル仕打ナリ。自分処ヲ変ヘバ蓄積精修二年而後天下ノ書生ト交ハルコトヲ期シ且ラク恥ヲ忍ヒ跡ヲ清クシテ而後飛フコトヲ為ス可シ云々。」

（2）「山本晃水君の思出」『全集』第一二巻二四八頁。

西田の落第と退校とは、大げさにいえば、確立されたばかりの天皇制国家秩序の一環としての学校教育における国家主義的政策にたいする反抗と衝突との結果であったということもできるだろう。もっとも、彼が一高への転校を企てたことを考えてもわかるように、西田は明治の国家秩序そのものに反抗したのでも、政治的自覚をもって明治政府の教育政策を批判したのでもなくて、学校当局の「規則づくめな武断的」方針や「学力の十分でない」教師にたいして直接に反撥しただけであり、「全体が一家族という様な温味」が失われたことにたいする鬱憤をはらしたにすぎないということもできるかもしれない。そして、そうした面があったこともたしかである。しかし、それにしても、四高における校風の変化が藩閥政府の政策であることを西田が知っていたことはたしかであり、彼の学校当局との「衝突」が、直接的な感情的反撥から発したものであったにしても、それは彼が権力の圧制にたいして文化と自由と人格的独立をまもり、「進歩的な思想……〔の〕方向」をつらぬこうとするところから生じたものであるということは否定できない。西田のいわゆる「豪放不羈、何の顧慮する所も」ない振舞いは、それがその後の旧制高校生にとってはちっとも珍しくないものであったにしても、西田にとっては、藩閥政府の教育方針のあらわれにたいする「何の顧慮する所

も」ない一途な反抗として意識されていたのである。(1)

(1) 西田が学校当局に反抗しておこなったような行動は、旧制高等学校の生徒たちにとっては日常的なものであったし、むしろ高校生の風習であった。教師をからかい、授業をサボって「自家ノ臆見ヲ準尺ト」することを得意がるという、この風習は、旧制高校が発足したときに、「学校令」によっておしつけられた国家主義的学校運営にたいして、自由主義的な思潮の影響をうけていた生徒たちのおこなった抵抗が、なかば形式化して伝統的にうけつがれることによって、一般化したものであったということができるかもしれない。

高等学校（正確には高等中学校）の創立が自由主義を抑圧するための国家主義的教育政策への転換を意味していたかぎり、西田がおこなったような反抗は、四高だけのことではなかった。たとえば、田岡嶺雲は、三高の前身である大阪中学校に入学したが、森有礼の「学校令」によって三高となり、学校が官僚主義的なものに変ったとき、学校当局に抵抗をつづけ、ついに三高を中退して、水産講習所に転じていった。明治二一年に二高に入学した高山樗牛もまた、二高について、

「弟をして残酷に評せしめば、当校は圧制学校と名づくべく、其教わる学問は卑屈学とでも称すべきか。第一吉村校長は学識なく、卓見もなく、代りに圧制の思想は中島テンキリの企て及ぶ所にあらず、……如斯有為の青年を箱に押込めたる如く、又草木を無理無体に曲げ折りたる如く圧制の教育を施しなば、其結果は如何なるべきや、実に長嘆息に堪えざる所にて候。」

と書いている。ここで槍玉にあげられている吉村校長はのちに西田ともかかわりをもつことになる。

後年の西田がさりげなく「青年の客気」と呼んだものは、それがどんなに幼稚なものであったにせよ、絶対主義的な国家権力の圧制に抵抗し、人間の、いや人格の自由と独立とをまもろうとするせいいっぱいの態度であった。そして、そこには、自由民権の思想的影響がひろく知識青年のあい

だに多少とも浸透していた一八八〇年代の思想的風土のなかでの、我がつよく、負けず嫌いな、強情な若い西田幾多郎の面目がはっきりとしめされていた。二〇歳の西田が、それまでに身につけてきた伝統的教養を土台にして、石川県専門学校の雰囲気のなかで「学問文芸にあこがれ、極めて進歩的な思想を抱い」たとき、彼のあこがれた学問文芸がどのようなものであり、彼が抱いた進歩的な思想がいかなるものであったかは、さほどつまびらかではないが、自由民権の諸潮流に彼が触れていたと考えても無理ではあるまいし、「独立自尊」を強調した福沢諭吉や、ある意味で福沢の『学問のすすめ』の延長線上にあった徳富蘇峰と彼が主宰した『国民之友』が代表した思潮などが西田に影響をおよぼしていたことは、かなりたしかである。(1) 西田はそれらの思潮に触れて、そこから人格の自由と独立を求める心をかきたてられるようになっていたのであろう。我がつよく、負けず嫌いで、強情なという彼の性格は、明治一〇年代の空気のなかで、自由と独立という近代的な人間の在り方にたいする強い要求とむすびついて、新しい歴史的・社会的な内容をもつ可能性をはらんでいた。その人格の自由と独立への要求をつらぬこうとする熱意こそ、西田の「青年の客気」の内容であった。「或教授の退職の辞」において、西田が、この時期を回顧して、

「四高の学生時代というのは、私の生涯において最も愉快な時期であった。青年の客気に任せて豪放不羈、何の顧慮する所もなく振舞うた。その結果、半途にして学校を退く様になった。」

といい、落第や退校を誇りにしているともとれるような感慨をこめてこの時期をなつかしんでいるのは、その意味で、きわめて理由のあることであった。

(1) 西田が四高生時代に福沢諭吉を読んだという確証は見出せないが、明治三四年二月七日の日記の、「福沢先生逝き、先生が独立独行、人によらずして事をなせしを思い深く感ずる所あり。大丈夫将にかくの如くならざるべからざる也」(傍点竹内)。

という記事から推して、四高生時代に福沢を読み、「独立独行」の精神をつかみとったと考えても間違いではあるまいと思われる。それに、明治二〇年ころの知的青年たちが、福沢のとくに初期の著作を読んで鼓舞されたということは、きわめてあり得ることである。

西田はまた明治二四年一〇月六日付、山本良吉宛の手紙(「書簡六」、『全集』別巻五)に、

「本朝閑を得書庫にて古き国民の友を読み其始め火の如き左の論をよみ、嘗て君校を退くの頃かの楼頭にて快談痛論之日を想起し感憤堪えず。」

と書いているが、この文章は、「古き国民の友を読」んで、自分たちが四高を退校するころ、この雑誌を読んで鼓舞され、「快談痛論」したことを思いおこしたという意味にとれなくはない。西田たちが『国民之友』(明治二〇年二月創刊)を読んでいただろうと推測することは、けっして無理ではあるまい。そうだとすれば、西田たちが「平民主義」の影響のもとにあったと考えてもよかろう。西田が徳富蘇峰の影響をうけ、彼に強い関心をもっていたことはたしかである。そのことは、のちに蘇峰が松隈内閣の勅任参事官になったとき、西田がそれを蘇峰の変節としてうけとり、或る書簡に「徳富は確に棺木裏に入りたる也」(書簡二九)と幻滅感を表現していることから逆証される。おそらく、西田は蘇峰の『新日本の青年』などをも読んでいたであろう。

これらのことを考えれば、私には若い西田が福沢の「人民自立の気風」という主張や徳富蘇峰の「平民主義」の主張などをうけいれ、その方向で自己を形成していたということは、かなりたしかなことだと思われる。

第二章　挫　　折

前章で述べたように、明治二三年の、おそらくは、五、六月ころ、[1]西田幾多郎は四高を退校した。西田は、「山本晁水君の思出」において、

「我々が学校から出された様に伝える人もあるが、それは間違いである。」

と書き、[2]退校が自発的なものであったことを強調している。そして、西田の弟子たちもまた、西田が学校当局から退校処分をうけたのではないということを人に印象づけようとしている。[3]

（1）明治二三年五月一八日付の西田宛北条時敬の手紙（四三頁注6参照）から見て、このころまだ西田は四高に在学していたと考えられる。また、つぎに述べるように、松本文三郎が復校して大学を受験したことを考えれば、大学の入学試験がおこなわれる六月下旬には、すでに西田は退校していたと考えなければならない。したがって、退校したのは明治二三年五月下旬から六月中旬までのあいだであったと推測される。

（2）『全集』第一二巻二四七―八頁。

（3）たとえば高坂正顕はつぎのように書いている。

「しかし四高の生徒であった時代の先生について言い落されてはならないなお一つのことがある。それは先生が四高を中途で退学されたことである。私が四高の学生であった頃、――それは大正六年から九

年にかけてであるが――先生はストライキをやって学校を出されたのであるとの噂が伝えられていた。先生が四高の学生であったのは、明治二一、二年頃であったろうから、その噂がどれほど正しいか、もとより疑問である。ただ先生は、『四高の学生時代というのは、青年の客気に任せて豪放不羈、何の顧慮する所もなく振舞うた。その結果、半途にして学校を退く様になった。』これを見ると、何かストライキのようなことも聯想されなくはないのであるが、しかしその時一緒に四高を退かれた山本良吉先生から、必らずしもストライキではなかったようなお話を伺ったことがある」(『西田幾多郎先生の生涯と思想』二〇―二二頁)。

西田の退校が自発的なものであったということは、たしかに真実である。しかし、西田が学校当局から退校処分をうけたということもまた、事実であると思われる。西田静子は「父」という回想記のなかに、

「父は高等学校で先生排斥運動に参加したかどで退校の憂き目にあいましたが、後山本良吉氏松本文三郎氏等と学校にもどって勉強する様にと申して来ましたが、松本氏はもどられましたが父と山本氏とはもどらず、東大の選科に入学致す事になりました。」

と、書いている。(1) 彼女はたぶんこの話を父幾多郎の口からきいたのであろう。この「先生排斥運動」によって排斥されたのが、西田のいわゆる「学力の十分でない先生」であったと見ることは間違っていないと思われるが、排斥運動の中心になったのは、きっと、「学問文芸にあこがれ、極めて進歩的な思想を抱」いて、学校の「武断的な」方針にたいする反抗をつづけてきた西田たちの「文会」のグループ、少なくとも、そのグループのなかのいく人かであったにちがいない。西田はこの教官

排斥運動にただ参加したというだけではなくて、むしろ、山本良吉（当時は金田という姓であったが、以下、山本と記す）といっしょに中心となってその運動をおしすすめたものと思われる。そして、この教官排斥運動は「必らずしもストライキではなかった」としても、ストライキに類する形をとったのであろう。だからこそ、学校当局は西田たち数人の者をその主謀者として退校処分にしたのであろう。だが、西田たちを退校処分にしたとき、学校当局は、はじめから、優秀な能力をもっていたこのグループの生徒たちを学校から追放してしまう意図はもっておらず、いったん処分したうえで復校を許可することによって、このグループを学校の方針におとなしく従わせようと狙っていたものと思われる。いってみれば、学校当局は西田たちにたいして威嚇と懐柔という方針をもって臨んだわけで、退学処分はその第一段階としての威嚇であったのだろう。しかし、西田たちは、学校側のそのような意図を見ぬき、強い憤りを感じて、はげしく反撥した。西田より二級上にいた松本文三郎——松本らのクラスで処分されたのが松本一人であったのかどうかはわからないが、松本一人ではなかったとすれば、それら松本以外の者もふくめて——大学入学を目前にしていたために、学校側に反撥しながらも勧誘をうけいれて復校することになったにちがいない。だが、「頂天立地自由人」を自認していた西田や山本たちは、学校側の措置を卑劣なものと見て、復校を潔しとしなかったのであろう。西田たちは、「かかる不満な学校をやめても、独学でやって行ける。何事も独立独行で途を開いて行くという考え」で、復校のすすめを拒否して、自ら退校してしまったのである。その意味では、西田が自発的に退校したのであって「学校から出された」のではないということは真実であるが、退校処分をうけて「出された」ということもまた「間違い」ではないのである。西田が「青年の客気に任せて豪放不羈、何の顧慮する所もなく振舞うた」と述懐するとき、彼は、とりわけ、このような退学の事情を思いうかべていたのでもあろう。(2)

（1）『わが父西田幾多郎』一一頁。
（2）西田の書いた「川越淡斎小伝」から推すと、川越宗孝も西田や山本といっしょに、退校処分をうけたのち、復校の勧誘を拒否して退校したものと思われる。川越は、退校の翌年（明治二四年）七月、西田が東大選科を受験して金沢に帰ってきたとき、西田を訪ねて、その翌日自殺して果てた。西田は川越の追悼事業のためにいろいろ配慮し、奔走した。この「小伝」も川越の追悼のために書かれたものである。漢文体で書かれたこの「川越淡斎小伝」は『全集』別巻二、一八―九頁におさめられている。

西田と山本や松本らのあいだには「文会」をつうじて深い友情が芽生えていたが、その友情はこの退校事件によって、いちだんと深いものになった。彼らの友情は、彼らの全生涯をつうじて変ることがなかったし、たいへん美しいものであった。この美しい持続的な友情は、退学処分という若い青年にとってはきわめて深刻な危機において、彼らがそれぞれの全人格を賭けて誠実に行動したことによって、相互の人間的誠実をたしかめあい、認めあうことができたところから生まれたものであった。そのことは、学校当局にたいする彼らの反抗、とりわけ西田の反抗が、けっして啓蒙思想や民権思想の影響をたんに気分的にだけうけとって「豪放不羈」をてらうものであったのではなく、人格の独立と自由とを求めるきわめて確固たる志向に発したものであったということを物語っている。彼らが抱いていた「極めて進歩的な思想」は彼らの生き方になっていた。彼らは、とくに西田は、「頂天立地自由人」として、明治という新しい時代の可能性を、自らの全人格において、せいいっぱい生きようとしていたのであった。

「学問は必ずしも独学にて成し遂げられないことはあるまい」と考え、「かかる不満な学校はやめて……何事も独立独行で途を開いて行」こうと決意して、「学校の羈絆を脱し」た西田は、終日家にとじこもって、関心のおもむくままに書物を読みふけるという毎日を送った。四高を退校したあと、彼がどんな書物に読みふけったかはわからないけれども、彼が「独学にて成し遂げ」ようとした学問は哲学であった。哲学者になろうという彼の決意は、このときにはすでに、しっかりとゆるぎなく確立していたのである。

学者になろうと幼少のころから心をきめていた西田が、その志望を最終的に哲学に定めたのは、はやくも、明治二一年の七月、四高の予科の課程を卒えて本科の一年生にすすむことになったときであった。彼は、「或教授の退職の辞」のなかで、

「四高では私にも将来の専門を決定すべき時期が来た。そして多くの青年が迷う如く私も此問題に迷うた。特に数学に入るか哲学に入るかは、私には決し難い問題であった。尊敬していた或先生からは、数学に入る様に勧められた。哲学には論理的能力のみならず詩人的想像力が必要である。そういう能力があるか否かは分らないといわれるのである。理に於てはいかにも当然である。私もそれを否定するだけの自信も有ち得なかった。併しそれに関らず私は何となく乾燥無味な数学に一生を托する気にもなれなかった。自己の能力を疑いつつも、遂に哲学に定めてしまった。」

と、回想しているが、(1)ここにいう「将来の専門を決定すべき時期」は西田が予科から本科にすすむときのことであった。当時は、将来大学でどの学科を志望するかにしたがって、高等学校の第何部に入るかを決めることになっていた。したがって、西田は四高の本科にすすむとき、将来の志望を決定しなければならなかったのであった。右の回想のなかで、「尊敬していた或先生」といわれているのが北条時敬であることはいうまでもない。北条は、西田が石川県専門学校に入るまえから彼の数学的才能をたかく評価していたし、専門学校在学中から彼が数学を志望することを強く期待していた。北条が西田を自宅に寄寓させたのも、(2)西田を数学者に育てたいと考えたからでもあっただろう。そして、学者になるつもりで石川県専門学校に入った西田もまた、敬慕する北条にならって、数学者になるつもりでいた。その西田が哲学への志望をかためるようになった経緯について、木村素衛は、

「当時北条氏が専門学校の数学の先生で、西田先生も数学専門家となる様に北条氏も勧め、自分もその積りで勉強された。その時分井上円了氏の『哲学一夕話』なる書物を手に入れて読む機会を得た。それからこの書に由って、数学を止して哲学をやって見ようという気になった。北条氏にこれを計る〔マヽ〕と、それはいけないとて許されない。……それで仕方がないから哲学は断念して数学をせっせと勉強した。……〔北条が一高に移ったので〕先生は誰も圧えるものがなくなって自由になった。こんどは勝手にどんどん哲学書を読み出した。田舎の独り天狗で、何でも独りでやれると考えて、大いにやって見た。カント第一批判のミュラーの英訳を手にしたのもその時分で、

あのメタフィジッシェ・エアエルテルング迄来ると、とても解らない。……」

という西田の談話を書きとめている。(3) 西田の談話をきいてあとでそれを書きとめたという木村の記述はいくつかの疑わしい点をふくんでいるが、右に引いた部分にかんしては信頼していいと思われる。木村の右の記述によれば、西田は、北条が一高に転任したために、哲学志望を決めることができるようになったのであった。もし北条が転任せずにつづけて金沢にいたとしたら、西田は数学者になっていたかもしれないし、のちに「西田哲学」が生まれることもなかったかもしれない。北条を一高に転出させた森有礼―柏田盛文の国家主義的教育方針――それが西田の四高退校事件をひきおこしたのだが――が西田に哲学者への道を開いてやることになったというのは、皮肉といえば皮肉なめぐりあわせであるが、それはとにかくとして、北条が四高から一高に移ったのは明治二一年であった。してみれば、西田はまだ四高の予科に在学し、北条の家に寄寓していたときから、「数学に入るか哲学に入るか」を決しかねて悩んでいたのであろう。そして、いよいよ予科の課程をおわるとき、たまたま北条が東京に移ることになって、「誰も圧えるものがなくなった」ので、彼は「将来の専門」を哲学に定め、大学の哲学科をめざして、四高第一部を選んだのであった。

(1)『全集』第一二巻一六九―一七〇頁。

(2) 西田は「北条先生に始めて教を受けた頃」という回想記のなかで、
「先生が四高から一高に移られる一年程前であったかと思う。先生が私に自分の家に来いといわれるので、私は先生の御宅に御厄介になった。先生はいつも学校から夕頃帰って来られる。夜には、座敷で、先生のテーブルを真中に、左右に奥さんと私が机を並べて勉強する。……」

と、書いている（『全集』第一二巻二五八頁）。「西田幾多郎年譜」によれば明治二一年に北条の家に寄寓したことになるが、右の西田の回想からいって、おそらく、明治二〇年の後半から寄寓したものと見るのが正しいであろう。

（3）「西田幾多郎先生の話」

西田が哲学に興味をいだくようになったのは、木村の伝えるところを信ずれば、西田がまだ石川県専門学校の生徒であったころ、井上円了の『哲学一夕話』を手にしたときからであった。[1]『哲学一夕話』（第一篇および第二篇）がはじめて出版されたのは明治一九年であり、その第三篇が出版されて、完結したのは翌明治二〇年であったことを考えれば、西田がそれを読んで、「この書に由って、数学を止して哲学をやってみようという気になった」のは、おそらく明治二〇年になってからであった。そして、その年の後半、四高の予科に編入されたころには、測量の実習や化学の実験のことを思うと、彼は数学者になるために理科にすすむことにはあまり気のりがしなくなったもののようである。というのは、「コニク・セクション」という西田の随筆のなかに、

「旧の高等中学の予科に入ってからのことであるが、はじめて物理学の初歩を教った。その時、物理の先生から毛細管引力でできる曲線が双曲線であるという様なことを聞いた。それが本当かどうか知らぬが、その時、私は深く自然の美妙という感に打たれた。それも今でも記憶に残って居る。そういう様にして、私は数物の学にも興味を有ち、一種の憧憬も有った。併し実験というものをやる気にはなれなかった。特にその時分、高等中学の理科で課せられた鏈を引張って街を

測量し歩き行く退屈さや、化学の実験に用いられる硫化水素というものの臭はとても堪えられるものではなかった。それより寝ころんで詩や小説を読むのが、楽しみであった。」

という文章が見出されるからである。(2) ここで述べられているような気持ちになっていたときに、西田は北条から数学者になるように強く勧められ、その勧めをうけいれはしたが、それをうけいれただけに、かえって、哲学への興味はますますつのり、抑えがたいまでになっていったのであろう。

（1）西田が井上円了の『哲学一夕話』を読んだことは高坂正顕の『西田幾多郎先生の生涯と思想』にも述べられている。高坂は、その本の一七頁に、

「先生にどのような哲学者を読まれたのですかと伺ったら『井上円了の「哲学一夕話」というものがある。君達は無論知らないだろうが、それを読んで感銘を受けたことがある』と答えられたことがある。」と、書いている。

（2）『全集』第一二巻二〇八―九頁。西田が『哲学一夕話』を読んだのは、木村によれば石川県専門学校時代であるが――もっとも木村は「その時分」とあいまいに書いているだけだが――ここに書かれているような気持をいだきはじめたころ、つまり、四高予科になってから『哲学一夕話』を手にしたのではないか、とも思われる。その点については、七〇頁の注（4）を参照。

明治二一年九月、四高第一部の一年生になると、西田は「勝手にどんどん哲学書を読み出した」。当時は、「ミルやスペンサーの二三冊も読めば一角《ひとかど》の哲学者と考えられた」ような時代であったので、彼はミルやスペンサーをも読んだにちがいないし、英訳によってカントの『純粋理性批判』やヘーゲルの『論理学』(1)すら――一年生のときか、それとも落第したあと二度目の一年生のときであ

ったかはわからないが――独りで読もうとしたほどだから、明治一九年ころからさかんに出版されはじめた、日本人の手になる哲学の概説書――『哲学一夕話』もその一つであった――は、もちろん、いくつか読んだにちがいない。西田が「学問文芸にあこがれ、極めて進歩的な思想を抱いていた」というとき、それはミルやスペンサーを読み、あるいは西洋哲学についての知識を手がかりにしながら「頂天立地自由人」の思想的根拠を明らかにしようとして「宇宙間ノ真理ヲ究ムル[2]」ことを意味してもいたのかもしれない。

（1）西田は「読書」という随筆のなかで、「私はヘーゲル《〔ママ〕》をはじめて読んだのは二十頃であろう」と書いている（『全集』第一二巻二二九頁）。それは、彼が「一人で……静かに書物を漁」った四高の書庫にあった「ウォーレス訳のヘーゲルの論理学」であったにちがいない（「四高の思出」『全集』第一二巻一六六頁）。西田はヘーゲルの方をカントよりもさきに読んだものと思われる。

（2）「書簡一」『全集』別巻五、五頁。

「勝手に哲学書をどんどん読み出」し、哲学を「大いにやって」いたころ――「行状点欠少」のために落第する前か後かはよくわからないが、おそらく落第以前に――、西田は、親友の山本良吉が「精神不朽」を主張して（たぶん彼らの「文会」の回覧誌に）書いた文章を読み、その「精神不朽論」にたいして、人間の生死や精神のはたらきを原子の集合分解によって理解しようとする唯物論的見解を対置し、反論を試みた手紙を、山本に送っている。少々ながいけれども、その手紙の全文を引いてみよう。

「余カ親愛セル金田君足下ヨ、余ハ今日君ノ精神不朽ノ事ヲ論スルヲ読ミ、又一ノ愚考ヲ惹起セリ。

君ハ只タ精神不朽ノ事ヲ説明スルニ当テ単ニ手足ヲ動スヤ偶然ニアラサレハナリト云ハレタレトモ、余ノ愚蒙中々斯様〔ママ〕コトニテハ感服スル能ハス。冀クハ君ノ深奥ナル妙理ヲ以テ更ニ余ノ迷ヲシテ青天白日ノ如クナラシメンコトヲ。

愚考フルニ宇宙間ニ存在セル物体ハ千変万化殆ント名状スル能ハスト雖モ、六十三元素ノ元子ヨリテ成立シ、此世ニ現ハル現象種々アルモ、只其各個元子ニ供フル力ナル者アリテ起ルニ相違ナシ。而シテ元子ハ即チ力ノ宿ル所ニシテ此ニ物アレハ則之ニ有スル力アルナリ。故ニ其物種々ニ集合スレハ、従フテ其力モ実ニ奇妙奇怪端倪スヘカラサルアルナリ。夫レ人ノ脳ハ元素中最モ感発シ易キ phosphorus ノ如キ者多ク、其他ノ者モ皆揮発元素ノ集合シテ成レル者ニアラスヤ。故ニ其力モ実ニ奇妙奇怪千変万化計ルヘカラス。能ク数億万里ヲ去ル星等ノ形状運行ヲ講究シ、或ハ百歳ノ下、人ヲシテ驚嘆セシムルノ想像ヲ起ス等ハ怪ムニ足ラス。実ニ其力ハイカ程神妙不思議ナルモ極々単一ナル元子力ノ集合シ、カク複雑ヲ極メ遂ニ人ヲシテ他又精神ノ存在アランカノ妄想ヲ起サシメタル者ニシテ怪ムニ足ラサルナリ。手ヲ挙ケ足ヲ動カス如キ簡単ナル運動ノ如キハ君等ノ以テ無精神トナス所ノ植物尚之ヲナスナリ。君見スヤ『ネムリ草』『蝿トリ草』ノ如キ充分ナル感覚ヲ有スルニアラスヤ。夫ノ『ヴォーケリヤ』水藻ノ如キ其母体ヲ出ル、其水中ヲ運動遊泳実ニ自由ナルニアラスヤ。実ニ手足ノ運動感覚ヲ有スル如キヲ以テ人ノ精神不朽ヲ証スル如キハ余ハ毫モ感服セス。君見スヤ今ヤ滴ル水滴ハ誰モ之ヲ動スナキニ地ニ向テ動キ、二球ヲ糸ニ懸ケ高キヨリ下クレハ二球相吸引シ相近ク、カクノ如キ者ハ抑何ソヤ。只一ノ単ナル引力ニヨルニアラスヤ。実ニ人ノ思想モカクノ如キ単一ナル力ノ集合セルニ外ナラサルヘシ。夫レ然ラスンハ人体ノ一部ヲ損シ、或ハ脳ノ一部ヲ損スルニ至テ直ニ死スル者ハ何ソヤ。（固ヨリ余ハ人全ク脳ニ因テ生活スルニアラス。人体全ク相待テ生活スルヲ得ルト云フナリ。）果シテ脳中ニ宿スル精神アルトセハ何ソ止マッテ其損処ヲ修覆セサルヤ。何ソ其短気ニシテ其家ヲ去ルノ速ナルヤ。人誰レカ己ノ家ノ屋根ノ薄板トレタリトテ失望シテ其家ヲ不用ノ者トシ見捨ルノ愚アランヤ。況ンヤ脳ニ遠キ体ノ一部欠ケタリトテ、何トテ此ノ愛スル身ヲ捨テ去ルカ。且又人ハ己ノ腹中ヲ知ル能ハサレトモ、能ク其家ノ事ハ何処ニ何アリ何処ニ何アリト能クモ承知セルニアラスヤ。然ルニ精神ハ一個ノ他物ニシテ此身ハ宿所ナリセハ何ソ能ク此ノ身ノ事ヲ通暁セサルノ甚シキヤ。已ニカクノ如クナレハ、死トハ決シテ精神カ此ノ身ヲ去ルニアラスシテ、已ニ脳ヲ組成セル元子分解ニヨルコト已ニ明ナラスヤ。即チ元子分解セハ元子ニ有セル力同時ニ之レニ従フテ分解セサルヲ得ス。是ニ於テカ夫複雑ナル脳力即チ人ノ心モ只単一ナル力ニ分解シ、喜フ心モ悲ム心モ野辺ノ煙リト諸共ニ元子トヤ〔ニ〕分解セン。ソウアレハコソ脳ノ一部損セハ、已ニ人生活シ得サルヲヤ。已ニ一二ノ元素去レハ之ニ従フ力モ去リ、已ニ其力去レハ又完全ナル一人間ノ精神存在スル能ハサルナリ。見ヨ君単一ナル無機元素ノ集合シテ有機物ヲ作ルハ、已ニ今井先生先日蟻酸製法ニ就テ説明セルニアラスヤ。実ニ古来人巧ニ製シ得ヘカラサル有機物カ、今ヤ已ニ化学者ノ瓶ノ動〔ママ〕スノヲ作ラルルトハ奇ナラスヤ。嗚呼後世人ヲ作ルノ術ヲ発見スルモ知ル能ハス。ソノトキコソ人々皆々神ナラン。

実ニ動植物ノ区別ハ古来博物学者カ千思万考未タ知リ得サル所ニアラスヤ。而シテ今ヤ益々其区別ヲ見ル能ハス。殆一物ナランカノ感ヲ学者脳中ニ胚胎セシムルノトキナラスヤ。彼等実ニ同一物トセハ、草木モ又精神ヲ有スルヤ否ヤ。古ハ有機ハ人工ニ能ハサル者ヲ指シテ云ヒシカ、今ヤ已ニ其説ハ反古ニ帰シ、将ニ我々ト金石ト同一ナル趣向アルニアラスヤ。

カク書シ来リタレトモ尚心中ハ己ノ説ノ不完全ナル感モナキ能ハス。顧ミテ君ノ説ヲ熟考セハ、益々浮雲蔽蓋東西ヲ弁スル能ハス。感是ニ至リテ覚ヘス。宇宙一大怪物ニシテ疑感ノ中ニ取リ包カレ一事一物解スヘキ者ハ毫モナシ。見ヨ夫レ仰テ見ヨ夫蒼穹タル天ハイスレニ至テ限ラル、ヤ。宇宙ハ、或ハ神ハ、何故ニ始ナク終ナキカ。嗚呼無始無終果シテ無キ乎。吾人ハ夢ノ如キ乎。実ニデカールトヲ気取ルテハナイカ宇宙間、解シ得ヘキ者一物カアルヤ。嗚呼何術ヲ以テ之ノ疑ヲ解カン。嗚呼余ノ為メニ之ノ疑ヲ解クノ人アル乎。豈慨嘆ニ堪ヘケンヤ。終ニ臨テ一言ス。公ハヒーロンノ言ヲ引カレタレトモ、余前ニ曰ヘル如ク、人学テ愈智ノ及ハサル所ヲ知リ、愈妄想スルノ外ナシ。故ニ其言必スヘカラサルナリ。見ヨ夫ノ、ミル、ヘーゲルノ如キ、夫ノ如ク博識ヲ以テ尚無神論者ノ本尊タルニアラスヤ。シカシ余彼等ヲ以テ深奥ノ哲士トナサ、レハ余ハ一言ナキナリ。尚読ムニ従ッテ疑ヲ質サン。幾多郎。　金田君。

私ノ望ムトコロハ、君第二編ヲ著スルヤ、神ノ存在ト其大慈大仁ナルトノ証ヲ挙ケ玉ハン事ヲ。余ハカク論スルモ猥ニ理学ノ門戸ヲ窺ヒ哲学者ヲ気取テ猥ニ生意気ニ宗教ヲ排スルニアラス。余ハ性宇宙間ノ真理ヲ究ムルヲ以テ非常ノ快楽トスレハ、敢テ平素ノ疑惑ヲ挙ケテ君ニ質スノミ。
錦衣玉食似浮雲、人生百事偽乎真。[1]」

（1）「書簡一」『全集』別巻五、三―五頁。

この手紙に見られる唯物論的傾向は、無神論的・反宗教的な傾向ともむすびついていた。この手紙の末尾に書かれている「私ノ望ムトコロハ、君第二編ヲ著スルヤ、神ノ存在ト其大慈大仁ナルトノ証ヲ挙ケ玉ハン事ヲ」という西田の要望にこたえて、山本は「第二編」を書いたのであろう。山本のその文章のはじめの部分を読んだ西田は、ふたたび次のような手紙を山本にあてて書き、無神論的・反宗教的見解を述べている。これも、ながくなるのをいとわず、全文を引用しよう。

「金田大兄足下ヨ。余未タ足下ノ貴文ヲ読了セサレトモ、少々其始メヲ読ミタレハ、少ト一言申シ上マス。

至愚思フ様、宗教ハ皆一ノ迷ニテ信スヘキ者ニアラス。何トナレハ、夫、人ハ死ヲ恐ルル者ナリ。井上先生ノ歌ニ、死出ノ山路ノ不思議ナル登リテ帰ル事ソナキ、イカニ此世カツラキトモ彼ノ世ノ事ハ恐ロシヤ、ト。実ニ能クモ人情ヲ写セル者ナラン。カカル死ヲ恐ルル動物カ此世ノ積リ来レル艱難ニ逢ヒ、不平ニ不平重ナリテセマキ胸ヲモ烈火ノ如ク恨ヤリ所ナシ。是ニ当テヤ、稍利ロナル耶蘇釈迦ノ如キ者、忽チ神ナル者アリテ賞善罰悪ノ大権ヲ有スト説クヲ聞キ、恰モ烈火ニ石炭ヲ投スル如ク、忽チ之ヲ信シ之ニ迷溺スルニ相違ナシ。則以テ思ラク、余今百辛ヲ嘗ルモ未来ハ必ス蓮火ノ上ニ坐セン、彼ハ今百福ヲ楽ム如キモ、後日鼎鑊ノ苦アラント思ヒテ少シク胸ヲ安スルノミ。是レ君ノ言ニ吾人此不充分ナル浮世ニオイテ不平ナカラモ正道ヲ行ヒツツ日ヲ送ルハ神アル故ナリト云フ語以テ証スヘシ。則神アリ、マツ此世ニ生活シ恨ノ胸ヲ快ニスルトノ意ナラスヤ。嗚呼何ソ能ハサル所ナキ神カ正ヲ行フ君子ヲシテ逢ハス、容ラレス、雷ニ不平ノ胸ヲ抱ヘテ三閭ノ大夫ト名ヲ等クセシムルノ理アランヤ。此ノ浮世尽ク悪ニシテ救フ策ナクンハ何ソカノ洪水ノ如キ者ヲ以テ天下ノ悪ヲ掃蕩シ、金田君其人ノ如キ正人ヲシテ世ニ赫タラシメサルヤ。彼果シテ洪水ヲ以テ不仁ノ事トナスカ、何ソ「ノア」ノ時ニ当テ之ヲ発セシカ。嗚呼天下豈斯クノ如キ奇怪千万ノ神アランヤ。只不平人ノ妄想ニ出ルニアラスシテ何ソヤ。宜ナルカ信者ハ窮者ニ多ク達者ニ少シ。或人曰ク、学ヘ、益〻神アルヲ信スヘシト。夫レ人学テ理ノ深奥ヲ究ムルニ当テ益〻其智及ハス、解キ難キ者ヲ発見シ益〻例ノ妄想ヲ惹起シ、其解セラレサル暗物ニ人ヲ賞罰スルノ権ヲ与フレハナリ。ツマリ宗教ハ皆妄想ナルニアラスヤ。西洋ノ如キ数千年来西教ニ沈溺シ、児童生ルヤ否ヤ寺院ニ教ヘラレ宗教ノ妄念深ク脳裏ニ印シ、遂ニ学理ヲ極ムルモ夫ノ妄想ヲ脱スル能ハサル者多シ。故ニ泰西学者自身モ曰ク、理学哲学ノ理ト宗教ノ信トハ混スヘカラスト。

夫レ蒸気電線ノ如キ之ヲカノ無智ノ上古人民ニ見セシメハ必ス驚キ拝シテ神トナサン。然レトモカレ今学理上ヨリ考ヘテサホト怪ナルニモアラス。誰モ狂ナランヨリモ拝シテ神トナスノ者アランヤ。嗚呼吾人今日神トシテ尊拝スル者モ後世ヨリ之ヲ見レハ、カノ亜弗利加人カ蛇類ヲ尊フト同一ナルモ知ルヘカラス。実ニ宗教心ハ己ノ智力及ハサル所、何トナク恐怖ヲ生シ遂ニ一個ノ妄念ヲ発スル者タルニ相違ナシ。是故ニ見ヨ日月ハ人之レニ触ル能ハス。忽然空中ニカカリ、上古時代ニ於テハ人間ニ最モ悟リ難キ怪物ナリ。然ル故ニ上古人民日月ヲ以テ神ト思ハサル者殆ント少ナキニアラスヤ。何レヨリシテ考ヘ見ルモ宗教ハ妄想ニシテ信スヘキニアラスト信ス。

又君ノ曰ク進化論者ニ元子ハ何ヨリ生スルヤト問ハヽ、自然ニ生セリト答ヘン、此所ニテ天啓学者ノ神ハ無始無終ト云フニ同シト。其言実ニ然リ。余モ亦其説ノ者ニテアリシ。併シ已ニ君ノ曰ハル、如ク汝ハ誰ノ子ナリヤ、父母ハ誰ノ子ナリヤ――ト論究シ来リテ元子ニ至リテ其原理ヤ解シ難シ、則チ此ニ至テ止ム可ナリ。然ルニ独リ疑フヘキハ、天啓学者更ニ又解シ難キ神（自然ニ生タル者）ヲ加ヘテ神カ万物ヲ作レリト云フ奇怪ナラスヤ。果シテカクノ如ク論セハ神ハ又神ノ神アリテ作レリト云フヘキカ。然ラハ何ソ底止スル所アランヤ。又天啓学者カ其 unknown cause ニ与フルニ、イハレナキ大慈大聖ノ徳ヲ以テスルハ抑何ソヤ。余ハ essay ノ為メニ全ク玉文ヲ読ム能ハス、先ツ発端ヲ読ミ終テ少ト質問ス。願クハ此ノ迷ヲ解カン事ヲ。西田。金田君。」(1)

（1）「書簡二」『全集』別巻五、六―七頁。

西田のこの二通の手紙に述べられている唯物論的な考えと無神論的・反宗教的な考えとが、それぞれ、中江兆民の『理学鉤玄』の第三巻「実質説《マテリアリスム》」の第三章「実質《マテイエール》」と第一章「宗教幷ヒニ諸種ノ虚霊説《スピリテユアリスム》ノ本原」とにおいて説かれている見解と基本的に一致している(1)ということ、少なくともそれときわめて近いものであるということは、否定できない。『理学鉤玄』が明治一九年に出版されたことを考慮に入れるならば、四高生時代の西田が兆民のこの著作を読んで影響をうけたということは、大いにありうることであるし、少なくとも、何らかの仕方で西田が『理学鉤玄』における唯物論についての解説を知っていたと推定しても、けっして無理ではない。だとすれば、当時の若い西田が『理学鉤玄』に解説されている唯物論に関心をいだき、その立場から山本を批判するために、右の二通の手紙を書いたとみなすことは、間違ってはいないであろう。

（1）『理学鉤玄』は、中江兆民が「博ク諸家ヲ蒐採シテ」——いいかえれば、フランスのいくつかの哲学概説書を集め、それを取捨選択して——編み、「文ハ則チ別ニ結撰シテ初ヨリ原文ニ拘泥セス」、兆民自身の文体で書きなおした哲学概説で、三巻からなっている。第一巻「法朗西学官立ル所ノ虚霊説」ではフランスの官学としての唯心論の体系が祖述され、第二巻「意象説《イデアリスム》」では観念論の諸学説が紹介され、第三巻「実質説《マテリアリスム》」では唯物論の解説がおこなわれている。この第三巻の第三章「実質」——すなわち物質——において、兆民は、

「実質トハ耳目五官ニ由リ若クハ精緻ノ器械ニ由リテ接触スルコトヲ得ル所ノ物質ヲ謂フ是ナリ。」

と、物質の定義をかかげ、六十五原素（西田は六十三元素といっている）をあげて、

「凡ソ此六十五質ハ方今物化学ノ験定スル所ニシテ我地球及ヒ地球上産スル所ノ庶物一切生気有ルノ類並ニ空気皆是若干数ノ相合シテ成ル所ナリ是ヲ物化学ノ六十五原素《エレマン》ト謂フ。」

と、述べている。そして、さらにさきの方で、

「凡ソ天下ノ物苟モ純体ニ非サルヨリハ原素若干数ノ聚合スル所ニ非サル莫シ。即チ食料ヤ……吾人ノ筋骨神経ヤ脳髄ヤ皆若干原素ノ聚合ナルノミ。」

と、いい、力と運動について、

「凡ソ物苟モ有ルトキハ必ス力有リ。若シ力無キトキハ物有ルト物無キト初メヨリ別無キナリ。力トハ何ソヤ。運動是レナリ。而シテ所謂運動トハ独リ物ノ全体一処ヨリ出テ、他ノ一処ニ行クコトヲ指シテ

言フニ非スシテ、凡ソ物ノ現象ヲ挙ケテ皆之ヲ言フ。是故ニ星辰ノ旋躔スルハ運動ナリ、草木ノ栄枯スルハ運動ナリ、禽獣ノ生滅スルハ運動ナリ、人類ノ感覚思念スルハ運動ナリ。凡ソ物ノ一ノ状態ヨリ出テ、他ノ状ニ入ルハ皆所謂運動ナリ。但力ト謂ヒ、運動ト云ヒ、多クハ夫ノ原素自然ノ効用ニシテ初ヨリ意アリテ然ルニ非ス。故ニ若シ原素一種ノ構結ヨリ成ル所ノ生物ノ行為ノ外、更ニ一切物ノ効力ヲ以テ皆有意ト為ストキハ原理学ノ邪道ニ堕ツルヲ免レスシテ復タ真ノ学術ニ非サルナリ。」

と論じて、そこから、原子と分子とに触れて、

「是故ニ天下万有ノ此ノ如ク藩庶ニシテ其形貌効力此ノ如ク相異ナル所以ノ者ハ他無シ。夫ノ衆分子ノ相聚ルヨリシテ衆原素ノ調剤各々相異ナルカ故ナリ。即チ吾人人類ノ如キモ専ラ其衆原素ヨリ成ル所ノ実質ニ就イテ言フトキハ草木金石ト異ナルコト無シ。但其原素ノ調剤ト及ヒ体機ノ構結自ラ草木金石ト異ナル有リテ而テ霊頑ノ別実ニ是ニ在リ。……夫レ霊活ノ原子相聚リテ物ヲ成ス。此レ正ニ万物ノ日夜絪縕化成シテ離合生滅ノ変、無窮ニ相踵ク所以ナリ。是レニ由リテ之ヲ考フレハ世界万物ハ無数原子ノ相牽引シ相排斥スルニ因リテ形象ヲ発スル者ニシテ、其状態ハ猶ホ砂塵ノ飈風中ニ翻転スルカ如クナルノミ。

　夫レ衆原子ノ相牽引シ相排斥スルヤ、是ニ於テ世界万物種々ノ現象有リテ端倪ス可カラス。……」

と書いている（明治四〇年博文館版『続一年有半』附録一九七―二〇一頁）。

煩を避けるために引用はしないが、第一章「宗教幷ニ諸種ノ虚霊説ノ本原」においては、宗教が「智極メテ昧ク」、「畏怖ノ念ヲ懐」くことから成立するということが説かれている（同前一八四頁参照）。

なお、ついでにいえば、中江兆民は、philosophie という語を「理学」と訳して、それを「哲学」と訳した西周とは異なった把握をしめしたが、山田宗睦はその事実をふまえて、上に引いた「書簡一」において西田が「猥リニ理学ノ門戸ヲ窺ヒ哲学者ヲ気取ッテ猥ニ生意気ニ宗教ヲ排スルニ非ス」と書いている箇所

の「理学」を「哲学」と同義語と見て、そこに、西田が兆民の唯物論的流れに立っていたことの傍証を見ている（『日本型思想の原像』三七頁）。なるほど、この「理学」と「哲学」とを同義に解することはできないことではない。しかし、それは「哲学」の意味よりも、自然科学の意味にとる方が自然であると思われる。井上円了の『哲学一夕話』のなかには、「之を要するに理学は有形の物質に属し哲学は無形の心性に属する学問なり」（第一篇、序三頁）という言葉が見られる。井上はさらに、哲学には心理学、論理学、倫理学、純正哲学等の諸科があることを述べて、「純正哲学」について、それは「哲学中の純理の学問にして真理の原則諸学の基礎を論究する学問」であり、「心の実体何者なるや物の実体何物なるや物心の関係如何なるものなりや等の問題」を扱うものである、といっている（同上）。山田が引用した一句は、西田が井上円了のこの区別を用いて、「自然科学の成果を引きあいに出したり、哲学者を気どったりして宗教を斥けるつもりはない」と述べたものと見ることは、けっして無理なことではないであろう。

四高生時代の西田の思想を直接に表現している資料としては、右の二通の手紙が見出されるだけである。(1) しかし、いや、それだけに、右の二通の手紙に『理学鉤玄』の影響が見られるということから、いきなり、若い西田が兆民の影響をうけた唯物論者であったという結論をひき出すことはいささか軽率にすぎるであろう。西田は、後年、自分が若いころ唯物論に関心をいだいた一時期があったと語ったことはなかった。彼が四高在学時代の自分の哲学的関心について述べた文章としては、昭和一一（一九三六）年に書かれた『善の研究』第三版の序があるが、そこで、彼はつぎのように書いている。

「私は何の影響によったかは知らないが、早くから実在は現実そのままのものでなければならない。所謂物質の世界という如きものは此から考えられたものに過ぎないという考を有っていた。

まだ高等学校の学生であった頃、金沢の街を歩きながら、夢みる如くかゝる考に耽ったことが今も思い出される。その頃の考が此書の基ともなったかと思う。(2)」

西田がここに回想しているのは山本にあてたさきの二通の手紙よりのちの時期のことであろうと思われるが、西田の弟子たちは西田が唯物論者であったことはもちろん、唯物論に関心をいだいたことすら、かつてなかったことを強調している。たとえば、高坂正顕は右の西田の回想をつぎのように解説している。

「先生が四高の学生であった頃、よく先生と議論を交わされた友人に、今で言えば唯物論者とかマルキシストとか言われるような男があった。――このような調子で先生は、私にかつての思出を語られたことがある。――その男はすべてを物質から説明しようとする。私はその男の言うことにも一応の理由があることを認めるのであるが、どうも物質が究極の実在とは思えない。嘘ではないが、何か抽象的、二次的のように思われた。そのうち、金沢の街を歩いていて、夕日を浴びた街、行きかう人々、暮れ方の物音に触れながら、それがそのまま実在なのだ、所謂物質とはかえってそれからの抽象にすぎない。このような考えが浮んできた。それが『善の研究』の萌芽だったのであろう。(3)」

木村素衛もまた、西田の懐旧談として、

「当時学校に友山(若し私の記憶が誤らないならば)という学友がいた。彼は自然科学をやっている男で、マテリアリストであった。先生は小さい時分からアイデアリストの素質があり、友山と大いに議論した。『善の研究』の抑〻の濫膓はこの時分の考えにあるので、漠然と感ぜられた丈ではあるが、後年発展し組織立てられ、はっきりと表現さるべきものが頭に浮んでいた。この男は今でも九州かどこかにいて、昔議論した事を覚えている相である。」

と、記している。(4) 高坂と木村が西田の談話を忠実に伝えているとすれば、西田自身、自分が若い日に唯物論に関心をいだいたことはなかったと暗示しようとしていたのかもしれない。高坂のいう「今で言えば唯物論者とかマルキシストとか言われるような男」が、木村の伝えている友山某であることは間違いあるまい。この友山という「マテリアリスト」が自生的な自然科学的唯物論者であったのか、『理学鉤玄』なり、すでに明治一八年に中川重麗によって邦訳されていたビュヒネルの『唯物論一班』なりを読んでいたのか、そのあたりのことはかいもくわからないが、もし、高坂のいうように西田がこの「男」と議論をかわしていた当時から、すでに、唯物論にたいして否定的であり、『善の研究』の「萌芽」または「基」となった考えをいだいていたとすれば、山本良吉宛の西田の二通の手紙は、この友山某の見解の受け売りにすぎなかったことになるであろう。

(1) 四高時代の西田の書いたものとしては、これまでのところ書簡が三通知られているだけである。そのうちの二通が上にあげたものであり、ほかにもう一通、やはり山本良吉にあてた、明治二二年のものと推定される手紙がある（「書簡三」『全集』別巻五）。しかし、この手紙は、山本が、病気のために、西田たちといっしょに行くことになっていたピクニックかなにかに参加できなくなったことを詫びてきたのにたいする返事であって、西田の哲学的方向を示すものはふくまれていない。ただ、山本にむかって、健康に留意するように勧告した一節のなかにはつぎのような文句が見られる。

「ナポレオンの勇あればとてニュートンの智あればとて夭死致し候わば何の楽か御座候べき。君異才を抱て空しく北海の煙波と消失せ候ては実に遺憾千万ならずや。日本の国会は君これを見るを欲せざるか。日本の将来は君これを計画するを欲せざるか。天下の自由君これを保するを欲せざるや。……」

この文章は、当時の西田の関心が内部にではなくて、外部に向っていたことを物語っている。少なくとも、内面的問題よりも、政治的・社会的な方向に関心が向っていたといってよかろう。西田が「進歩的な思想を抱いていた」と当時の自分たちについて述べたとき、それは、なによりも、このような外にむかった政治的関心についていわれたのであった。そして、このような外への関心と唯物論への関心とは、けっして、無関係ではなかった。

(2)『全集』第一巻七頁。

(3)『西田幾多郎先生の生涯と思想』五三―四頁。

(4)「西田幾多郎先生の話」。木村が「当時学校に」というのは、木村の文章のコンテキストからいえば、石川県専門学校のことである。少なくとも、木村は、西田が友山と議論をしたのが石川県専門学校時代か、それとも四高になってからかについては明確に述べていないし、それが石川県専門学校時代のことであるようにもとれる書き方をしている。しかし、西田が、マテリアリストであった友山と議論をしたとすれば、それは西田が自然科学、とくに物理学を学びはじめた頃であったにちがいない。物理の授業で毛細管の引力のことを学んで、「自然の美妙」にうたれた西田と、自然科学的な唯物論の立場に立っていたと思われる友山とのあいだに、物質ですべてを説明できるかどうかという議論がかわされたことは想像できるけれども、西田が物理学や化学を学んでいなかったならば、世界の物質性をめぐる議論がおこなわれるということは考えられないからである。そうだとすれば、西田が物理学をはじめて学んだのは、四高の予科に入ってからであるから、友山と議論をかわしたのも、きっと、四高予科のころであったのだろう。

友山が「自然科学をやっていた」というのは、西田と議論したころすでに理科の生徒であったという意味なのか、のちに本科で自然科学をやるようになったという意味なのか、それとも予科時代（あるいは専門学校時代）に独力で自然科学をやっていたという意味なのか、よくわからない。また、木村の記すところによれば、西田が井上円了の『哲学一夕話』を読んだのは、友山とよく議論をするようになる前のように思われるが、もしかしたら、友山との議論がきっかけで西田は『哲学一夕話』を読んだのかもしれない。それらの点を確かめるには、友山某という人について調べる必要があるが、いま私には友山のことがわからないので、木村素衛の報告にしたがっておく。

しかし、西田が山本にあてた二通の手紙は、そこに述べられた唯物論的・無神論的な考えが誰かの見解の受け売りであるとはけっして思えないような真剣な態度で書かれている。もし西田が『理学鉤玄』を読んでいたとすれば、それは友山との議論に触発されたからであったと考えられないこともないが、西田のこれらの手紙は、彼が「実質説」にかんする兆民の解説を生ま噛りのままで気まぐれに山本にたいしてふりまわしたものとは思えない一途さをもっている。たとえば、西田は、「見ヨ君已ニ単一ナル無機元素ノ集合シテ有機物ヲ作ルハ、已ニ今井先生先日蟻酸製法ニ就テ説明セルニアラスヤ」というように、学校で学んだ知識をもふまえて、自然科学的認識に依拠した世界像を自らの思索でつきつめてみようと努力しているし、第二の手紙の末尾の「君ノ曰ク、進化論者ニ元子ハ何ヨリ生スルヤト問ハハ、自然ニ生セリト答ヘン、此所ニテ天啓学者ノ神ハ無始無終ト云フニ同シト。其言実ニ然リ。余モ亦其説ノ者ニテアリシ。併シ已ニ君ノ曰ハル、如ク汝ハ誰ノ子ナリヤ、父母ハ誰ノ子ナリヤ――ト論究シ来リテ元子ニ至リテ其原理ヤ解シ難シ、則チ此ニ至テ止ム可ナリ。然ルニ独リ疑フヘキハ、天啓学者更ニ又解シ難キ神（自然ニ生タル者）ヲ加ヘテ神カ万物ヲ作レリト云フ奇怪ナラスヤ。果シテカクノ如ク論セハ神ハ又神ノ神アリテ作レリト云フヘキカ。然ラハ何ソ底止スル所アラン。又天啓学者カ其 unknown cause ニ与フルニ、イワレナキ大慈大聖ノ徳ヲ以テスルハ抑何ソヤ」という言葉には、西田が自然を人格神によって説明する考え方を斥けて、唯物論的・無神論的見地をつらぬこうとするつよい構えが見られるが、そのような西田の思索の態度や構えは、唯物論にたいする彼の関心がけっして気まぐれなペダントリーや他人の見解のいい加減な受け売りではなかったことを物語っている。もちろん、「カク書シ来リタレトモ尚心中ハ己ノ説ノ不完全ナル感モナキ能ハス。顧ミテ君ノ説ヲ熟考セハ、益々浮雲蔽蓋東西ヲ弁スル能ハス。感是ニ至リテ覚ヘス。宇宙一大怪物ニシテ疑惑ノ中ニ取リ包カレ一事一物解スヘキ者ハ毫モナシ。……余ハ性宇宙間ノ真理ヲ究ムルヲ以テ非常ノ快楽トスレハ、敢テ平素ノ疑惑ヲ挙ケテ君ニ質スノミ」という個所をとり出して、西田はただ山本の見解が、唯物論の、というよりもむしろ自然科学の側からの批判に耐ええない弱点をもっていることを指摘しただけで、西田自身ははじめから山本とおなじく反唯物論または非唯物論の立場をとっていたのだという解釈を立てることもできよう。しかし、さきに引いた「余モ亦其ノ説ノ者ニテアリシ」という言葉は、西田が唯心論的立場から唯物論的立場に移ったことを告げているものと見るべきであるし、あとの「敢テ平素ノ疑惑ヲ挙ケテ君ニ質スノミ」という文句は、西田が山本の説く「精神不朽」や「神ノ存在ト其大慈大仁」にたいして「平素」から疑惑をいだいてきたこと、少なくとも、自然科学の成果とむすびついた唯物論に「平素」からつよい真剣な関心をもっていたことを表明したものであろう。

おそらく、「アイデアリストの素質」をもった西田は、『哲学一夕話』における井上円了の一種の経験批判論ともいうべき立場を論拠にして、友山栞の自然科学的唯物論に対抗したのであろうが、彼は友山を論破することができなかったであろうし、かえって、「すべてを物質から説明しようとする」友山の議論に、どこか釈然としないものを感じながらも、「一応の理由があることを認め」、その主張が「嘘ではない」と思わざるをえなかったにちがいない。そして、そのことは、「性宇宙間ノ真理ヲ究ムルヲ以テ非常ノ快楽ト」する西田を、唯物論にたいして真剣な関心をいだくように強いたにちがいない。もし西田が『理学鉤玄』を読んだとすれば、その背後には、そのような事情があったであろう。しかし、西田が唯物論につよい関心をいだくようになったのには、もっと深い理由があったことを見のがしてはならない。

「書簡一」の最後に「錦衣玉食似浮雲、人生百事偽乎真」という句が書かれていることは、人生の意義をどこに求むべきかという問題こそが、若い西田にとって、もっとも切実な関心事であったことをしめしている。彼にとっては、唯物論か唯心論かという問題、むしろ井上円了のいう「心の実体何者なるや物の実体何物なるや物心の関係如何なるものなるや」という「純正哲学」の問題は、人生の意義にかかわる問題であり、生き方にかかわる実践的な問題であった。この問題は、一般に、文明開化において西欧的近代文化、とくに近代科学の成果に接してそこから人生の意義を考えようとした日本人にとっては、きわめて切実な直接の関心事であった。未来に胸をふくらませつつ人格の独立と自由に目ざめはじめていた若い西田は、まだ儒教や仏教によってつちかわれた伝統的教養によって人生を意識していたときに、いきなり、友山某によって、自然を物質の運動としてとらえる近代的な自然科学的世界像に直面させられた。そして近代的人間としての人生の意義を求めようとすれば自然科学的唯物論を考慮に入れざるをえないことを知ったのであった。儒教や仏教の教養によって養われ「小さい時分からアイデアリストの素質」を身につけてきた西田にとって、唯物論的世界像はショックですらあったにちがいない。しかし、彼はそれを認めないわけにはゆかなかった。というよりも、近代化をめざす明治中期の社会と文化との動きのなかで、唯物論は拒否できない重さと圧倒的な迫力とをもって彼に迫ってきた。彼は自分の生活意識と唯物論とのギャップを感ずれば感ずるほど、そのギャップをのりこえるために「宇宙間ノ真理ヲ究」めようと努力し、真剣な態度で唯物論にたちむかわなければならなかったし、それにたちむかうかぎり、唯物論的世界像が「嘘ではない」ことを認めて、その世界像をうけいれざるをえなかった。彼が一途な気持ちで唯物論の立場をつきつめてみようとしたのは、こうしてであった。

しかし、人生の意義の把握にもっとも強い関心をもっていた西田は、やはり唯物論によってはその関心を充たすことができなかった。彼が知っていた唯物論は人間的世界をも原子の集合分解に還元する人間嫌いな唯物論であり、人間的活動と人生の意味とをとらえることのできないものであった。西田はのちに、『善の研究』第三版の序に、

「フェヒネルは或朝ライプチヒのローゼンタールの腰掛に休らいながら、日麗《うららか》に花薫り鳥歌い蝶舞う春の牧場を眺め、色もなく音もない自然科学的な夜の見方に反して、ありの儘が真である

昼の見方に耽ったと自ら云って居る。私は何の影響によったかは知らないが、早くから実在は現実そのままのものでなければならない、所謂物質の世界という如きものは此から考えられたものにすぎないという考を有っていた。……」

と、書いているが、[1] 彼が唯物論に真剣にとりくみ、山本良吉にさきの二通の手紙を書き送ったところには、彼にとっても、唯物論は「夜の見方」だと感じられていたにちがいない。彼が自分の述べた唯物論的見解について、「尚心中ハ何分カ已ノ説ノ不十分ナル感モナキ能ハス」と書かずにおれなかったのは、薫る花も歌う鳥もすべて原子の集合分解に還元する唯物論の「色もなく音もなき夜の見方」が内面的主観性の世界を捨象していて、人生の意味を説明しえないことを彼が感じていたからであった。彼は唯物論的世界像を拒否することはできなかったが、そこから人生の意味を問題にしようとすればするほど、さまざまな疑問につきあたって、「益〻浮雲蔽蓋東西ヲ弁スル能ハス。……宇宙一大怪物ニシテ疑惑ノ中ニ取リ包カレ一事一物解スヘキ者ハ毫モナシ。……嗚呼何術ヲ以テ之ノ疑ヒヲ解カン。嗚呼余ノ為メニ之ノ疑ヲ解クノ人アル乎。豈慨嘆ニ堪ヘケンヤ。」と告白せざるをえなかった。

(1)『全集』第一巻七頁。

山本良吉にあてた二通の手紙は、はじめから反唯物論的または非唯物論的な立場に立っていた西田が山本の論説の弱点を指摘するために書いたにすぎないというようなものではけっしてないし、ましてや、彼が他人の見解の受け売りをして唯物論や無神論を気まぐれにふりまわしてみたというようなものではない。これらの手紙は、当時、西田が唯物論につよい関心をいだき、それをまじめにうけとって承認し、近代の自然科学的世界像と人生の意義とのつながりをとらえようとして真剣に努力していたことを物語っているのである。

　西田が「実在は現実そのままのものでなければならない、所謂物質の世界という如きものは此から考えられたものに過ぎないという考を」いだいたのは、木村や高坂が伝えるように友山某と議論をかわしていたころのことではなくて、山本にあてた二通の手紙よりものちのことにちがいない。西田は唯物論をつらぬこうとする努力をつうじて、かえって、それがいわば「夜の見方」であることに気づき、不満を感じはじめたが、それでもやはり唯物論を斥けることはできないでいた。唯物論は彼の心におもくのしかかっていたのである。そんな状態にあったときに、ある日、「金沢の街を歩いていて、夕日を浴びた街、行きかう人々、暮れ方の物音に触れながら、それがそのまま実在なのだ、所謂物質とはかえってそれからの抽象にすぎない」という「考えが浮んできた」のであった。西田は、この考えによって、唯物論の強迫から解放されたと感じ、「ありの儘が真であるという昼の見方」に「夢みる如く」ふけりながら歩きつづけた。しかし、「或日町を歩いていて、ふとそんな気持になった(1)」そのときの感じがそのまま『善の研究』の「萌芽」や「濫觴」であったのではない。西田が「直接ということに気づきそしてそこに落ち着いた(2)」のは、彼自身がいうように、「さまざまに摸索(3)」したのちのことだからである。そのことは、これから述べることによって明らかになるであろう。西田が、四高生時代のある日に「ふとそんな気持になった」ときに感じた「直接という感じ」を、『善の研究』の「基ともなったかと思う」ようになったのは、いわゆる「西田哲学」が形成されたのちに、おそらくテオドール・フェヒネルのローゼンタールでの体験を読んで、自分の若い日の体験を思いおこし、それを自分の哲学的立場とむすびつけて考えたからであろう。西田が「高等学校の生徒の頃……或日町を歩いていて、ふとそんな気持になった」ときのことを、「晩年にもその時のあたりの様子など」といっしょに「ありありと記憶[4]」していたのは、夕陽に照らされた金沢の町の「暮れ方」の風景の観照が自分にのしかかっていた唯物論の強迫からの解放として鮮明に彼の心に焼きついていたからであるにちがいない。西田が、「金沢の街を歩きながら夢みる如く」、「実在は現実そのままのものでなければならない、所謂物質の世界という如きものは此から考えられたものに過ぎないという考」に「耽った」ということこそ、かえって、西田がそれまで機械的唯物論の見地からものを考えようと真剣に努力していたことをしめしているにほかならない。

(1) 西田幾多郎「鎌倉雑談」、高坂正顕『西田幾多郎先生の生涯と思想』五四頁参照。
(2) 同前。
(3) 同前。
(4) 同前。

西田が、実在は「現実そのままのもの」であり、「所謂物質の世界という如きものは」抽象的かつ二次的なものにすぎないと考えるようになったとき、彼は、或る意味で井上円了の『哲学一夕話』

における現象即実在論とよばれている立場に近づいたのであった。おそらく、西田は唯物論の強迫から解放されたとき、『哲学一夕話』からうけた感銘をあらたにしたであろう。西田の唯物論の超え方はある意味ではきわめて安易なものであった。だが、それにしても、このとき、彼は啓蒙主義的唯物論から内面的主観性を重視するロマン主義的な方向へと移ったのであった。しかし、彼の関心はただちに内部にむかっていったのではなかった。「日本の国会は君これを見るを欲せざるか、日本の将来は君これを計画するを欲せざるか、天下の自由君これを保するを欲せざるや」というように、西田の関心はまだ外に向けられていた。西田はまだ明治の社会の未来に明るい希望をふくらませていたし、彼の哲学的関心は政治的・社会的関心と切りはなされてはいなかった。彼は「宇宙間ノ真理ヲ究」める努力をつづけながら、同時に四高当局にたいして反抗を止めなかった。そして、「頂天立地自由人」の道を求めながら、四高を退校するまで、「快談痛論……塵世の俗弊に反対」[(1)]し、「豪放不羈」にふるまったのであった。

(1)「書簡六」『全集』別巻五、六頁。

四高を退校し、「学校の羈絆を脱し」た西田は、新しい時代の思想を担う哲学者として未来に雄飛する自分を思い描く意気さかんな夢をいだいていたし、その夢が彼の日々を張りのあるものにしていたことであろう。しかし、あまりに読書をしすぎたために、彼はまもなく眼をいためて、医師から読書を禁じられてしまった。そのうえ、この前後から、家庭の事情もまた、彼が「終日家居して[1]」ただ思いのままに書物に読みふけるという生活をつづけることを許さなくなった。

（1）「或教授の退職の辞」『全集』第一二巻、一七〇頁。

ようやく発展しかけた日本の資本主義は、農村の「半封建的」な生産関係を足場にしているということにもとづく国内市場の狭さのために、西田が四高を退校した明治二三（一八九〇）年には、はやくも最初の資本主義的恐慌をひきおこした。そして、西田が眼をいためたころには、不在地主であった彼の家もその恐慌の渦中にまきこまれて、家運が根もとから大きくゆらいだ。西田の父は、明治二二年の米価の値上りのさい、米の仲買いに手を出して、大きな投機をおこなっていたが、恐慌の進展のなかで、その投機に失敗して、大きな打撃をうけ、さしもの西田家も破産の瀬戸ぎわに追いつめられ、宇ノ気村に所有していた田畑も屋敷も手ばなしてしまうことになった。西田静子が、

「その頃の若い父の歌に、

故なくて唯さめざめと泣きし夜半知りぬ我まだ我に背かぬ
雲はみな浮世に出でゝ山里に残るは月と我となりけり
古郷に我に五反の畑あらば硯を焚きて麦植ゑましを
雲よりも高き所に出でて見よ何とて月に隔やはある

の四首があります。この頃の父は精神的にもお金にも悲しい思いを致しました。[1]」

と書いている「その頃」または「この頃」というのは、明治二三年のことである。

（1）『わが父西田幾多郎』五頁。なお西田静子は『父西田幾多郎の歌』で、この四首をあげて、それは二

○歳頃の作だと書いている。

西田静子がここにあげている四首の短歌は、稚拙さをとどめてはいるが、それなりに当時の西田の境遇と心境とを表現している。破局に瀕した西田の家庭には暗い空気がたちこめていたにちがいないし、父と母とのあいだにもしばしばいさかいが繰返されたかもしれない。愚痴のあまりに父が、学校を止めて「終日家居して」書物も読めなくなっている幾多郎にうっぷんを向けることもあったかもしれない。父が幾多郎を責めることはなかったとしても、幾多郎は夜半、父と母との気まずい言い争いを、歯をくいしばって聞かねばならなかったことがあったかもしれない。父母のあいだに言い争いがなかったとしても、「何事も独立独行で途を開いて行く」条件さえも閉ざされそうな事態をまえにして、西田は途方に暮れる思いをしなければならなかったであろう。そんな夜半、彼はわが家の悲運に不覚の涙を流さずにはおれなかった。だが、その涙とともに思い出すのは、「豪放不羈、何の顧慮する所もなく振舞う」た四高在学中の愉しさと気を負うた自分たちの行動であったにちがいない。しかし、彼には藩閥政府のもとで一変した学校の方針に反抗して自分の信ずるとおりに行動し、ついに復校のすすめをも拒否して退校してしまったことが間違っていたとは、どうしても思えなかった。むしろ、彼は自分が「まだ我に背か」ずにやってきたことを改めて意識し、そのことにひそかな誇りと満足とを感じ、自分が自分の良心に背かなかったことにたいする自負によって、一家の没落という悲運のなかで自分を支えるとともに、今後も「我に背」くまいと心を決めたのであろう。けれども、同窓の二級上になった友人たちが、「文会」の同人であった松本文三郎をもふくめて大学にすすんでしまい、はじめ同級であった友人たちもやがて来年は大学にすすむということを考えるとき、家が破産に瀕したという状況におかれた彼は、やはり、世の中からとりのこされて、ひとり北陸の「山里」におかれたという淋しさを否定することはできなかった。父母の苦境を救い、あるいは自分の「独立独行」を支えるために、麦を植えてささやかな農業をいとなむことを考えてみても、かつて、「森のものは殆んど全部が西田家の小作人であった」郷里の宇ノ気村には、すでに、自分の自由になる土地は、「五反の畑」すらも残ってはいなかった。「硯を焚」いて百姓になろうとすることさえ、叶わなくなっていたわけである。西田は、一家の悲運を浮世の雲とみなして、その雲の浮き沈みを超越して、真如の月が「隔て」なく照らしている「真実在」の世界を求めるほかに、誇り高い自分の心を支えることはできなかった。そのような「真実在」を理想の世界として求め、それによって浮世の苦しみを克服するほかには、人間として正しく生き、「我に背かぬ」生き方をすることはできないという思いが、西田の心をつよく占めるようになった。しかし、真の実在の世界を求めるためには学問をしなければならないが、学問をつづけるための条件が崩れてしまったとすれば、どうすればいいのか。西田は「精神的にもお金にも悲しい思い」をしなければならなかった。

四高は退校してしまったし、家産をあてにして「独学でやって行」くために「終日家居して」書物を読むという生活をつづけるわけにもゆかなくなってしまったし、西田は、将来の方針を立てようとしても、その方針さえも立ちようがなかった。このとき、幾多郎を「信ずること厚く」、幾多郎ほど「学問の出来る男は無い」と考えていた母が、父に「ねだって五百円の金を懐にし、幾多郎、憑次郎の二子を引き連れて上京し、一人を大学に、一人を士官学校に学ばせ(1)」ることになった。西田は、

「遂に又節を屈して東京に出て、文科大学の選科に入った。」

と、書いている(2)が、彼は「節を屈して」母の考えにしたがうほかなかったのである。この「遂に又節を屈して」という言葉には、四高当局に反抗して処分され、「かかる不満な学校をやめても独学でやって行ける」といって復校を拒否した西田の剛気な叛骨と一家没落の悲運をまえにした彼の苦渋な気持ちとが、的確に表現されている。地主の長男だからという理由で彼の進学をためらったこともある父が、庄屋であったとはいえ平民の子である幾多郎を、学生は「尽く金沢の旧士族の子弟」であった石川県専門学校に送ったとき、彼は学者として立身出世をすることをいわば義務づけられたのであったが、家が没落してしまったかぎり、彼はどのようにして学者として身を立てるかをはっきり決めざるをえなくなっていた。自由民権運動が敗退し、その運動にはらまれていた民主主義革命がほんの萌芽のままで流産してしまい、天皇制的国家秩序ががっちりと確立され、藩閥政府の絶対主義的な権力のもとで官僚主義的支配がますます強化され、上からの近代化が急速におしすすめられてゆくとき、「独立独行」をつらぬきながら、権力と対立しつつ学者として身を立てるという社会的条件はほとんどなかった。少なくとも、そのような可能性はきわめて乏しくなっていた。したがって、西田は学者になるという志望を放棄すまいとするかぎり、そして、一家を担おうとす

るかぎり、やはりどうしても大学にすすむほかなかった。「息子を信ずること厚く、彼程学問の出来る男は無い」と考えていた母は、一家の再興の期待をもこめて、西田に強く大学にすすむことを勧め、励ましたにちがいない。そして、彼女は、破産になろうとしていた夫から、五百円という当時としてはかなりの大金を「ねだって」、息子の学資をととのえてもいたのであった。「我に背か」ず「独立独行」の志をつらぬこうとしていた西田は、家庭の境遇と、母の愛情をこめた期待とにおされて、四高中退後一年もたたぬうちに「遂に又節を屈して」大学にすすむことに決めざるをえなかった。しかし、大学に入ろうとしても、高等学校中途退学の西田幾多郎にたいしては、選科以外に大学の門は開かれていなかった。

（1）上田弥生『わが父西田幾多郎』五七頁。上田弥生は、寅三《とさ》が二人の息子を「引き連れて上京」したと書いているが、必ずしも母が幾多郎たちを東京につれていったという意味ではあるまい。
（2）「或教授の退職の辞」『全集』第一二巻一七〇頁。

こうして、西田幾多郎は「節を屈して東京に出て、文科大学選科に入る」ことになった。明治二四年六月、西田は東京に出て文科大学選科の入学試験をうけた。受験のために上京した彼は、さっそく、当時一高の教授であった恩師北条時敬を訪ねた。西田はのちにそのときのことを思いおこして、「私が学校をやめて、選科に入ろうと思って、東京へ出た時には、先生から叱られた。とうとう方向を誤ってしまった、選科などは学業の後れたものの入る所だ、今から大学の入学試験を受けろと云われたのには困った。」と書いているが、[1]どんなに北条に叱られようとも、西田は選科よりほかには入りようがなかった。もちろん、西田は、選科とはいえ大学にすすむ道を選んだからといって、けっして「独立独行」の精神を失ったのではなかった。彼は自分が「節を屈し」たことをはっきり自覚していた。それだけに、彼は「独立独行」の意志をまもりつづけることができた。ただしかし、その「独立独行」の意志は内面に折れまがらざるをえなかった。

(1)「北条先生に始めて教を受けた頃」『全集』第一二巻二六〇頁。ついでにいえば、明治二四年一月、西田が破産しかけた金沢の家で悩んでいたころ、一高では嘱託教師内村鑑三が、前の年に発せられた教育勅語の拝読式のさいに、天皇の「御尊影」にも勅語にも礼拝することを拒否して、一高の内外からごうごうたる非難を浴びた。この事件が教育と宗教との衝突として明治の思想史上きわめて重要な意味をもっていることは、いうまでもないが、このとき、一高の内部で「基督教徒違憲者処分ノ議」の首唱者として、内村攻撃の先頭に立ったのは、北条時敬であった。北条を敬慕していた西田がこのことを知っていたか、知っていたとしたらそれをどう受けとったか、私にはまだ明らかではない。

西田が帝国大学の文科大学選科に許されて入学したのは、おなじ明治二四（一八九一）年の九月であった。彼が入った文科大学の哲学科には、そのとき、一年上の学生に松本文三郎、松本亦太郎、米山保三郎等がおり、おなじクラスには大島義脩、岩元禎がいた。桑木厳翼、姉崎正治（嘲風）、高山林次郎（樗牛）等のいわゆる「天才組」は西田たちよりも一年あとに入学する。夏目漱石は西田の一年上の英文科にいた。西田といっしょに選科に入学した人には「数奇なる思想家」田岡嶺雲がいた。田岡は漢文学科の選科であった。

四高の本科生になったときからすでに哲学者になる決心をかためていた西田は、大学の哲学科に入ったときには、自分の能力についての疑いをいだいてはいなかったばかりでなく、ひそかに自信さえいだいていた。しかし、哲学科に入ってみると、西田はここでもふかい失望と屈辱とを味わわなければならなかった。天皇制国家のためのエリートの養成所であった帝国大学では、「選科生というものは、誠にみじめなもので(1)」あって、ひどい差別待遇をうけなければならなかったからである。西田は「明治二四五年頃の東京文科大学選科」という小品のなかで、その差別待遇をつぎのように述べている。

「無論、学校の立場からして当然のことでもあったろうが、選科生というものは非常な差別待遇を受けていたものであった。……二階が図書室になっていて、その中央の大きな室が閲覧室になっていた。併し選科生はその閲覧室で読書することがならないで、廊下に竝べてあった机で読書することになっていた。三年になると、本科生は書庫の中に入って書物を検索することができたが、選科生には無論そんなことは許されなかった。それから僻目《ひがめ》かも知れないが、先生を訪問しても、先生によっては閾が高い様に思われた(2)。」

(1)「明治二十四五年頃の東京文科大学選科」『全集』第一二巻二四一頁。
(2) 同前、二四一―二四二頁。

当時の哲学科には、教授として、洋行から帰朝したばかりの井上哲次郎と、ほかに元良勇次郎と中島力造との三人がいたし、外人教師として若いルートヴィヒ・ブッセがいた。そして、井上哲次

郎は「内地雑居論」をめぐる論争において、相手に向って、

「氏は僅かに東京専門学校を卒業したる位にて我輩の著書を批評すべき力なきは固より論を俟たざるなり。」

とか、

「氏抔が大学の教育をも受けずして、をこがましくも優勝劣敗の事に嘴を容れ、学者を以て自ら居るを以て之を観れば、我邦文学の程度の卑しきこと推して知るべきなり。」

とかいうような罵倒を投げつけていた。(1) このようなエリート意識を臆面もなくひけらかす「先生を訪問しても」、選科生にとっては「閾が高い様に」感じられたのは当然であっただろう。もっとも、井上が西田にとって「閾が高い様に思われた」当の先生であったかどうかについては明らかな証拠はないが、それが井上であったことは、おそらく間違いあるまい。(2)

(1) 井上哲次郎「内地雑居続論」『明治文化全集』第一一巻外交篇四九〇頁。

(2) 西田は井上について、

「私が先生に教えを受けたのは明治二十年代の中頃であって、先生が丁度洋行帰りの元気旺盛の頃であった。……私はその頃何回か先生の私宅へも伺ったことを記憶している。その頃の選科生というものは全く特殊部落扱いにされたものだが、それでも先生はそういうことは眼中になく、人並に扱って下さったのを心よく感じた。」

と書いている(「井上先生」『全集』別巻二、一三六頁)。この文章は『井上先生喜寿記念文集』のために書かれたものであって、西田はいくらか外交辞令的に書いているのかもしれない。西田が井上にいい感じ

をもっていなかったことは、田部隆次宛の手紙からもうかがわれるからである（「書簡八五」『全集』別巻五、一〇四頁参照）。

書物を読んで自分で考えることが好きな西田にとっては、図書館での差別待遇はとりわけ屈辱の思いを強めたにちがいない。少しまえまで四高でいっしょにいた同窓生たちが本科生として得意になっているのにくらべて、自分だけが「忽ちかけ離れた待遇の下に置かれる様に」なったことは、自尊心が強く、負けず嫌いで「少からず感傷的な」西田の心をひどく傷けた。[1] ことに西田は四高では同級生たちよりもすぐれた成績をあげていたし、[2] 自分の学問的能力についても自信をもっていただけに、選科生にたいする大学の扱いは、彼にとってはいっそう耐えがたいものに思われた。西田は、大学に入ったことで、「何だか人生の落伍者になった」[3] ような気がしてならなかった。

（1）「明治二十四五年頃の東京文科大学選科」『全集』第一二巻二四二頁。
（2）四高では藤岡作太郎がクラスで一番、西田が二番であったといわれている。下村寅太郎『若き西田幾多郎先生』三四頁参照。
（3）「或教授の退職の辞」『全集』第一二巻一七〇頁。

学問で身を立てて一家を担おうとも考えて、破産に瀕したわが家をあとに大学に入ってきた西田は、深い挫折感におそわれてしまった。教授たちの講義も彼にとってはなんら感銘をあたえてくれるような内容のものではなかった。[1] 彼は選科に入学した秋に、いっしょに四高を退校したのちおなじく選科への入学を希望しながら、家庭の事情で上京することができずに金沢にとどまっていた親

友の山本良吉に、暖い励ましの手紙を何通か送っているが、そのなかの一通では、自分について、

「小生哲学を学び候も面白からず日に茫然として前途暗夜の如き心地致し居り候。」

と、書いている。[2] 「前途暗夜の如き心地」というのは、けっして誇張ではなかったにちがいない。

(1)「明治二十四五年頃の東京文科大学選科」同前二四四頁参照。なお九九頁の注(1)参照。
(2)「書簡七」(明治二四年一一月一七日付)『全集』別巻五、一五頁。

だが、西田は「独立独行」の意気を失ってはいなかった。もちまえの負けず嫌いな気性から、彼は「独立独行」の精神をもう一度ふるいおこし、屈辱に耐えて、哲学の研究に専念していった。西田は、山本良吉に手紙を書くごとに、挫折を知らなかった四高生時代をなつかしみつつ、失意のうちにある山本にむかって、

「大丈夫必す屈す可からざるなり、孟子曰、天之大人を作んと欲せば必ず先づ試るに辛苦を以てすと。不運はこれ余輩を試るの試験場なり。大丈夫奮うべし。屈すべからざる也。百折不撓之英雄豪傑余輩取て以て法るべき也。君閑中須く英雄伝を繙くべし。古傑の行事君の一生を益する蓋し大ならん。蕃山の歌に曰く、此上に猶憂き事のつもれかし限ある身の心ためさん。[1]」

「去月二十日雲井竜雄に天王寺に謁し、其天地を動すの独立の精神を見て感慕の情に堪えず。……竜雄の苦学を見て慚愧に堪えず。然れども遅牛尚千里の遠に達す。学之を一時に求むべからず。要は進んで止まさるにあるのみ。[2]」

「英雄小人相去る幾何ぞ。唯屈と不屈とにあるのみ。人艱苦に逢うを尚ふ。しからすんは志気堅

確なる能わす。艱苦人を死に陥る。而してよく蘇生する者天下なす能わさる所なし。クライブかの大業をなすは、其よく蘇生せるを以てにあらすや。足下以て如何となす。[3]」

という文章の激励の文章を書いているが、それは同時に、「前途暗夜の如き」挫折感と失意とに打ちのめされようとする自分自身を奮い立たせるための、自分自身への激励の言葉でもあった。

（1）「書簡六」（明治二四年一〇月六日付）『全集』別巻五、一三—一四頁。

（2）同前一四頁。

（3）「書簡七」（明治二四年一一月一七日付）同前一四頁。

西田の挫折感と屈辱感とは彼を人格的解体の淵にひきこむほどに深刻なものであった。そして、そのような「人を死に陥」れるほどの「艱苦」に耐え、「而してよく蘇生する」ことができるためには、西田は伝統的な儒教の——というよりも、漢学によって培われた教養に支えをもとめて精神主義的な克己の道をとるほかなかった。右に引いた山本宛の手紙には、志士的または武士的なといってもよいような精神主義的・主意主義的なひびきが強く感じられるが、それはそのためである。彼は漢学の教養によって「英雄豪傑」または「大丈夫」を模範にして自分を奮いたたせる以外には、「前途暗夜の如き」みじめな状況をのりこえて自分の人格の統一と独立とを保つことができなかったのである。彼は、自分のおかれた暗い状況を「天」が「余輩」を「大人」に「作〔ら〕ん」として「試る試験場」とみなすことによってのみ、その状況に耐えて、それを超越する力を奮いおこすことができたのであったし、「天」の意志に応えてその試煉を克服する自分の意志的な努力そのもののなかにしか、「独立独行」の大丈夫としての自分の人格性を確認する場を見出すことができなかったのであった。彼は、学者としての大成を他日に期して研鑽をつむことによって、挫折感を克服しようと努力した。彼は学問に関してはひそかに自信をもっていたが、学友たちを見ることによってその自信を強め、自分が選科生として差別されることこそ、かえって自分が「大人」たりうることの徴であると考え、屈辱感が強ければ強いほどひそかな自負をも強めていった。それにしても、屈辱に耐えるためにはきびしい内面のたたかいが必要であった。そのたたかいの思い出を心にいだきながら、西田は、後年、「明治二十四五年頃の東京文科大学選科」のなかで、さきに引いた差別待遇についての回想にすぐつづいて、

「併し又一方には何事にも捉われず、自由に自分の好む勉強ができるので、内に自ら楽しむものがあった。超然として自ら矜持する所のものも有っていた。」

と、書いている。(1)

（1）『全集』第一二巻二四二頁。

けれども、こうして西田が「独立独行」の精神を再確認したとき、「何事にも捉われ」ない彼の態度は、彼と似た経過をたどっておなじ年に漢文学科の選科生となった田岡嶺雲の、「覇気、血気、客気が一時に流露して」、「直筆忌憚するところ」なかった態度とは、(1)微妙な方向の相違をはらんでいた。西田の「独立独行」は志士的な「壮心」をはらみながら、内面の自負に閉じこもった「独立独行」であって、彼にとって学問は、「宇宙間ノ真理ヲ究」めて人生の意義をあきらかにするとい

う関心につらぬかれてはいたが、自己の大成というい わば私的な関心によって深く規定された一面をもっていて、国民生活の現実の課題とのかかわりを見失う傾向をはらんでいたし、官僚主義的な大学の空気にしめされている国家の性格にたいする西田の抵抗は、「超然」として現実を見おろす高踏的な態度に逸れてゆく傾向をもふくんでいた。もちろん、西田は自由民権運動が思想的醗酵をよびおこした時期の空気を吸って育っただけに、彼の「独立独行」の精神は藩閥政府の絶対主義的な政治や行政の動きにたいする市民的な批判の意識とむすびついて成立したものであった。それだけにまた、自由民権運動の廃墟のうえに「欽定」憲法がどっかりと据えられた日に、「頂天立地自由人という文字を掲げ」て藩閥政府に反抗の気勢をしめした政治批判の意識は、まだ、「超然として自ら矜持する所のもの」に閉じこもる内面への道のなかに、痕をも残さずに、埋没してしまっていたのではなかった。選科生としての差別待遇に心を傷けられるたびに、彼は愉快であった四高生時代を思い出し、その当時の自分たちの、現実にたいする関心にひきもどされるのがつねであった。そのことを、彼は、たとえば山本良吉にあてた手紙のなかで、

「本朝閑を得、書庫にて古き国民の友を読み、其始め火の如き左の論を読み、嘗て君校を退くの頃かの楼頭にて快談痛論之日を想起し感憤堪えず。吁余君と彼時に塵世の俗弊に反対せり。之の精神死に至るまで保つへし。奮うへし。区々たる名声は屑する所にあらす。浮世臭気紛々たり。之を払う者君と余にあらすんは誰かある。四顧齷齪たる俗輩壮心共に談すへきなし。」

というように表現している。(2) 彼は選科生として差別を強く感じているだけに、藩閥政府にたいして

は、はげしい不満と反感をいだき、するどい批判をもっていた。「自ら矜持する所のもの」は、そのような反権力の感情ともつながりをもっていたのであった。

(1) 高須芳次郎『日本現代文学十二講』(大正一五年) 参照。

さきにも触れたように、田岡嶺雲は、西田とおなじ年に生まれ、三高の前身であった大阪官立中学校で、森有礼の学校令によって学校が武断的なものになったとき、学校に反抗してついに退学し、のち水産講習所に入学、内村鑑三からも教えをうけた。そして、西田とおなじ年に帝国大学文科大学漢文学科の選科生になった。彼もまた選科生として、「学校に入った初め、嘗て大阪で自分と同級であった人々が金釦《ボタン》の制服を着けて揚々としているのに比べて、一種の継子根性とでもいうのであろう何となく肩身狭く感じ」なければならなかった(家永三郎『数奇なる思想家の生涯』二六頁)。このような選科生としての屈辱的な地位や思想的親近感が若い西田と若い嶺雲とをむすびつけたであろうということは、考えられないことではない。二人のあいだにどのような交友関係があったかはつまびらかではないが、交友関係があったことはたしかである。西田の卒業後も、嶺雲が「夜鬼窟」と自称していた下宿の部屋には、西田の親友であった藤岡作太郎や、藤井乙男等もよく集ったので、嶺雲の消息は西田に伝っていたらしい。

すこし先まわりをすることになるが、西田と嶺雲とのその後の方向の違いについて、すこし述べておこう。

明治二八(一八九五)年と推定される書簡のなかで、西田は山本良吉にあてて、

「田嶺雲も亦厭世なる由、吁ショ氏とハイネ人を害する甚い哉。小生より見れば厭世観は俗観より深きも大観の域を去る遠きものと存じ候。」

と書いている(「書簡二〇」『全集』別巻五、三三頁)。「吁ショ氏とハイネ人を害する甚い哉」というのは、西田が嶺雲の「ハインリヒ・ハイネ」(明治二七年二月)を、少なくとも間接的には、知っていたことをしめしている言葉であろう。というのは、「ハインリヒ・ハイネ」の冒頭に、嶺雲は、

「十九世紀思想の潮流は、厭世の新傾向を呈せるものに似たり。哲学に在ては、ショペンハワー氏始めて指を印度哲学に染めて『欲及想としての世界論』に近世厭世論の破天荒たりしより、ハートマン氏その無意識論に之を祖述し、詩にありては、英のバイロン沈痛の語に人生の悲哀を歌い、独のハイネ、峭刻の筆に世俗の烏滸を罵る。

流泉嗚咽し、落木悲凉たり、物豈に鳴を好まむや、必らず平ならざる所以の者あればなり、……人間五十、何の為に生れて何の為に死す。目に見えぬ傀儡師の、引く糸の操るままに筋斗、或は泣き、或は笑い、或は怒るその間に、一生は夢と過ぎて、残る重荷を双肩に担うて、墳墓へ急ぐ果敢なさよ。苟々営々の走肉行屍ならばいざ知らず、深く人生を味わば、誰か斯世を辛酸に非ずと云わむ。兎角斯世は馬鹿の極楽、文明も開化も皮一枚上、仮面を被って仁義礼譲、臓腑を照らす鏡あらば映ずる影の如何に浅ましかるべき、多情多感の詞人騒士が、斯世を哀観するの多きも其所由なきに非らざる也。ショペンハワー氏曰く In welchem der Genius lebt, leidet am meisten.」

と書いているからである。彼はこの文章にすぐつづいてハイネ論に入り、自由と解放を求める情熱詩人ハイネが厭世の叫びをとおして革命詩人となったことを、深い共感をもって描き出したのである。「田嶺雲も亦厭世なる由」という言い方から見ると、西田はそのことを知らなかったのであろうか。嶺雲の厭世はショーペンハウエルやハルトマンの逃避的な厭世観ではなかった。彼は、「流泉嗚咽し、落木悲凉たり、物豈に鳴を好まむや、必らず平ならざる所以の者あればなり」と書くことで、人生の苦しみと悲哀との根源が明治国家の圧制にあることを暗示し、「下流細民」の悲惨と苦悩をとりのぞくために圧制とたたかうべきことを訴えたのであった。「吁ショ氏とハイネ人を害する甚い哉」という言葉は、西田が嶺雲の「厭世」の真意を知らなかったことをしめしているのであろう。

しかし、それにしても、西田が「小生より見れば厭世観は俗観より深きも大観の域を去る遠きものと存じ候」と言うとき、それは、嶺雲がその「厭世」において国民生活の現実とむすびついていたのにたいして、西田が「自ら矜持する所」に閉じこもって現実を「超然と」見おろし、国民生活との生きたつながりを見失っていたことを物語っている。

西田は右の手紙で、すぐつづけて、

「况んや自殺の如きも普通には男子か最も恥へき所業の一と存し候。」

と書いているが、これも、嶺雲が「青年文学者の自殺」（明治二八年五月）において、北村透谷や藤野古白の自殺を論じ、これら青年文学者に深い理解をしめしたことを知っていて、それを念頭において書いたものであろう。この点でも、西田は嶺雲を理解することができなかったわけである。のちに述べるように、西田はこの手紙を書いたころ、自分自身も「人生の悲哀」という思いを強くいだいていたが、その悲哀を意志の力で克服し、非凡な人間になろうとする精神主義的態度のために、「下流細民」の「悲哀」はもちろんのこと、自分自身の「悲哀」の現実的条件さえも見ることができなくなっていた。その点では、選科をいっしょに卒業したのちの西田と嶺雲との生涯の歩みは、きわめて興味深い対照をなしている。

ついでにいえば、西田は明治四三年に嶺雲を訪ねて旧交をあたためている。同年四月二四日の日記には、

「午前田岡嶺雲を訪う。十五六年にて逢う。」

とあり、五月六日の日記には、

「田岡君を訪うて藤岡の読本を送る。」

と書かれている。

(2)「書簡六」（明治二四年一〇月六日付）『全集』別巻五、一三頁。

まえにも触れたが（四七頁注1参照）、『国民之友』は徳富蘇峰が創刊号の社説「嗟呼国民之友生れたり」において述べたように、「平民主義」を標榜する雑誌であった。蘇峰の「平民主義」は、日本の近代化を藩閥権力および政商の独占から解放して、国民大衆のための近代化にしようとめざし、貴族制度を廃して

平等主義を徹底し、官僚超然内閣を政党責任内閣に変え、開明主義の教育をすすめ、日本を真の「平民社会」にしなければならないことを強調するものであった。蘇峰のこの「平民主義」は、ある意味では、民権運動の敗北後に、福沢諭吉の啓蒙思想、というよりも自由主義をいっそう高次の形態で復活させようとするものであった。四高生時代の西田たちは、この雑誌によって、反藩閥的・開明的な思想を鼓吹されていたのであろう。

蘇峰はやがてますます権力と妥協するようになったが、民友社には、蘇峰と対立しながら藩閥政府の秩序とたたかおうとするグループがいた。そのグループの努力によって、『国民之友』は、日清戦争の前後には、唯一の民主主義的雑誌となった。『国民之友』を民主主義的にするために努力した人たちは、北村透谷のように現実を拒否して「内部生命」に閉じこもるのでなくて、現実の諸条件のなかで、自由民権運動をひきついでそれを前進させようとした。そして、中江兆民もこの雑誌に協力していた。兆民は、もちろん、蘇峰の妥協性を見ぬいたうえで、民友社の若手の民主主義的グループに期待していたのであった。しかし、蘇峰と権力とのむすびつきが強まるにつれて、これらのグループは民友社から排除された。『国民之友』がこれらグループの努力によって民主主義的傾向を強めていた明治二七、八年頃、西田はすでにこの雑誌にたいしては関心をもたなくなっていたようである。

明治三〇年に蘇峰が松隈内閣の内務省勅任参事官に就任した数ヶ月あとで、西田が山本良吉宛の手紙に、蘇峰の変節をきびしく非難した文句を書いていることは、前に述べた（四七頁注1参照）。

政府にたいする西田の批判と反権力的な感情とは、たとえば、つぎのような手紙に強く表現されている。明治二五（一八九二）年二月、第二回総選挙にさいして政府が猛烈な選挙干渉をおこない、野党をおしつぶそうとしたにもかかわらず、野党が与党をはるかに上まわる絶対多数の議席を帝国議会に占めた結果、選挙干渉の責任者である内務大臣品川弥二郎が引責辞職を余儀なくされたとき、

西田は山本良吉にあてて、

「如命政海狂瀾一義一昻、雲表霞外之余輩と雖とも、一喜一憂全く木石之如く然るを得す。まして済世に心ある人に於てをや。吁春花夏に及はす、明月久しからす。漸く勢威飛鳥を落せし薩長も、かの干渉之窮策は実にこれ自倒るの端緒にあらさる乎。停会一週日断然解散の勇気もなく、決然辞職之義もなく優柔不断、何そ其不活潑なるや。」

と書きおくって[1]、藩閥政府をきびしく批判している。そして、そこには、「勢威飛鳥を落せし薩長も……これ自倒るの端緒にあらさる乎」と、藩閥政府そのものの倒壊を期待していると思われる口吻すら見られる。西田が四高生時代からの反権力的な感情を、このころ、いっそう強めていたことはたしかであろう。しかし、政治にたいする西田のこのような批判と関心とは、「断然解散の勇気もなく、決然辞職之義もな」い藩閥政府の「優柔不断」を責めるだけの、いわば道徳主義的な批判にとどまっていた。四高生時代の西田においては、藩閥政府にたいする批判は啓蒙主義的な性格をおび、前に述べたように、唯物論的自然観とむすびつこうとする傾向すら一時はもっていたが、その啓蒙的唯物論的傾向からロマン主義的・内面的傾向に移ったのちは、大学生としての西田の政治批判は、政治的腐敗の現象にたいする内面的・反省的な批判、というよりもむしろ、儒教的・精神主義的な「理義」の立場からする批判という性格を強めていた。いいかえれば、西田の批判は、天皇制国家の体制的秩序にたいする批判とはならずに、政府の要路に立つ人物にたいする道徳的な批判にとどまろうとする傾向を強く見せていたし、「雲表霞外之余輩」という言葉がしめすように、政治から一歩はなれる態度、むしろ、政治の外に「超然」と立とうとする態度を強くしめしている。もちろん、彼の道徳的な批判も、藩閥専制の非人間的性格にたいする人間的な憤激の表現ではあったけれども、西田は自分の人格性とそれをささえる「理義」の立場を、「超然として自ら矜持する」だけで、自らを「雲表霞外」に置いて現実を超越し、自己自身のもとにとどまろうとする姿勢をとっていたのである。しかし、政府の専制を攻撃し、それにたいして伝統的な「理義」という抽象的な原理を対置するだけであったという点で、若い学生であった西田を責めることはできない。当時のもっともすぐれた思想家であった中江兆民でさえも、生涯、政治を現実的に批判しようとしながら、けっきょくは伝統的な「理義」という抽象的な立場以上には出られなかった。ヨーロッパの民主主義理論についてきわめて正確な理解をもっていたにもかかわらず、兆民は、いやそのような兆民ですらも、日本に近代的な民主主義をうちたてる具体的な展望を切りひらくことのできるような近代的思考様式を仕上げることはできていなかったし、その後もできなかった。

（1）「書簡一二」（明治二五年五月二三日付）『全集』別巻五、二〇頁。

それはとにかく、西田の「独立独行」は精神主義的な傾向を強めて、内に折れまがる方向をとっていた。そのことに対応して、彼の哲学的関心もまた自然と人間、さらには現実と哲学との、したがってまた政治と哲学との内的な現実的つながりを見失ってしまう方向にむかいはじめていた。彼の眼は、四高生時代のように外に拡がるよりも、屈折して内にむかい、現実の科学的把握と社会的批判とに発展する萌芽をはらんでいた唯物論的・反宗教的な方向は、もうとっくに、すっかり流産

してしまっていた。(1)

(1) こういったからといって、私は西田が内面的なものに目を向けたことが間違っていたというのではけっしてない。内面的なものに向うことは必然的ですらあった。問題は西田が現実とのつながりを見失うような仕方でしか内面的なものに目を向けなかった点にある。この点については第五章を参照。

内面への道をとり、精神主義的な意志の緊張において人格的統一をまもり、その統一を直接に確証しようと努める大学生時代の西田にとって、もっとも強く関心をひいた哲学的問題は道徳性の問題であり、人格の統一と価値との問題であった。それは、四高生時代における人生の意義の問題(「錦衣玉食似浮雲、人生百事偽乎真」という句で表現されていた問題)の発展ではあったが、いまは何よりも、自己の内的生または内部生命の根本問題として、人格の統一性と価値との問題がとりあげられるようになったのであった。しかし、大学の講義は西田の要求をみたしてくれるものではなかった。当時の哲学科はまだ西欧の哲学の移植の途中であって、過去の哲学についてのアカデミックな歴史的批判的研究の方法がルートヴィヒ・ブッセの指導でようやくはじめられたばかりであった。(1)西田は「独立独行」で自分の関心を強くひく問題にとりくみ、自分だけで思索をふかめるほかなかったが、没落した家の重みを背負い、そのうえ四高退校が選科生としての彼にもたらした差別待遇の苦《にが》さを噛みしめなければならなかった彼は、四高生時代のように「豪放不羈」にふるまうことはできず、アカデミックな講義からも学べるかぎりのことは学ぼうと努力した。彼は大学生活について、

「高校時代には、活潑な愉快な思出の多いのに反し、大学時代には先生にも親しまれず、友人というものもできなかった。黙々として日々図書室に入り、独りで読み、独りで考えていた。大学では多くのものを学んだが、本当に自分が教えられたとか、動かされたとかいう講義はなかった。その頃は大学卒業の学士には就職難というものはなかったが、選科といえば、あまり顧みられなかったので、学校を出るや否や故郷に帰った。(2)」

と、回顧している。

(1) 前に本文で述べたように、当時の哲学科の教授は井上哲次郎、元良勇次郎、中島力造と外人教師ルートヴィヒ・ブッセであった。哲学科の中心をなしていたのはブッセであった。ブッセはベルリンで晩年のヘルマン・ロッツェの講義をきいた人で、まったくのロッツェ学派であった。彼は当時はまだ三〇歳を出たばかりの青年で、その講義はロッツェの哲学の梗概の叙述にすぎなかったといわれているが、哲学史の研究における歴史的批判的方法を日本に教えたのは彼であった(桑木厳翼『明治哲学界の回顧』参照)。

ブッセが日本に招かれたのは、明治憲法がプロシャ憲法に範をとったこととも関連して、日本の講壇哲学がドイツ哲学とむすびついてゆこうとしたことを意味していた。ブッセがすぐれた哲学者であったとは言えないが、井上、元良、中島では、まだ、アカデミックな哲学研究を充分に指導することもできなかったのであった。

ブッセが日本での任期を終えて帰国したあと、後任として選ばれたのは、ヘーゲル研究家アドルフ・ラッソンであったが、彼は老齢の故に辞退し、代って迎えられたのはロシア系のドイツ人ラファエル・ケーベルであった。ケーベルが着任したのは西田が三年生になったときであった。ケーベルはシェリング、ショーペンハウエル、エデュアルト・フォン・ハルトマンなどの影響を強く受け、一九世紀末のドイツ非合理主義の潮流に深く浸っていた人であり、哲学者または思想家というよりも、むしろ文人ないし教養人であって、モスクワの音楽学校を出た人であった。彼が、この教養人という面で、日本での弟子たちに大きな感化をあたえたことはよく知られているが、その点で、神秘家的風貌をもっていた彼が、日本の哲学の非合理主義的方向への発展に果した役割は軽視できない。

西田はケーベルからショーペンハウエルにかんする講義をきいたが、別にとりたてていうほどの影響はうけなかった。ケーベルからだけでなく、彼は他の日本人諸教授からも、ほとんど思想的な感化はうけなかった。しかし、とりたてて感化をうけなかったということは、西田が大学のなかでその知的空気を吸わなかったということではない。西田は大学の哲学の学問からやはり規定されていたのであった。なお、西田は「ケーベル先生の追憶」という短い文章を書いている（『全集』別巻二）。

（2）「明治二十四五年頃の東京文科大学選科」『全集』第一二巻二四四頁。

大学で道徳と人格との問題にとりくむにあたって、西田はすでに唯物論がそれらの問題を解きえないものだという考えをしっかりと固めていた。しかし、精神主義的な態度をとって、その態度を哲学的に基礎づけるにしても、いったん唯物論に「一応の理由」を認めた西田にとっては、宇宙の客観的秩序をドグマチックに主張する儒教的な――いや、朱子学的な形而上学の立場に立つことはできなかった。西田は在学中にヒュームやカントを主に研究したらしいが、彼の関心がそのような経験主義や批判主義の哲学にむけられたということは、彼がいったん機械的唯物論を認めて自然科学的世界像をうけいれようとしたということと無関係ではあるまい。というのはヒュームやカントの哲学は自然科学的世界像を承認するとともに機械的唯物論が主観性の問題を解決しえないことを自覚したところに成立したものであったし、西田も、唯物論から主観性の問題につきあたって、そ

の問題を解決しようとしたのでなければ、ヒュームやカントを研究しようとはしなかっただろうからである。(1)

(1) カント哲学の中心が道徳と人格の問題にあることはいうまでもないし、ヒュームの哲学が「人間の学」science of man をうちたて、なによりも道徳の学を建設しようとしたものであったことも見のがされてはならない。ヒュームの哲学の中心が「因果性」の観念をめぐる議論にあったことはいうまでもないが、それは認識論的関心にもとづくだけのものではなかった。ヒュームの関心は何よりも、「習慣」と「信念」の役割をあきらかにして、市民社会における道徳の学 moral science をきずくことにあった。

もっとも、西田が大学生時代にとくにカントとヒュームを中心に研究したという確証があるわけではない。しかし、カントについていえば、『全集』別巻二には「韓図倫理学」という短い論文がおさめられている。この論文は、西田自身がその前文で述べているように、「大学に入った最初の年に故中島力造先生に呈出する為に書いたカント倫理学の叙述」であり、「単に試験の答案に過ぎない」ものである。(1) もちろん、試験の答案にカント倫理学を叙述したということは、西田が当時カントを熱心に研究したという証拠にはならない。それは、中島力造がカントの倫理学を講じ、西田がそれを聴講したという事実を告げているにすぎないのかもしれない。この論文はカントの《Grundlegung zur Metaphysik der Sitten》の概略を述べたものであるが、西田の《Grundlegung》にたいする理解は正確であって、彼がすぐれた把握力をもっていたことをしめしている。このような正確な理解はおそらくたんなる聴講や試験のための一夜漬の読書によって得られるものではあるまい。

おそらく、西田は自分で《Grundlegung zur Metaphysik der Sitten》を日常綿密に読んでいたのであろうが、カントに強い関心がなければそのように熱心にカントを読むこともなかったにちがいない。それに、西田はのちにこの論文を自ら『広木先生追憶文集』に発表した（昭和八年四月）が、この試験答案に自信がなかったならば、友人の追悼のための論文集に、それを発表することはなかったであろうし、その自信は彼が大学時代にカントを熱心に研究してきたということによって裏打ちされていたにちがいない。(2)

（1）『全集』別巻二、四三七頁。
（2）「韓図倫理学」が発表されたとき、その前文にはこう書かれている。
「堂谷君から故広木多三君の追憶文集を刊行するについて、色々相談を受けた時、広木君が哲学に深い興味を有っていられたから、何か哲学の論文が欲しいということを話された。私も誰か同君に縁故のあった人に依頼したらと思ったが、そういう人も思い浮ばなかった。さらばといって私自身が書くということは、その際私が骨の折れる一つの論文を書いていたので、とてもそういう余裕がなかった。数日を経て私が古い反古を整理して居る中、偶然恐らく私の始めて書いた哲学の論文と思われるものが、筐底から出て来た。それは私が大学に入った最初の年に故中島力造先生に呈出する為に書いたカント倫理学の叙述であった。無論それは単に試験の答案に過ぎないものであり、何等の意義あるものではない。直ちに丙丁童子に附して然るべきものだ。併し土器の欠片でも年所を経れば、一種の歴史的意義を有って来る。明治二〇年代の始の哲学の学生が、如何なるものを書いたかという標本を示すも面白かろう。先づ之を広木君の霊に手向けよう。併しこういう論文で代表されては、その時代の優秀な人々は迷惑に思うかも知れないが」（『全集』別巻二、四三七—四三八頁）。

この文章の終りの句は、かえって、「韓図倫理学」という「試験の答案」にたいする西田の自信をしめしていないだろうか。なお、西田が四高生時代にカントを独力で読もうとしていたことを思い出す必要があろう。

ヒュームについていえば、西田の卒業論文はヒュームの哲学を論じたものであったといわれる。明治二九年に四高の校友会誌である『北辰会雑誌』第一三号に発表された「ヒューム以前の哲学の発達」および「ヒュームの因果法」という二つの論文（いずれも『全集』別巻二に所収）がそれではないかといわれているが、確証はない。しかし、この二つの論文が卒業論文そのものではないとしても、それの全部または一部の概要、ないしそれに手を加えたものだとみなしても誤りではあるまい。「ありの儘が真」であると考えて、「直接という感じ」によって「夜の見方」としての唯物論の強迫から解放された西田が、「印象」から出発して science of man をうちたてようとしたヒュームの実証主義的経験論に関心をひかれたということはけっして偶然ではない。この二つの論文は必ずしもヒュームの哲学とそれ以前の哲学（「ヒューム以前の哲学の発達」にはベーコンからバークレーにいたるイギリス哲学の発展が叙述されている）についての独創的な解釈が見られるわけではないが、ここでも西田の理解は着実で、しかも正確である。おそらく、西田の卒業論文は同級の本科生たちのものよりもすぐれていたにちがいない。(1)

（1）西田とおなじクラスにいて、哲学科を首席で卒業したのは大島義脩であった。大島義脩の卒業論文は『大島義脩先生伝』におさめられている。

明治二七（一八九四）年七月、西田幾多郎は帝国大学の文科大学選科を卒業した。卒業するとすぐ、彼は郷里金沢に帰った。彼自身がいっているように、選科出身では「あまり顧みられなかった」し、東京にいても有利な就職口が見つかるとも思えなかったからである。金沢ならば、知人も多いし、就職口を探すにも東京よりも探しやすいと思ったのかもしれない。あるいは没落した一家をささえて父母の生活を助けなければならなかったからかもしれない。

金沢でようやく県立の中学校の英語教師の口が見つかって就職が内定していたが、県庁の一書記官が、西田の採用が内定していることを知っていながら、英文科出身の文学士にたのまれてその人を中学校に推薦したために、西田の就職はゴタゴタの末にお流れになってしまった。いうまでもなく、校長が、哲学科のしかも選科出身の西田よりも英文学科出の文学士のほうを優先的に採用せよという県庁の書記官に迎合して、西田との約束を反古にしたのであった。西田は、権力にたいして腰の弱い校長(1)や、実力の有無よりも文学士という肩書だけを重んじて人を採用する書記官や、あとから割りこんで人をおしのけて平然としている文学士にたいしてはげしい憤濾を感じたが、どうしようもなかった。彼はそのようなことが平気でおこなわれる藩閥政府のもとでの官僚主義を耐えがたい非人間的なものと感じた。このときの憤りを、西田はある手紙のなかで、

「小生も holy なる学界より始めて所謂世界《〔ママ〕》に出てかくまで腐敗せるものかと歎息致し候。(2)」

と、洩らしている。四高での落第、退校、大学選科での差別待遇、そしてこんどの就職問題と、つぎつぎにいっそう苦い杯をなめさせられて、官僚主義にたいする西田の反感はますますふかまらざるをえなかったが、書記官、校長、文学士という人びとにたいする憤りがはげしければはげしいほ

ど、官僚主義にたいする反感が強ければ強いほど、彼はいっそう深い屈辱感と挫折感を味わわなければならなかった。しかも、事柄が、はじめて社会人として実社会に出る就職問題であり、道徳性の高さが要求されるはずの教育界でのことであるだけに、西田の憤りと屈辱感や挫折感とは深刻なものであった。そのうえ、就職口がお流れになって失業状態におかれた西田は、経済的にも苦しい事情に追いこまれることになった。失業状態のまま暮してゆくには、没落した父が残してくれた僅かな財産の売り食いをするほかなく、父母の生活を助けるどころではなかった。売り食いをするにも、多くもない財産であるからには先が見えているし、折からの日清戦争によってもたらされた経済事情のために、その売り食いも困難になってきた。

「毎度面白からぬ事を申上候様なれとも、実は小生の少しの遺産にて明年の夏頃までは支えうへしと存し居り候えとも、今頃軍事公債なとにて金融あしき故にや売ろうと思えしもの売れす、それにて金を借れは僅少しか貸しくれさるもの故甚た困り居り候。明春になれは大抵何処か口あらんと待ち居り候えともそれとて必す有るということにもあらす、又あまり僻地なとは好しからす、其中病気にかかり候わんには致し方もなきことと存候故種々考え候えとも別に名案も御座なく候……」(3)。

と、西田は山本良吉に窮状を訴えている。このような事情は、彼の挫折感にいっそう拍車をかけたにちがいない。そして、そうであればあるほど、西田は自分の人格と人間性とをまもるために精神主義的な態度を強めざるをえなかったし、人間的に生きるために、人生の究極的な根拠を求め、人格、理想、価値、意味等についての哲学的考察をふかめようとする気持ちが強まっていった。

（1）明治二七年九月一九日付の山本良吉宛の手紙には、就職をめぐるゴタゴタの経緯が書かれているが（「書簡一四」）、そのなかに、「今日其事已に決定せる上他に候補者ありとてそれか為俄かに心を動かすとはいかに品川の政略に反対せる硬骨男子富田氏の行とも思れす」という一句が見える。富田というのは校長のことである。西田は校長が第二回総選挙における品川内相の干渉に反対した――意見のうえでか、行動のうえでかはわからないが――ということを、校長自身あるいは他の人からきいて、校長を「硬骨男子」と考えて尊敬していたのであろう。それだけに、校長の意気地なさによけい憤りを感じたにちがいない。富田校長が「硬骨男子」であると西田に教えたのは、もしかすると山本良吉であったかもしれない。というのは、富田に西田を紹介して、この就職口を斡旋したのは山本であったらしいからである。同書簡参照。

（2）「書簡一六」（明治二七年一〇月八日付、山本良吉宛）『全集』別巻五、二七頁。

（3）「書簡一九」（明治二七年一二月一日付）同前、三二頁。

西田はさまざまにつてを求めて有利な就職口を探したが、ついに就職口を見つけ出せないままに、明治二七年いっぱいを失業状態のままですごさなければならなかった。しかし、そのような暗い境遇のもとで、彼は一方で失業中のひまを利用してトマス・ヒル・グリーンの『倫理学序説』（Thomas Hill Green : Prolegomena to Ethics）の研究に熱心にとりくんだ。明治二七年一〇月二〇日付の山本良吉宛の手紙に、西田は、

「小生は当地に坐食しなから自分のことを貴兄等に任しおくは甚た鉄面の至りに候えとも、藤岡君、松田君の話によれは出京しても俄によき処も無之との事故先つ見合せ居候間何分よろしき様

奉願候。実は此の閑暇に乗し何か世の為にもなることいたし度ものと存し、兼て考え居候如くグリーンの説を本邦人に紹介いたし度ものと存し居り候。始めは一冊の書にもいたさんと存し居り候えとも、そは短才なる小生には尚不当のことと存し候故若し稿を属するを得は教育時論にて余白をからんと存し候か大兄にはいかゝ存しられ候や。グリーンの儀は先日河島君の恵により拝借いたし少々読み申候。随分読みにくきものに候。何やら曖昧なる所多し。metaphysics は dialectic を論せさるも全く Hegel をとりたるものと存しられ候。」

と、書いているが、[1]「兼て考え居候如く」という文句から推せば、彼は大学を卒業する前後からグリーンの学説のことを知って興味をいだいていたもののように思われる。しかし、「グリーンの儀は先日河島君の恵により拝借いたし少ゝ読み申候、随分読みにくきものに候。何やら曖昧なる所多し。」と言っているところや、おなじ年の一二月一日付の山本良吉宛の手紙に、「グリーンの説は元来余が予期せし如き珍しきものには之なき様に存しられ候」[2]と書かれているところから考えると、西田はこの年の一〇月ころにはじめて『倫理学序説』を読んだのであろう。西田はきっと誰かによる紹介をつうじてグリーンの倫理学のことを知って、それに大きな期待をかけて、「本邦人に紹介いたし度もの」と考えていたのであろう。卒業論文にヒュームの哲学を扱った西田は、ロングマン社発行『ヒューム哲学著作集』につけられた編者グリーンの解説を読んでいたにちがいない(西田の論文「ヒュームの因果法」の末尾には、「〔ヒューム〕氏の書はグリーンの出版を以て最佳とす」と記されている)[3]し、その解説をつうじてグリーンに敬意をいだくようになっていたところに『倫理学序説』

の書評か紹介かを読んで、それに期待をいだくようになっていたのかもしれない。そして、明治二七年九月の新学年から東大の哲学科で中島力造が『倫理学序説』の講読をはじめたことを、哲学科の選科に在学していた山本良吉から知らされて、自分もグリーンを読みたくなったのでもあろう。しかし、中島力造がグリーンの講読をしなかったとしても、西田が大学在学中にヒュームとカントとに強い関心をもっていたとすれば、彼がグリーンに興味をもって大きな期待をいだくようになるということは充分理解できることである。一〇月と一一月との二ヵ月間、西田は、細かい活字でギッシリ組まれた四七〇頁の《Prolegomena to Ethics》を丹念に読んで、おそらく一二月に入ってから、その内容を要約して「グリーン倫理学」を書いた。そして、この「グリーン倫理学」は、山本の斡旋で、『教育時論』に掲載された(4)。明治二八年五月二〇日付の山本宛の書簡には、そのことについて、

「小生グリーン倫理学御蔭により本懐を遂げ難有存し候。併しとても普通に解し難からんと存し居り候（雑誌は送りくれ候）。」

と、書かれている(5)。

（1）「書簡一七」『全集』別巻五、二九頁。
（2）「書簡一九」同前、三一頁。
（3）『全集』別巻二、三三頁。
（4）西田の「グリーン倫理学」は『教育時論』に掲載されたのち、明治三〇年に出版された山本良吉の編著『倫理学史』のなかにその一章としておさめられた。山本の『倫理学史』の「唯心的倫理学」の章には、

「近頃大に英国思想界に勢力あり、此派思想を最もよく発表して思想界の潮流を一転せしめたるをグリーンとなす」という書き出しにつづいて、

「編者曰く、友人西田幾太郎〔ママ〕君嘗てグリーンの倫理学を抜抄して之を教育時論に載せられ、余か此書を編するや君余に其全部を転載せむことを望まる。君の斯学に忠にして吾小書を思わるるの厚きや、余は拝謝して其命に従うと云爾。」

という注がついている。そして、この『倫理学史』の三〇一―三四〇頁に、西田の「グリーン倫理学」が「唯心的倫理学」としておさめられているわけである。

西田のこの「グリーン倫理学」は『全集』には収録されていないが、当然収録されなければならないものである。というのは、それは西田の『善の研究』の思想の形成過程を理解するうえで、きわめて重要なものだからである。(「グリーン倫理学」が山本良吉著『倫理学史』に入れられていることを私が知ったのは、船山信一氏の御教示によってであった。私がこの『倫理学史』を見ることができたのも船山氏の御好意によってである)。

(5)「書簡二〇」『全集』別巻五、三三頁。

西田はグリーンの『倫理学序説』を読みすすむにつれて、グリーンの思想についての感想を山本につぎつぎと書きおくったが、それらの手紙には、つぎのように書かれている。

「グリーンは何処まて御読なされ候や。小生は只今第一編を読み居り候。大体小生の意に合い頗る面白く候か、とうも尚曖昧なる処有之候。且つ大抵カントとヘーゲルによれるものの如く左程斬新奇抜なるものとも思われす。(1)」

「グリーンの説は元来余が予期せし如き珍しきものには之なき様に存しられ候。自由意志の処は

御説の如く小生も甚たつまらぬ様に存し候。唯グリーンか第二編の始めに desire も perception の如く self-conscious subject の働きに由て生し blind impulse と異なりと云える処最も大切なる様にて、後は言語上の争の様に御座候。第三編の如きは愈つまらぬ様なり。[2]」

（1）「書簡一八」（明治二七年一〇月二四日付）『全集』別巻五、三〇―三一頁。
（2）「書簡一九」（明治二七年一二月一日付）同前三一頁。

グリーンの哲学が斬新奇抜でなくてつまらぬという批評をおこなっているにもかかわらず、西田にとって、グリーンの哲学は「大体小生の意に合い頗る面白」いものであった。欲望は盲目的な衝動と異なり、自覚的主観のはたらきから生ずると考え、さらに、善とは自己の内面的要求を満足するものことであり、人格の要求、すなわち意識の根本的統一力としての人格を実現することが人間にとって絶対の善であると主張するグリーンの「自己実現説」self-realisation theory が、西田の強い共感をよんだと推定しても、それはけっして誤ってはいないであろう。西田がグリーンの哲学を、期待したほど斬新奇抜でなくてつまらぬ、と言うのは、つぎに述べるようにそれがカントとヘーゲルとに強く依拠している点で、両者についてかなりよく知っていた西田には、「珍らしきもの之なき様」に感じられたからであった。唯物論からの離脱いらい主観における直接性を重んじようとしていた西田は、グリーンにヒュームとカントとの統一を期待していて、その期待が思ったほど充たされないことに不満を感じたのかもしれない。[1] しかし、それにしても、グリーンの理想主義的＝観念論的哲学の根本思想は、西田のその後の哲学的思索の出発点とも土台ともなり、西田の哲学の形成にとって決定的に重要な意義をもつことになった。というのは、西田の「グリーン倫理学」には『善の研究』の基本的な思想のいくつかが見出され、とくに西田の「純粋経験」という概念の特徴をなす「統一的或者」という思想はグリーンの「精神的原理」spiritual principle と基本的にはおなじものであり、また『善の研究』第三編「善」で展開されている倫理思想は、「グリーン倫理学」の第三編「道徳的理想論」における「自己実現説」とほとんど一致しているからである。

（1）「主観における直接性を重んじよう」としていたということは、西田が直接性を感覚としてとらえ、感覚論の立場に立とうとしていたという意味ではない。機械的な唯物論あるいは自然主義は、感覚を物体による感官の触発の結果として力学的に説明することはできても、主観的世界、すなわち人格的内的な世界を具体的に記述することはできない。ヒュームは、しかし、その『人性論』Treaties on Human Nature において、個人の人格的内的世界の具体的な記述を可能にする道を切りひらいた。その意味では、ヒュームの経験論はなによりもパースナリティ（人格）の理論であった。しかし、彼の『人性論』はまだ感覚論的であり、自然主義的であった。というのは、ヒュームにおいても、人格的主観的世界はまだ感覚的印象に基礎をもつものとされていたからである。そのかぎり、ヒュームのとらえた人格的内的な世界は実証主義的であって、「道徳的」人格の統一性と能動性とを論理的に説明し、基礎づけることはできなかった。というよりも、人格的内的世界の論理的な説明を拒否するところにヒュームの経験論が成立し、human nature の記述が可能になったのである。西田はヒュームが人格的内的世界を直接にとらえる道を切りひらいた点で、ヒュームに強い興味をもったであろうが、ヒュームの経験論が「道徳的」人格の統一性をその必然性において説明しない点でヒュームにとどまることはできなかったであろう。その点では、西田はカントやヘーゲルの先験的観念論に強くひきつけられたであろうが、反対に、それらの先験論的哲学が人格的経験の直接性を軽視する主知主義的な性格をもつと考え、その点に不満を感じていたと思われる。したがって、西田は、ヒュームの『著作集』の編者であり、ヒュームのすぐれた研究者であって、しかも、カントとヘーゲルとの主体性の理論をひきつぎ、人格の統一性と主観の能動性を強調するグリーンに、人格的経験の直接性と人格的統一の論理的基礎づけとの統一、いいかえればヒューム的経験論とカントやヘーゲルの先験論との統一とをなしとげた新しい哲学の展開を期待していたのであろう。

トマス・ヒル・グリーン（1836—1883）はベンジャミン・ジョウエット（Benjamin Jowett 1817—1893）に導かれてドイツの理想主義哲学を研究し、カントやヘーゲルの影響をふかくうけて、やがてイギリスの新ヘーゲル主義を代表する哲学者となった人である。彼は認識の根源に、あらゆる現象をふくみながら、しかもあらゆる現象から独立な、時間空間を超えた絶対的意識としての精神的原理を想定し、実在界はすべてまったくこの原理によって構成されていると考え、「自己実現説」とよばれる人格主義的観念論を展開した。グリーンによれば、人間精神は宇宙の精神的原理の発現であり、経験の統一が経験的個我において実現されるかぎりにおいて、この個我は絶対我、すなわち宇宙の精神的原理としての絶対意識の発現とみなされうるが、このように個我が絶対我の発現としての統一に達するとき、自己ははじめて真の自己となるのであり、この絶対我の統一への接近が人格の形成であり、真の自己の実現が自己の善であると同時に公共の善である。グリーンはカントの先験的観念論から出発して、カントにおける感性的なものの意義を否定し、先験的自我をヘーゲルの絶対的精神でおきかえ、しかも、ヘーゲルの弁証法を軽視することによって、このような倫理学説をうち立てたのであった（その意味では、グリーンについて、西田が「metaphysics は dialectic を論ぜざるも全く Hegel をとりたるもの」といい、「大抵カントとヘーゲルによれるものの如く左程斬新奇抜なるものとは思われず」と書いたとき、彼はグリーンの思想の性格を的確に見てとっていたわけである)。そして、グリーンは、このように、道徳的善を絶対我の理想の発現として位置づけ、実在界を実践的意志の世界として把握することによって、自然主義的・経験論的・進化論的な学説を克服しようとしたのであった。

グリーンが克服すべきものとみなしたミルの功利主義やスペンサーの進化論的思想は、明治のはじめにおける日本の啓蒙思想と自由民権運動を導いたものであった。したがって、西田がグリーンの『倫理学序説』の基本思想である「認識の形而上学」を「大体小生の意に合」うものと認め、その「自我実現説」をうけいれたとき、彼は哲学的には啓蒙期の思想から決定的に別れる方向にすすんだのであった。西田は自然科学的（機械論的）世界像、というよりも自然主義から決定的にはなれて、人生のレーゾン・デートルを自覚的主観の活動による人格的統一のうちに求める観念論的方向をはっきりとるようになったのである。彼は自然主義からロマン主義の方向に決定的にふみ出したといってよかろう。

しかし、西田が決定的に観念論的方向をとるようになったのは、もちろん、けっして、彼の個人的事情だけによるものではなかった。自由民権運動の挫折のうえに、国家秩序が確立強化され、藩閥政府の権力によって「近代化」が上からおしすすめられ、啓蒙期の自然主義的な功利思想が絶対主義的な性格をおびた権力の側から体制のなかに含みこまれてしまうにつれて、近代的な自我の確立を強く求める知識人のあいだでは、観念論的傾向が理想主義という形態をとって思想の主流となりはじめていた。北村透谷の言葉をかりていえば、「内部生命」の問題が大きく前面におし出され、内面的な精神生活の問題をめぐってさまざまな思想が醱酵し、道徳や宗教の問題が強く人びとの関心をひきはじめていた。明治の二〇年代には、近代的自我の確立を求めようとするかぎり、その要求の根拠そのもの、いいかえれば人生の意義と人格的統一の原理が問われざるをえなくなっていたのであった。明治初年の啓蒙的自然主義は、人間の平等にたいする要求を基礎づけることはできたけれども、人間の個性と人格的能動性とに充分な思想的根拠をあたえることはできないものであった。そのうえ、明治二〇年代のはじめにおける国家秩序の確立によって、人格と個性との確立の条件としての市民社会の成熟は、かえって、はばまれ、歪められながら、しかも上からの「近代化」がはやいテンポですすめられてゆくとき、近代的自我の確立という要求は、なによりも内面的な人格の能動性にささえられるほかなかった。だが、近代的人間としての人格の自由と独立とをつらぬこうとする努力をつづけるには、その努力をささえる根拠または原理を、なによりも人格そのものの内部に求めなければならなかったし、啓蒙的な自然主義にとどまるわけにはゆかなかったのであった。明治の二〇年代に、観念論的傾向が優勢となっていった必然性はそこにあるというべきであろう。

自然主義的な功利主義から内省的な理想主義への転換をもっとも典型的にしめしたのは北村透谷であった。彼は民権運動の挫折ののち、「想世界」の建設に思いをこらし、「直接の敵を目掛けて限ある戦場に戦わず、換言すれば天地の限りなきミステリーを目掛けて撃」とうとし、「絶対的のもの即ち Idea にまで達せん」とするロマン主義の立場に立ったのであった。(1) 透谷のロマン主義にはキリスト教――プロテスタンティズム――の影響が見られるが、(2) 彼ばかりではなく、自己を近代的人間として実現しようと求める多くの人びとに、キリスト教の思想、とくにプロテスタンティズムの人格の思想がひろく滲透していったのであった。そして、一方では、キリスト教に対抗して仏教思想や儒教思想の復活が企てられ、仏教的観念論や儒教的観念論が、というよりも、井上円了や井上哲次郎に代表される現象即実在論という形をとった独特な経験批判論が展開されていった。そして、この傾向は多かれ少なかれ、天皇制国家秩序の護教論として機能することになっていった。こうして、啓蒙期の思想をささえていた自然主義的傾向(そこでは実証主義が支配的であったが、唯物論もはらまれていた)が背後に退き、それに代って、現実の超越をめざす観念論的傾向がいちじるしく支配的となり、進歩を求める立場に立った人びとにおいてさえ、その思想は観念論的な基礎のうえにすえられることになって、進歩と反動との闘争は、主として観念論的地盤のうえでおこなわれることになっていった。西田がグリーンを手がかりにして、決定的に観念論の方向にふみ出したのは、このような錯雑した思想的状況のもとでの大きな潮流に棹すことでもあった。

(1) 北村透谷「明治文学管見」『透谷全集』第二巻。
(2) 透谷のロマン主義は、『善の研究』における西田の「自己実現」の思想と本質的にきわめて近い思想的構造をもっている。この点については別の機会に述べたい。

明治二八（一八九五）年、西田はようやく就職先がきまって、石川県立能登尋常中学校の七尾分校の教諭として赴任することができた。この分校では一年から三年までの生徒を教育していた。四年生と五年生とは本校で教育をうけることになっていたのであろう。「あまりに僻地なとは好ましからす」と思っていた西田にとって、この就職口はけっして好ましいものではなかったであろうが、彼はこの分校で、誠実な教師として生徒の教育に、真面目にしかも熱心にとりくんだ。七尾時代の書簡には、

「小生は唯童子を対手にいかにして教育すればよきと日夜苦心いたし居り候。最も方法に困り候は倫理に御座候。大兄何かよき考も御座なく候か。とうも始めの中は理論を云うても無益と存し候。何かよき参考の書もなきや。松蔭や東湖はいかにして天下の名士を陶冶せしや。新島先生の伝は有益なる書にはあらすや。人物陶冶の法は今の自称教育者の説よりは古人の塾則なとを見る方よろしからんか。さる書籍は御座なく候や。東京の古本屋に責而者草《セメテハグサ》と云う書はなきや御探し被下度候。(1)」

「御校の有様いかゝに候や。小生の学校は相変らぬものなり。小生倫理の古来の行儀主義をとらす唯敢進有為の人を養うにあり。motto は丈夫玉砕恥瓦全にあり。ちと過激なるか。(2)」

という箇所が見られるが、これらの個所は西田がどんなに真剣に中学生の教育にとりくんだかをしめすとともに、彼の教育にかんする考え方をよく表現している。(3) けれども、自分でも「ちと過激なるか」とてれるほど積極的に「敢進有為の人を養」おうとする彼の教育の仕方は、「自称教育家の

説」を口にしながら「古来の行儀主義」の枠を破ることのできない校長や分校主事や同僚の気には入らなかったし、彼が熱心であればあるほど、彼は校長や分校主事の教育方針や学校運営方針と衝突せざるをえなかった。ここでも、官僚主義的な学校運営の不明朗さは彼の心を傷つけ、いら立たせずにはおかなかったのである。

（1）「書簡二〇」（〔明治二八年頃〕五月二〇日付、山本良吉宛）『全集』別巻五、三四頁。
（2）「書簡二三」（明治二八年一〇月二六日付、山本良吉宛）同前、三七頁。
（3）西田は四高教授時代にも、

「修身教育ノ要ハ各生ヲシテ其心奥ニ潜伏スル深キ Sittlicher Trieb ヲ喚起セシムルニアリ、是第一ノコトナリ。今ノ教育ハ道徳ヲ外ヨリ注入セント欲ス。是校ヲ出テ、直ニ修身ヲ忘却スル所以ナリ。」

と、書いている（「書簡三九」明治三四年頃、山本良吉宛。同前、五七頁）。西田の教育観は一貫して生徒または学生の自覚をよびおこすことを重視して、彼らの自発性を無視する注入主義を排するものであった。彼は教育における人格的交わりを重視したのである。西田は教師としてきわめて真剣かつ熱心にこの考えを実践した（大学における西田の教育もこの教育観にもとづいていた）。それだけに、のちに四高教授になってからも、校長の官僚主義的方針としばしば衝突した。西田のこのような教育観は北条時敬からうけついだものかもしれないが、むしろ、西田が漢学の伝統のなかでうけついだものと見るべきであろうと思う。西田が陽明学を若いころに学んだかどうかはよくわからないが、西田の教育観が陽明学の教育思想ときわめて近いことは注目すべきことであろう。ついでにいえば、西田の「独立独行」の精神も、福沢諭吉の伝統ばかりでなく、陽明学の伝統につながるものをもっている。この点は多くの人から見落されているが、見落されてはならない点であろう（第五章参照）。

能登中学七尾分校に奉職した年、西田は母方の従妹得田《とくだ》寿美《ことみ》と結婚した。しかし、没落したとは

いえ旧庄屋の一族という係累の多い複雑な家族関係のもとでは、親友の山本良吉にむかって、

「小生今にして family life を後悔いたし居り候故、切に大兄もこの鬼窟に陥り給わざらんことを望む。(1)」

と書き送りたくなるほど、家庭生活も暗い葛藤をはらんでいて、幸福ではなかった。

(1)「書簡二六」(明治二九年三月三一日付)『全集』別巻五、四一頁。

このような相変らず暗い境遇のなかで、西田は、もちまえの負けず嫌いを発揮して、倫理学の研究をすすめながら、ひとり内に他日の大成を期して、努力をつづけた。このころの心境を、彼は手紙のなかで、こう書いている。

「現に奉する所に忠にして更に自身の進歩を計るはさ程あしき事にもあらすと思う、いかにや。余は校にありては校の為に尽し、家に帰れは学理の為に尽す。唯一日も無益に消せさらん様存し居り候。(1)」

(1)「書簡二三」(明治二八年一〇月二六日付)同前、三七頁。

しかし、家族関係のわずらわしさや、学校の官僚主義的な空気や、政党と学校――むしろ地方の政治家と学校――との関係等にたいするいら立たしさは、他日の大成を期する努力そのものを妨げ、かき乱し、夫であり、教師であるからには、選科生のときや独身の失業時代のように超然として高踏的になってばかりいるわけにもゆかなかった。親戚とのつきあいのことは母と妻とに委せて、もっぱら「学理の為に尽す」べく研究に没頭しようとしたが、彼は義理がたく、責任感がつよく、思い

やりの深い人間であるだけに、彼の心は学校でも家庭でも、いろいろと傷つき、ますます暗く陰鬱にならざるをえなかった。しかし、彼は「自ら矜持する」ところを強くもっていたし、学者としての自分の可能性を信じていた。それだけに、もっと有利な職を求めて東京に出ようと思い、あるいは京都の本願寺系の大学にポストを探そうと考えて、(1)あれこれと努力をしてみたが、やはり思うにまかせず、選科出身ということにひけ目を強く感ずることも多く、挫折感におそわれて、引っ込み思案になってゆくのであった。しかし、挫折感におそわれ、気持ちが陰鬱になればなるほど、そのたびごとに、西田は強靱な意志をふるいおこして、非凡な人間になろうと心に誓い、「この世は唯にすくさし」(2)と決心して、学問の研究にはげんだ。人間としての誠をつらぬこうとしていた西田にとっては、学問的探求は人格や価値や理想や世界観という問題にむかわざるをえなかった。だが、誠実な人間として生きようとすればするほど、明治二〇年代の社会生活のなかでは、彼の心は深く傷ついていったし、「人生の悲哀」という思いが彼の心を強く捉えていった。

(1)「書簡二一」には、
「有為の青年一地方に局促すへからず。余も昨年来は唯悒々として日月を送迎せしか……人間五十活潑地行かんと欲する処にゆき進まんと欲する処に進むへし。余か昨年度来の引き込み思案は大に誤り居れり。蟄居して学問し三宅程になりたりとて一つの Geiz と同しく世に益なし。己の得たる丈は世に顕わし世を進めさるへからす。是吾人の義務なり。余は自揣らす能登中学に終るより一層大なることに一生を奉せんと思う。始めより小事に安んせは一生成す所知るへきのみ、余は……明年は東都に出て大に独逸文学及ひ哲学を勉強し、今までの仙人主義をすてて務て世界の舞台に出んと思う。余は之を楽として勇気勃々勉学いたし居り候。」

とあり（明治二八年九月八日付、山本良吉宛、同前、三五頁）、つぎの「書簡二二」には、

「小生は成るへく自分か学ひし学問の為に尽力いたし度と存し候。京都などにて哲学に関する者か独逸語かにて然るへき口あらは御心懸ありて御周旋被下度候（本願寺ニハ哲学ノ地位ナキヤ又独逸語ナトハ入レ候ハスヤ）。普通教育に従事するにしても今の分校三年にては生徒の人物も学業も充分に養成する能わす。実に面白からす消光いたし居候。」

とある（同前、三六頁）。分校で中学三年生までの少年を相手にするのは、西田にとっては張り合いのないことであった。彼が他のポストを求めたのは、なによりも自分の可能性を存分に発揮したかったからであったにちがいない。

（2）「書簡二二」（明治二八年一〇月二日付、山本良吉宛）同前。コンテキストをしめせば、

「小生は係累も多く才力も足らす、とても諸兄の後に従うことはてきぬ理なれとも、兼てこの世は唯にすくさしと思い日夜苦慮罷りあり候。」

となっている。

こうして、西田は、ついに、かつて高等学校の生徒であったころにいだいていたような若々しい啓蒙的な情熱やそのころ傾いていた反宗教的な態度とはまったく逆に、「人生の悲哀」に耐えるために、内に向い、宗教を求め、禅門をたたく決心をかためるにいたったのである。

第三章　只管打坐

明治二九（一八九六）年、西田幾多郎は長女の生まれたのを機会に、「雪門禅師に参して妙話をきこうと決意した。この年の三月三一日という日付のある山本良吉宛の手紙に、西田は能登中学七尾分校の移転問題をめぐる中橋徳五郎などこの地方の政党政治家たちの暗躍や、それとつながる教員数削減の動きなどを「狐憑者の仕業」と呼んで痛憤を洩らしたのち、

「先日の御手紙によれは大兄には鵬翼万里の雲を衝かんか将た peaceful life を取らんかとの御考有之候由、小生今として family life を後悔いたし居り候故、切に大兄もこの鬼窟に陥り給わさらんことを望む。……

本月二十五日小生方に一女児を挙げたり。余は多く浮世の綱をつくる身となれり。日々己が気力の衰えん事を恐る。金沢へ行けば雪門禅師に参して妙話をきかんと思うなり。」

と、書いている。(1) それから一週間あまりあとで書かれた山本宛の手紙には、

「嘗てシルレルが暗黒の世にもソクラテスは殺され開明の世にもルーソーは逐わると云いし如く、大人の凡世に容れられざるは今日始まりたるところにあらず。」

という文章が見られる。(2) この文章は山本にたいする慰めと忠告の言葉として書かれたものであるが、同時にまた自分自身にいいきかせる言葉、いや、いつも自分自身にいいきかせてきた言葉でもあったにちがいない。ここにも、ふかい失意とつよい自負心との相剋をうかがうことができる。この失意と自負とが現実の生活の諸矛盾にからんでひきおこす内心の葛藤が、精神の統一と人格的理想とへの到達を望む西田を、禅におしやったのである。

(1)「書簡二六」『全集』別巻五、四一—二頁。
(2)「書簡二七」同前、四二頁。

西田が禅に思いを寄せたのは北条時敬の影響によるものであろうといわれている。おそらく、そのとおりであろう。けれども、北条の影響は西田が禅の修業を思いつく機縁としてはたらいただけであって、彼が禅に赴く動機であったのではあるまい。彼が、「雪門禅師に参して妙話を」きこうと決意したとき、その決意をみちびいた内的・思想的な動機は、ほかならぬトマス・ヒル・グリーンの哲学にたいする彼の共感と関心であったと思われる。グリーンの哲学は、まえにも触れたように、先験的な意識の根本的統一性を世界の絶対的な精神的原理と考え、個人の内面的な精神的統一をこの原理の発現と見て、それを真の自己実現とみなし、その自己実現こそ真の善であると主張するものであった。グリーンのこの自己実現 self-realisation の理論に惹かれ、そこに「大体小生の意に合」う哲学の方向を見ていた西田は、自分の内心の葛藤とざわめきとを克服して精神的統一に達しようと望み、その統一を達成して真の自己を実現するための手段を禅のなかに見出そうと考えたのであろう。このことは、西田が禅の修業に没頭していたころ山本良吉から禅についての相談をうけたとき、その返信として書いた手紙のつぎのような一節からも推測できる。

「禅ノ一事ハ小生何事モ申上クルヲ得ス。唯大拙兄ニ御相談アレ。併シ君カ所謂思想ノ統一ニ達スルニハ如何ナル方法ニ由リ玉フ御考ニヤ。余ハ禅法ヲ最捷径ナラント思フナリ。之ノ捷径ニ由テスラ尚且統一ヲ得サル者ナラハ他ニ途ヲ求メタリトテ益タメナルヘケレハ、余ハ所得ノ有無ニ関セス一生之ヲ修行シテ見ント思フナリ。(1)」

(1)「書簡三四」(明治三二年一二月二〇日付)『全集』別巻五、四九頁。

西田はグリーンの哲学のなかに共感をもって見出した「自己実現」としての「思想の統一」に達するための「最捷径」として禅を選んだのであった。いいかえれば、グリーンの自己実現の学説にみちびかれて禅に赴いたのである。だが、すぐあとで見るように、そのために、西田は学問(哲学)と禅との葛藤を克服するために非常な努力をしなければならなくなった。

この年四月、西田は母校四高の講師に招かれ、心理、論理、ドイツ語を担当することになった。この章のはじめに引いた山本宛の手紙に「金沢へ行けば、……」とあるのは、四高講師就任のことをいったものであろう。一年間の七尾分校での中学教師の生活と別れて金沢に帰ってきた西田は、決意のとおり、さっそく、雪門禅師をその洗心庵に訪ねて禅の修行をはじめたらしい。

明治二九年の日記は存在していないけれども、明治三〇年の日記には、一月一四日に雪門禅師を訪ねた記事があり、二月の二日と八日にもおなじような記事がある。

高等学校の講師に就任して、中学校の分校の教師をしていたときとくらべて、心理的にも経済的にもいくぶん落着いて学問に専念できる条件がえられるとともに、学者として非凡な功績をあげたいという西田の大望はいっそう強くなった。その大望の実現のための努力をする決意を、彼は、明治三〇（一八九七）年の日記の表紙裏の見返しに、次のように書きしるしている。

「非凡の人物となり非常の功を成さんとする者は天地崩るるも動かざる程の志と勇猛壮烈鬼神も之を避くる程の気力あるを要す。

富貴も心を蕩せず威武も屈する能わず、正義を行うて水火もさけず。

何事も自分の考を立て自分之を行う。他人に依附せず。

人より勝るには人に勝りたる行なかるべからず。

大丈夫無学無智を以て自任するの勇気なかるべからず。

他人の書をよまんよりは自ら顧みて深く考察するを第一とす。書は必ず多を貪らず。古今に卓絶せる大家の書をとりて縦横に之を精読す。

第一の思想家は多く書を読まざりし人なり。読書の法は読、考、書。

一事を考え終らざれば他事に移らず。一書を読了せざれば他者をとらず。(1)」

（1）『全集』別巻一、三頁。

そして、その終りの三ヵ条の上の余白には、その三ヵ条をまとめるような形に、西田が学生時代にケーベルから教えられたという《non multa sed multum》（広からねど深く）というラテン語の句が横書きされている。

非凡な人物になろうと決意して自分を励まし戒めるために書きしるされた西田のこれらの文章には、グリーンの意味での自己実現をめざす熱望が、幼少のときから身につけてきた漢学の教養とむすびついた形で表現されている。そこには、漢学（これは幕藩時代以来の教養の中心をなしていた）によって培われた真面目さにささえられた西田の「独立独行」の精神がきびしく表現されているのである。しかし、その「独立独行」は、この言葉が明治の初期にもっていたみずみずしい歴史的・社会的内容をすでに失っていた。しかし、そのとき、西田の人格を内面からささえていた漢学的教養もまた、抽象的な精神主義にならざるをえなかった。したがって、西田にあっては、「独立独行」は非凡な人物になるという抽象的な、いわば私的なものにすりかわり、学者として非凡になるということが自己目的になろうとしていた。そのために、学問にたいする彼の関心は、現実の科学的・概念的な把握をつうじて人間的世界の実現の方向を探求することにむけられるよりも、「古今の卓絶せる大家」の非凡さを学びとって自己実現に資するといういわば私的な方向に重点をおかれることになった。いいかえれば、西田の学問にたいする態度は、「今古の卓絶せる大家」の非凡な内的体験との共感によって自分の人格的な内的体験を豊かに拡充するとともに、自ら人格の豊かな統一を達成して非凡さを実証しようとするロマン主義的な教養主義の態度であった。それはいわば意志的な鍛練の教養主義ではあったけれども、やはり教養主義の態度であった。

すこしのちになるけれども、明治三五（一九〇二）年に書かれたと推定される鈴木大拙宛の手紙に、彼は次のように書いているが、そこに書かれているような関心の傾向は、明治三〇年ころには、すでに、かたまりはじめていたと推定してもよかろう。右に引いた日記の表紙裏の文章は、西田の関心がこの手紙にしめされているような方向をとることを告げているからである。

「余は昨年より学校に於て倫理の講義をなし居り候。自救う事の難にして人に向って道を説く。君乞う盲者が盲者を導くを笑い玉うこと勿れ。これも余が今日の職務上已むを得ざる所、恥を忍んでこの事をなすのみ。それに就て考うるに今の西洋の倫理学という者は全く知識的研究にして、議論は精密であるが人心の深き soul experience に着目する者一もあるなし。全く自己の脚根下を忘却し去る。パンや水の成分を分析し説明したるも〔の〕あれどもパンや水の味をとく者なし。総に是虚偽の造物《つくりもの》、人心に何の功能なきを覚ゆ。余は今の倫理学者が学問的研究を後にし先づ古来の偉人が大なる soul experience につきて其意義を研究せんことを望む。是即倫理の事実的研究なり。レッシングが古代の美術につきて美を論ずるをよめばハルトマンが審美学をよみしより幾層の趣味を感じ又美の真義を知りうるなり。余は倫理学より直に moral experience を論ぜるイハヾ画論の如き者を好む。而もかくの如き書は実に少し。近頃徒然にダンテの神曲をよむ。ダンテの如きは此の experience を有せる一人ならん。余常にショーペンハウエルの意志を根本となす説及其 reine Anschauung の説はヘーゲルなどの Intellect を主とする説より遙かに趣味あり且つ deep なりと思うがいかん。」(1)

(1)「書簡四二」(〔明治三五年〕一〇月二七日付)『全集』別巻五、五九―六〇頁。

矛盾にみちた当時の日本の現実のなかでの人間的な生き方を追求しようとしている西田にとって、「知識的研究」を事としている当時の西欧の哲学者や倫理学者たちの学問的努力が「総に是虚偽の造物、人心に何の功能なき」ものと見えたのはもっともなことである。すでに確立された近代社会の秩序とその知的・道徳的伝統とを前提にして、そのうえに成り立っているヨーロッパの文化と教養の世界においては「知識的研究」は一定の文化的意義をもっていたであろうし、哲学者たちも自分のおこなう「知識的研究」の意義をたえず疑っていなくてもすんだであろう——もっとも、一九世紀末から二〇世紀にかけてヨーロッパでも文化の危機がするどく意識されはじめていたけれども——が、近代的な生活の秩序と思想の原理とを見出さないままに、狡智にたけた権力による上からの「近代化」のもとで、伝統的な文化の世界が解体にさらされ、他方では古い封建的社会関係が意識的に温存させられてさえいるという明治中期の日本の雑然とした社会のなかでは、近代的な人間として生きようとするだけでも、苦渋にみちた至難なことであった。近代的人間として生きてゆこうとすれば、たえず心を傷つけ、人格的独立をさまたげる状況のもとで、いわば現実を超越して非合理ともいうべき次元で自分の生き方を自ら確かめなければならなかったし、自ら〈soul experience〉のなかに自分の生き方の知的・道徳的根拠をいわば手さぐりでたしかめつつ探し出さなければならなかった。そのような状況のなかで哲学者であろうとした西田にとって、ヨーロッパの哲学者たちの分析的な「知識的研究」が「脚根下を忘却し去」った、「人心に何の功能なき」いとなみと見えたとしても、けっして無理ではなかった。それどころか、そのことはかえって思想家としての西田の真面目さと着実さと鋭さとをしめすものであった。

しかし、〈soul experience〉としての内的体験を重視して〈intellect〉を「虚偽の造物」視する傾向が強まるとき、哲学について西田がいだいていたこのような表象は、かえって、哲学が現実的な知になる道を閉ざすことにならざるをえなくなるであろう。哲学についての西田の表象からは、哲学の学問性 Wissenschaftlichkeit とは対立するものが要求されるからである。すなわち、ヘーゲルがヤコービやシュレーゲルやシュライエルマッヘルなどのロマン主義者を批判して述べたように、

「絶対者は概念として把握されるのではなくて、感じられ、直観されるということになり、絶対者についての概念ではなくて、絶対者についての感情と直観とが代表者の地位を占めるものとして語られるということになる。(1)」

であろう。右の手紙で述べられたような方向をとることは、西田が、やはりヘーゲルの指摘したように、

「真理はあるときは直観、あるときは絶対者の直接知、宗教、存在(この存在とは神的愛の核心における存在ではなくして、絶対者そのものの存在である)と呼ばれるもののなかにだけ現存する。あるいはむしろそのようなものとしてのみ現存する。(2)」

と主張する哲学的立場に立とうとしていることを意味する。しかし、「真理がとる真の形態」が学問性ではなくて――いいかえれば、真理のエレメントが概念にあるのではなくて――直観や直接知や

宗教にあると主張するときには、哲学は普遍的な公教的 exoterisch な性格をもたない秘教的 esoterisch なものとなり、真理はすべての人びとの所有物ではなくて少数の個人または小さなグループによって担われるものにすぎなくなる。そして、そのような哲学はけっして時代そのものの運動を表現するものではなく、すべての人びとの生活と行動との指針ではないことになろう。

（1）Hegel, W. F: Phänomenologie des Geistes. Felix Meiner. S. 21.
（2）ibid. SS. 12—13.

ところで、西田は禅の修行に熱心になるにつれて、〈soul experience〉を重視して、ショーペンハウエルの説の方が「ヘーゲルなどの Intellect を主とする説より遙かに趣味あり且つ deep なりと思う」ような、哲学についての表象をますます強めていったのである。いってみれば、西田は禅の修行に精神的統一と自己実現の「最捷径」を見出したとき、日本の知的・道徳的伝統の真の近代的変革の道から逸脱する歩みをふみ出したのであった。

ようやく落着いて学問に専念しようと思ったにもかかわらず、四高の講師になってからも、西田をとりまく家族関係の暗さは変らなかった。むしろ悪化した。突然妻が家出をして、怒った父が離婚をきめてしまうという事件さえおこった。明治三〇年の日記には、次のような記事が見られる。

「五月九日。ことみ故なくして家出す。一同眠らず。
五月十日。今日なおことみと幼女の消息なし。学校に出でず。

五月十一日。漆島より得田〔妻の実家——引用者〕の手紙あり。ことみ漆島にありと報す。余出校す。

五月十三日。この日ことみ帰る。父激怒す。

五月十四日。父ことみを去らしむ。

五月十五日。この日得田来り父と語る。

五月二十四日。この日叔母〔妻の母?〕来る。離縁に決す。[1]」

(1)『全集』別巻一、一五頁。日記の原文はドイツ語であるが、ここにはアテネ文庫『寸心日記』の訳文をかかげた。原文は次のとおりである。

九日 …… Kotomi ging aus dem Hause ohne Grund. Wir alle schlafen nicht.
十日 Diesen Tag keine Nachricht von Kotomi und Töchterchen. Ich ging nicht nicht [sic] nach Schule.
十一日 Ein Brief kam von Tokuda in Urschisima anmeldend, dass Kotomi in Urschisima sei. Ich ging nach Schule.
十三日 Heute kam Kotomi. Der Vater wurde darüber sehr zornig.
十四日 Der Vater wies Kotomi aus.
十五日 Heute kam Tokuda und sprach mit Vater.
二十四日 …… Heute kam meine Tante. Unsere Ehescheidung.

三〇歳ちかくなって独立している自分の妻の離婚を父のなすままにまかせなければならない事情は、西田の心を苦しめずにはおかなかった。右に引用した日記のなかで、彼はこの事件についての自分の心の動きを述べていないばかりか、ドイツ語の練習のために日記をドイツ語で書くという計画をまもりつづけるだけの余裕をしめしているように見えるし、離婚という自分の重大問題を冷やかに傍観しているようにさえ見えるかもしれない。しかし、それは彼がこの事件に冷やかな無関心の態度をとったことを意味するのではなくて、彼が「天地崩るるも動かざる程の志と勇猛壮烈鬼神も之を避くる程の気力」をふるいおこして、深い悲しみに耐えながら、心の乱れを克服しようと苦闘したことを物語っているのであろう。この簡潔なドイツ語の日記の文章には、むしろ彼の心の深い悲しみ、人生の悲哀の思いが滲んでいるというべきであろう。

家族関係のこうした暗さは彼の心をいためさせ、騒がせ、彼の学問への精進をさまたげたが、彼の心をいら立たせるものはそれだけではなかった。四高も彼にとっては必ずしも居心地のよい学校ではなかった。(1)四高のなかにはいろいろな「紛擾」があった。それがどのような紛擾であったのかはよくわからないけれども、西田もまたその渦中に巻き込まれていた。教官や生徒のあいだに、校長の方針にたいして不満をいだいていた者たちがあって、西田もまた校長の方針に批判的であったために、この紛擾のなかに巻き込まれるようになったのでもあろうか。離婚のことがきまった数日後には、西田は四高講師を辞職しなければならなくなった。五月三一日の日記に、彼は、

「今夕余は職を免ぜられたり。」

と書き、(2)五人の名を記している。そこにあげられた五人といっしょに辞表の提出を求められ、「依願解嘱託」という辞令を手渡されたのであろう。おなじ日付の山本良吉宛の手紙には、

「小生これまて深く気を付さりしか大兄の御注意の如く、本日は第四に大改革有之、小生も亦嘱託を解かれ候。第四の改革を要するは内外共に認めたる所、今川上氏之を決行せられたるは賀すへき事に御座候。小生の如きは勿論学徳共に人の師たるに足らす、今度の事其分なりと雖とも唯かの秋山、木村輩と十把一束中にされたるはあまり面目にも無御座候。小生は之を機として今一度書生となり東京に勉強せんかとも思い候えとも係累も有之候事故ちと困り候。併し尋中へ行くことは好ますなるへくは独語か又は哲学の教師致度と存し候。貴兄も何か御考あらは御申越被下度候。小生未た他にいかなる人々止《や》められたるかを知らす。然れとも秋山、木村、得能の止められたることは確なるへく、独逸の方の後任には例の向井と山口の草鹿と来る由なれは、向井は余の後任にして草鹿は上田の後任なる可し。然れは徳永氏等万歳と祝すへきか。余は後便にゆする。」

と、書かれている。(3)

（1）明治二九年、四高講師に就任して、はじめて登校した日のことが、「書簡二七」には、

「本日より出校せし各教員皆倣慢にあらすんは諂諛。独り今井先生は誠に親切余の為に喜ふ者に似たり。一見疇昔の師弟の情あり。」

と、書かれている（『全集』別巻五、四二頁）。今井先生というのは、四高生時代の西田が唯物論的見解を述べた手紙を書いたとき、「已ニ今井先生先日蟻酸製法ニ就テ説明セルニアラスヤ」と書いていた「今井先生」のことであろう。

（2）『全集』別巻一、一五頁。原文はドイツ語で、〈Heute Abend wurde ich abgesetzt. —— Akiyama,

Kimura, Tokuno, Yokoe, Eguchi.〉となっている。

（3）「書簡二八」『全集』別巻五、四三頁。

西田にとって、免職は寝耳に水であったけれども、そのときすでに後任者たちは金沢に着任していた。そして、西田は自分の後任として着任しているものとは知らずに、それらの人びとを訪問していたのである。西田たちの後任として四高に招かれた人たちのなかには、大学で西田と同級の大島義脩もいた。のちに八高校長、女子学習院長、宮中顧問官を歴任した大島が亡くなったとき、その追憶のために編纂された『大島義脩先生伝』には、大島の関係者たちの追悼文とともに、このときのことを回想した西田の談話が筆記されておさめられているが[1]、そこで西田はつぎのように語っている。

「私が……明治二十九年から一年間四高で独逸語を教えた時のこと、校内の色々の紛擾が衆議院の問題になったりして二三職員の更迭が行われた。私も何故だか未だによくわからないが、やめさせられて……その後へ迎えられて来た人達のなかに大島君があった。これについて、君から見れば撥の悪い、私からすれば飛んだ間抜けのした思出がある。

大島君が金沢へやって来た。以前の面識もあるので早速私は某旅館へ訪ねて行ったものだ。そこには君の外に向軍治氏、内田畟氏等も居たようだったが、『こっちへ何しに来たんだ』と聞くと、きまり悪そうに『まだ一寸言えないんだ』といって逃げた。私は大島君達が自分達辞職組の後任に来るのを全く知らなかったのである。数日中に学校をやめさせられるのを知らない御本人の私の前だ、大島君にしてみれば随分苦しかったことと思う。」

事件から三十数年もたってからのちの談話であるから、西田は淡々と語っているが、それでも、事件当時の西田にとってこのことはよほどこたえたらしいことがその語り方からうかがわれる。義理がたい西田は、離婚問題で心をいためている最中であるにもかかわらず、首席で卒業した同級の友人が金沢に来ているときいて、敬意を表すべくわざわざ旅館に訪ねたのであった。それだけに、その翌日[2]、不意に免職をいいわたされたうえ、ほかならぬ大島たちが自分らの後任であったと知ったとき、西田は校長のやり方に強い憤懣をおぼえるとともに、深い屈辱を感じたにちがいない。こうして、西田は落着いて学問に専念できるどころでなく、つぎつぎに心を傷つけられたのち、せっかく手に入れた高等学校のポストさえも失ってしまった。

（1）この談話を筆記したのは『大島義脩先生伝』の編纂に携った加藤将之氏である。この談話筆記のことを私に知らせて下さったのも加藤氏である。ここで加藤氏にお礼を申しあげておきたい。

（2）西田が大島を旅館に訪ねたのは学校をやめさせられる前日、すなわち明治三〇年の五月三〇日のことであった。談話筆記のなかに「数日中に学校をやめさせられるのを知らない御本人の私の前だ」とあるのは、西田の記憶の誤りだが、西田が大島たちを訪問した数日後に自分が免職になったように記憶していたということは、この事件にたいする彼のうけとり方を物語っている。ついでに、五月三〇日の日記を引用すれば、そこにはドイツ語で、〈Heute habe ich mit Tokuno Ohschima besucht, bei dem ich Muko und Uchida antraf.〉と書かれている（『全集』別巻一、一五頁）。西田は得能文といっしょに大島を訪ねたのである。そして、得能もまた西田とともに免職になった。

彼をとりまく環境がこのように暗ければ暗いほど、西田は、その暗さに耐え、その暗さがひきおこす心の動揺と葛藤とをのりこえようとして、禅の修行にますます熱心になっていった。日記によれば、この年六月、西田は京都に出て約四〇日のあいだ退蔵院に滞在して、虎関禅師を訪ね、あるいは接心に参ずるなど参禅にはげみ、さらに八月に入るとふたたび京都に行き、妙心寺の接心に参じ、その後もひきつづいて妙心寺の僧堂にとどまり、禅の修行につとめている。

妙心寺の接心に参じているとき、西田は、山口高等学校の校長に内定した恩師北条時敬から山口高校の教官にならないかという招きをうけた。失業中の西田はよろこんでその招きに応じた。彼は八月下旬に妙心寺をはなれて、いったん金沢に帰ったのち、九月はじめ、山口高等学校教授嘱託として赴任した。山口に赴任する途中にも、西田は妙心寺に立寄って参禅したが[(1)]、禅によって「思想ノ統一」を求めようとする彼の熱意はそれほどに強かったのである。そして、それは、そのころ彼がよほど深刻な人格的動揺を感じていたことをしめしているのであろう。

（1）　明治三〇年九月四日の日記『全集』別巻一、一八頁参照。

北条を校長にいただく山口高校では、西田は毎日を、四高にいたときよりも、はるかに落着いた、明るい気持ちですごすことができた。家族とはなれて単身赴任してきたことも彼の心を軽くしたのであろう。しかし、禅の修行にたいする熱意は、そのことによって弱まるどころか、ますます強くなっていった。一二月になって冬の休みがはじまるとすぐ、彼ははるばる京都に妙心寺を訪れて、僧堂で参禅しながら年を越し、休暇の終る直前まで打坐をつづけ、始業式にも間にあわないほどで

あった。明治三一年一月の日記には、

「八日（土）　午前五時二十分京都出発、午後九時十分徳山着。

九日（日）　午前一時頃船ニテ三田尻着、山徳ニ一泊。午前八時馬車ニ乗ル。正午頃山口ニ着ス。夜小柳君ヲ訪フ。

十日（月）　此日ヨリ学校授業始マル。……夜打坐、十二時入寝。

十一日（火）　午前七時半晨起。……午後北条先生ヲ訪フ。余始業式マデニ来ラザルヲ以テ大ニ先生ノ叱ス〔ル〕所トナル。夜山内来ル。ソレヨリ打坐。老師、舎弟ノ処等へ手紙ヲ出ス。」


と書かれている。[1] 早朝に京都を出て翌日の正午ころやっと山口に着くということを思えば、当時、京都まで参禅に出かけるということはなみならぬ熱意がなければできないことであったにちがいない。

（1）『全集』別巻一、二五頁。

明治三一（一八九八）年の日記の表紙の裏には、

「昔玆明在汾陽時　与大愚瑯琊等六七人結伴参究　河東苦寒衆人憚之　明独通宵不睡自責曰　古人刻苦光明必盛大也、我又何人生無益于時死不知干人於理何益　即引錐自刺其股
人十能之己百之　人百能之己千之
伊菴禅師用功甚鋭　至晩必流涕曰　今日又只恁麼空過　未知来日工夫如何　師在衆不与人交一言

洪川老師発心之時　昧死自誓曰　我弁究大道五年十年若不了悟則朽木糞牆於世無益　須晦跡於丘岳不再呈面皮於人間　如是決心擲心以当道(1)」

と、傑出した禅僧たちのきびしい修行の事蹟を引用して書きつけ、巻末の表紙裏には、

「古来天性英邁の人も幾多の辛酸を経て始て大道を成す　余輩譾劣なる者豈等閑の思をなすべけんや

光陰一過再来せず　須く念々刻々大憤志を起し妄念を去り大道に徹せんことを努むべし　大道は処によらず唯志による

人は馬鹿正直にあらざれば成す能わず

志を大にして小利小成を願うべからず

大器晩成

私心を去れ　人に悪をかくすなかれ　良心に少しにても違うことはなすなかれ

工夫は念々着実にし等閑にすることなかれ　一寸の光陰も重んずべし

東嶺和尚曰　坐時々々参　行時々々参　臥時々々参　食時々々参　語時々々参　一切作務時々々々々参

安逸ハ恐ルベキ讎敵ナリ　人ハ時々刻々白刃頭上ニカカル心持ニテ居ルベシ(2)」

と、記している。

（1）『全集』別巻一、二三頁。原文の漢文を仮名まじり文にすれば、つぎのようになる。

「昔、玆明汾陽にありしとき、大愚瑯琊等六七人とともに結伴して参究す。河東の苦寒は衆人これを憚る。〔玆〕明ひとり通宵睡らず、自ら責めていわく、古人は刻苦して光明必らず盛大なり、我はまた何ぞや、人生まれて時に益なく、死して人に知られざれば、理において何の益かあらん、と。すなわち錐を引いて自らその股を刺す。

人十たび之をよくすれば、己《おのれ》は之を百たびし、人百たび之をよくすれば、己は之を千たびす。

伊菴禅師は功を用うること甚だ鋭し、晩にいたれば必ず流涕していわく、今日もまた只恁麼に空しく過ぎぬ、いまだ来日の工夫の如何を知らず、と。師衆と在りて、人と一言をも交えず。

洪川老師の発心の時、昧死して自ら誓っていわく、我、大道を弁道すること五年十年にして、もし了悟せざれば、すなわち朽木糞牆にして世に益なし、すべからく跡を丘岳に晦ましてふたたび人間に面皮を呈せざるべし、と。かくのごとく決心し、心を擲ってもって道に当る。」

(2)『全集』別巻一、三二頁。漢文を仮名まじり文になおせばこうなる。

「東嶺和尚いわく、坐する時には坐する時に参じ、行ずる時には行ずる時に参じ、臥する時には臥する時に参じ、食う時には食う時に参じ、語る時には語る時に参じ、一切の作務をする時には一切の作務をする時に参ず、と。」

年頭にあたって自分を励まし、自分を戒めるために書き記されたこれらの文章は、明治三〇年の日記の表紙裏に記された自戒の文章にくらべて、いちじるしい禅的色彩をおびている。そして、明治三一年の日記の記述もまた、前年にくらべて、打坐の記事がはるかに多くなっている。西田は、山口に赴任して間もなく、或る精神的転換を経験したらしいが、日記に見られる禅的色彩のつよまりは、その精神的転換にもとづいているのであろう。明治三〇年の秋に山口で書かれたと推定される山本良吉宛の手紙に、西田はその精神的転換を次のように述べている。

「人間の欲は誠に鉄面なる者にて、一たひ之を充せは又其上を望む。其頭をあけ来るや誠にハイドラの頭の如し。如かす其根本より断滅するの愉快なるには。人間はそれよりそれと心にかければ繁忙又繁忙寸刻も安き能わす。君深く其心の奥に返りて妄念の本を斬らすんは到る処に不満は君を苦しむるならん。余も始めて当地に参り候時は誠にいつれを見ても不快なりしか其後独りにてよくよく考ひ〔ママ〕、今ては何となく心安かに相成り申候。いろいろ不満に思いし事も顧れは己か心のいやしきを恥かしく存し候。馬太《マタイ》伝の六章に Which of you by taking thought can add one cubit unto this stature ?〔汝らのうち誰か思いわずらいて、身のたけ一尺を加えんや〕の語を深く感し候か、之の語を守れは別に不平の起る筈も有之間敷と存し候。

この肉身も大切なるへけれとも人は無理にこの肉体を保たさるへからさるの理ありや。思うに、人の生命は肉身にあらす其人の理想にあるならん。人か其内心に深く探りて善と思う事に反する事をなすの時は、即ち己か他に圧せられ己たる者は已に死亡したる也。徳富は肉体は存するも確かに棺木裏の中に入りたる也。人が深く〳〵心の奥を探りて真正の己を得て之と一となるの時あらは、たとい其時間一分時なりとも其生命は永久ならん。何そ己か精神を苦めて之の醜肉体の生存を欲し玉うや。一毫も精神上の己に背いて之の肉の永存を計らは、たとい肉体は存するも精神は死去し終らんか。

今余か肉体上死するとすれは第一に余か念頭に浮ふことは父母妻子のことならん。余は誠に此間に洒々落々たる能わさるなり。唯近頃マタイ伝第六章の神は蒔かす収めす蓄えさる鳥も之を養うときゝて少しく心を安んしうるなり。君も御存知の如くバイブルは実に吾人か心を慰むるものなり。余はとうしても論語の上にありと思うか貴説いかゝ。[1]」

（1）「書簡二九」（〔明治三〇年〕一一月一一日付）『全集』別巻五、四四頁。傍点は引用者。

山口に赴任した当初、西田はまだ、「かの秋山、木村輩と十把一束中にされ」、四高を免職にされて自尊心をふみにじられた苦しみを反芻しながら、自分が「世に容れられ」ないことにいら立ち、学者としてすこしでも早く出世をしたいと思い、その欲望が強ければ強いほど、それが充たされていないことに強い不満を感じて、心がつねに波立っていたし、そうであればあるほど、自己実現としての精神的統一に達しえないことに悩みつづけていたのであった。しかし、山口でのいちおう落着いた雰囲気のなかでゆとりをもって自分をも反省することができるようになったとき、彼は、自分が傷つき、焦り、不平不満をいだいて悩んでいるという事実こそ、じつは自分が「他に圧せられ」て「真正の己」を見失っていることにほかならないのだと気がつき、それとともに、自己を「真正の己」でないものに圧しゆがめているのが、ほかならぬ自己の「肉身」に根ざす「欲」であり、その「肉身」につながる家族の係累であることを知ったのである。もちろん、西田はそのことを早くから感じてはいたにちがいないが、家族とはなれていた山口で、はっきり自覚的に知るようになったのであろう。そして、西田がそのことを自覚するようになったのは、マタイ伝を読んだときであった。

マタイ伝は強い感銘をもって西田の心に迫ってきた。彼は、マタイ伝をつうじて、「真正の己」

を実現するには自己の「肉身」に根ざす現実生活を超越しなければならないことを知り、儒教的伝統によって培われた立身出世主義——それは家族主義ともむすびついていた——こそかえって「真正の己」の実現を阻むものであることに気がつくとともに、「人が深く〳〵心の奥を探りて真正の己を得て之と一となる時あらは、たとい其時間一分時なりとも其生命は永久ならん」と確信するようになった。これは西田が参禅をとおしてつかみはじめていたことではあったけれども、彼はマタイ伝をつうじてそのことをあらためて見出し、自覚するようになったばかりでなく、マタイ伝によって強く励まされたのであった。超越において永遠なものに触れることによってのみ、「人格」としての真の自己を実現できるのだとすれば、自己実現を未来に求めて、その実現のために思いわずらう必要はないであろう。いいかえれば、現在の瞬間に、「たとい其時間一分時なりとも」永遠なものに触れることができるとすれば、学者として非凡な人物になって名をあげるためにあくせくする必要はないであろうし、世間的な立身や出世が思うにまかせないとしても、挫折と失意の気持ちにさいなまれる必要もないであろう。このような考えが得られたとき、西田は、マタイ伝に励まされて、挫折感や焦噪感を克服する見とおしをもち、「何となく心安らかに」なることができた。そして、それとともに、それまで「いろいろな不満」をいだいてきた自分のいやしさが恥ずかしくなって、「妄念の本を斬」ろうとする勇気が湧いてきたのである。

西田が禅に志したとき、禅はT・H・グリーンから学んだ「自己実現」のための「最捷徑」であった。それは、いわば、すぐれた学者になるということをもふくめての「自己実現」のための手段であった。そのかぎり、西田は禅に志しながら、まだかならずしも宗教的ではなかったのであった。しかし、いまや宗教的関心が、学者として傑出した人物になろうとか、すぐれた学問的業績をあげようとかいう関心よりも優越したものになった。非凡な人物になるという立身出世の野心よりも、「真正の己を得」るという魂の問題にたいする関心のほうが強くなった。少なくとも、現実生活の超越という宗教的な内面性にたいする関心が優越なものとなりはじめたのである。いってみれば、西田は、山口在任中の明治三〇年の秋ころから、はじめて宗教的になったのである。いいかえれば、このころから、禅は、西田にとって、「自己実現」の手段であるよりも、「自己実現」を保証するものとみなされるようになったのであった。

彼のこの精神的転換のいちばん直接的な機縁は、右に述べたように、マタイ伝を読んだことであった。しかし、西田は、キリスト教に強い共感をもちながら、けっしてキリスト教の信仰に入ろうとはしなかったし、かえって、それ以後は全力をあげて禅にとりくむことになった。それは、粗雑ではあれ、いったん無神論的な思想をくぐった西田にはキリスト教の人格神の信仰をうけいれることができなかったからかもしれないし、あるいは、「深く〳〵心の奥を探りて真正の己を得て之と一となる」には、禅によろうとキリスト教によろうと、たいして変りはないと考えられたからかもしれない。おそらく、いずれでもあろうが、それはとにかく、キリスト教が信仰箇条をいきなりおしつけてくるということが、西田の「独立独行」または「自力」の精神にとっては容認できないものと思われたからであるにちがいない。すこしのちの明治三四年に、西田はある手紙に、

「昨年来持川女史時々来訪せられ余及ひ家内にキリスト教を勧めらる。同女史の厚意余深く之を感んす。されともいかにせん。余はキリストの教を喜ふも、もはや之によりて救わるる必要なきを。同女史か折角の好意も余に対して何の功もなからん。唯荊妻にはいかにもして宗教心を起さしめ度と思え〔と〕も、何分元来さる高尚なる心に乏しきもの故これも持川女史の好意に報ゆるに及はす。これは余か深く慙愧に堪えさる所なり。されとも余は又思う。宗教の事は教えたりとも中々信するものにあらす。漸を以て感化するにあり。余は耶蘇教の人は（独り耶蘇教にかきらぬ今の所謂宗教家は）注入を主として自分の信仰箇条の如き者を直に未信者に話すの弊あり。かくの如くしては容易〔に〕人を内心より導く能わす。宗教も学問と同しく開発を主とし未信者は先つ教理なととかす、其喜ふ所悲む所につきて同情を表し啓発的に先つ宗教の欠くへからさるを知らしめ、而して後之に救済の教を与うへしと思う。」

と、書いている。[1] ここには、人間の自発性を重んじようとする西田の態度、若き四高生時代に「武断的」な学校に反抗したときから晩年にいたるまで一貫していた西田の態度が、人格的感化という考え方とむすびついて語られているが、[2] それが西田のいわゆる「独立独行」の精神とおなじものの異なった側面であることはいうまでもない。

(1)「書簡三五」（三月一九日付、山本良吉宛）『全集』別巻五、五二頁。
(2) 人格的感化ということは教育者または教師としての西田の一貫した考えであった。本書一一七頁の注(3)を参照。

西田のこの宗教的関心への転換は、宗教的体験によってよりも、むしろグリーンの哲学にささえられた西田の理想主義的精神によってひきおこされたのであった。しかし、その転換はやはり宗教的意味をもっていた。というよりも、西田はその転換を宗教的なものとしてとらえた。そして、この転換は西田の生活上の態度のうえに現われたばかりでなく、彼の哲学思想のうえにもはっきり現われている。明治三〇年に書かれた「先天智識の有無を論ず」という論文においては、彼はグリーンの哲学に見られるイギリスの新カント主義に近い立場、むしろイギリスの新ヘーゲル主義におけるカント解釈に近い立場に立っていた。この論文における「先天智識」についての考え方は、『善の研究』ばかりでなく、その後の西田の哲学においても重要な構成要素をなすものではあるけれども、その「先天智識」のとらえ方は、まだ、けっしてそのまま宗教につながるものではない。ところが、翌明治三一年に書かれた「山本安之助君の『宗教と理性』と云う論文を読みて所感を述ぶ」という論文においては、西田ははっきりと宗教を哲学の基礎とみなす立場をとり、ア・プリオリなものと宗教的体験とをむすびつけようとする傾向を暗黙のうちにしめしている。しかも、注目すべきことに、この論文においては、『善の研究』の基本的な思想がすでに萌芽的な形をとって現われてもいる。ついでに、そのような個所をいくつか断片的に引用しておこう。

「既に已に宗教は智識によらず無意識に無限と有限との一致融合する所以を感得する作用とする以上は、其物理の法則や哲学の原理の如く之を智識上に表白し得ざるは、理の当に然らしむる所なり、宗教の対境を論ずるが如きは、未だ宗教に入らざる者か、若しくは宗教を外面より研究せんとする者の事なり、真の宗教家に用なき事なり、エッカートの神を信ぜば神無しと云ひしも、此等の事にあらざるなきや。」

「然らば吾人はいかにして此絶対無限の境に入るを得るか。吾人は理性の外に果してかかる能力を有するやとは学者が多く怪しむ所なり。されども余を以て見れば所謂理解力なる者にては到底之に達し得べからず。理解力は相対界を知るのみ、差別界を知るのみ、一歩も此の外に出づるを得ず。其以て無限となし絶対となす所の者は、相対的な無限、相対的の絶対なり。夫れ已に真の絶対を知る能はず、何ぞ能くこれと相対界との交渉を解釈するの能あるを得んや。理解力にして己が力以上のことをなさんと欲せば、勢自家撞着の悲運に陥らざるを得ず。是古来哲学が相矛盾して相融合し難き所以にあらずや。理解力によりて得たる智識是は抽象的の者なり。実在の一部にして其全体にあらざるなり。智識は実在を解剖し説明し得るも、実在全体として活動する所以の者を捕捉する能はざるなり。然るに宗教の絶対無限に入るとは、真の絶対無限に入るなり。宇宙実在が全体として活動する所以のものを直に感得して実地に之を得るにあり。」

「さりとて余は吾人が平常の知情意の作用の外別に一種神秘的能力ありと信ずる者にあらず。思ふにこの智と云ひ情と云ひ意と云ふも個々別々の作用にあらず、必ずや之の三辺を統一する所以の一あらざるべからず。此の一即ちこれ直ちに絶対なり無限なり。これ由て以て宇宙の太元を捕捉し得る所以の一点にあらざるなきを得んや。強いて智情意の三者中に於て之に近き者を求めば、感情最も之に近しと云ふべきか。」

「余の考によれば、哲学者は宇宙を見ること最も浅く又不完全なり。詩人の想像力は哲学者の智力よりも深く全体に入りたる者にして、宗教家の信仰に於て始て宇宙の全体の深底に到達したる者なり。故に哲学者にして真に己れが目的を達せんと欲せば、畢竟宗教に入らざれば能はざるべし。実在全体を統一融合するは智識上にあらずして事実上にあらん。之を要するに、余は哲学的基礎の上に宗教を立てんとするを肯ぜざる者なり。」

「宗教は事実なり、智識の説明ありて事実あるにあらず、説明の有無は因て事実の価値に関係なし。(1)」

(1)『全集』別巻二、四六―五一頁。

これらの文章は、「今の西洋の倫理学」の「知識的研究」を、「全く自己の脚根下を忘却し去る……虚偽の造物」と見て、「古来の偉人が大なる soul experience につきて其の意義」をあきらかにする「事実的研究」を重んずるという、さきに引用した鈴木大拙宛の手紙に述べられた考え方が、山口における西田の精神的転換によって確立されたものであることをしめしている。右に引いた文章には、理性または概念によっては絶対者を把握することはできないとして、理性よりも直観または体験を重視する傾向が強くしめされているが、この傾向は、西田の関心が「深く〳〵心の奥を探りて真正の己を得て之と一となる」ことに向けられるようになったときに決定的なものになったのであった。

西田が山口でマタイ伝を読んで経験した精神的転換は、西田の思想の形成において、きわめて重要な意味をもつ出来事であった。この転換をつうじて、「真正の己を得て之と一にな」って永遠の生命を実現する宗教こそ哲学の基礎であって、宗教に入らなければ哲学の目的も達成できないと考えるようになった西田は、明治三〇年の暮から翌三一年一月六日までの妙心寺での参禅いらい、「心の奥に返りて妄念の本を斬」るために、ひたすら禅にうちこむことになった。見性は西田のもっとも切実な関心事となったのである。この妙心寺での参禅中の日記に、西田は、

「一月三日、八時晨起。午後天授ニテ文器禅士ト語ル。器曰ク、十六年猶悟入シ得ザリシ者アリ。余竦然毛髪ヲ立ツ。余モ亦之ノ徒タルナキヲ得ンヤ。已ニシテ以為ラク、好シ一生悟入シ得ザルモ致シ方ナシ。左程ノ鈍物ナレバ他ノ事ヲナシテモ同ジ事ナレバナリ。」

と、書いているが(1)、自分が天授院で話にきいた雲水のように、一生かかっても悟入できないほどの鈍物だとすれば、たとい禅の修行に割く時間を吝んで哲学の研究に専念したところで哲学者として「真に己れが目的を」達成することはできまいし、そのような哲学研究の成果が世間で評価されたとしても、それは「人心に何の功能なき」「虚偽の造物」にすぎまいというつきつめた考えが、参禅への異常な熱意をかき立てたのにちがいない。西田はいわばパスカルの「賭け」にも似た選択を自分に課して、見性に己れを賭けたのである。そして、「真正の己」の実現にたいする西田のこのような徹底的な真剣さこそ彼の人間的非凡さをしめすものにほかならない。

（1）『全集』別巻一、二四頁。

しかし、どんなに「妄念の本を斬」ろうとしても、非凡な学者として名をあげたいという望みはけっして一挙に克服できるものではなかったし、「妄念」の根を断つことはけっして容易なことではなかった。非凡な学者として世に出たいという願望は明治の社会生活の構造のなかに複雑な仕方で深く根ざした西田の私的な関心であっただけに、西田は坐禅をくんでいても、学問のことや地位のことが気になって、「真正の己を得て之と一になる」見性という超越をめざす努力がたえず妨げられたばかりでなく、「醜肉体」に圧されて、友人と談笑したり、菓子を食いたくなったり、食いすぎて眠くなったりして、打坐を怠ることも少なくなかった。しかし、そのたびに、それらのことが自分の弱さ、自分の堕落として強く意識され、日常的な人間的欲求がすべて「真正の己を得る」という目的の実現を妨げる「妄想」と感じられることになった。そして、西田は感受性のするどい、人間的欲求の豊かな人間であっただけに、「妄想」もまた強かった。彼はたえずさまざまな「妄想」につきまとわれざるをえなかったが、そうであればあるだけ、彼はそれらの「妄想」を克服するために、意志と気力とをふるいおこして、ますますきびしく禅の修行にはげんでいった。こうして、こんどは、禅における見性が彼にとっては人生の目的になっていった。非凡な学者になりたいという望みとそれを妨げる諸事情から生ずる内心の葛藤を克服して精神的統一を得るための手段としてはじめた禅は、いまや、かえって、禅において非凡な人間であること、いいかえれば、機鋒の鋭い禅の達人であることを西田に要求することになった。そして、学問上の関心や努力でさえも、西田には、「真正の己を得て之と一になる」ことを妨げるものとして意識されるようになった。西田にとって、禅は人生の目的そのもの、いや、人生そのものとなったのである。

禅がそのようなものとして意識されるようになったために、西田は全力をあげて禅の修行にとりくんだ。日記から知られるかぎり、明治三一年のはじめから明治三九（一九〇六）年の一月まで、禅は西田の精神生活の中心であった。とりわけ、明治三一年から明治三六月八月まで、西田はそのほとんどすべてのエネルギーを「見性」のための努力に注ぎこんだ。この当時の彼の生活は禅をめぐって展開されたといっても過言ではあるまい。

明治三二（一八九九）年の二月に北条時敬が第四高等学校長に転ずると、西田もまた、北条の配慮によって、おなじ年の七月、四高教授として金沢にもどってきた。彼はのちに、「或教授の退職の辞」において、

「暫く山口の高等学校に居たが、遂に四高の独語教師となって十年の歳月を過した。金沢に居た十年間は私の心身共に壮な、人生の最もよき時であった。」

と回顧しているが、[1] 四高では二年前に免職になったころとくらべてはるかに落着いていることができたし、いったん離婚した妻とも和解が成立して、[2] ふたたび妻子といっしょに暮せるようになって、彼の環境は山口のときよりもいちだんと明るくなっていた。だが、西田は、山口にいたときとおなじように、家にいても連日「打坐」をおこない、夏と冬との休暇には京都に出て妙心寺や大徳寺を訪ねて接心に参ずるか、あるいは金沢で洗心庵にこもって坐禅するかしながら、「真正の己を得」ようとして、それを妨げる「妄想」ときびしく対決し、格闘しつづけた。

（1）『全集』第一二巻一七〇頁。

（2）明治三二年二月四日の日記に、

「母および得田へ手紙、これにて妻と和解す」(Briefe für Mutter u. Tokuda, dadurch ich mich mit der Frau versöhnte.)

と書かれている。それ以前にも、日記には、「ことみより手紙」という記事がしばしば見えるが、おそらく、この二月四日の「和解」までは、文通はおこなわれていても、離婚状態がつづいていたのであろう。

明治三二年から明治三六年までの西田の日記は、[1]「妄想」と必死に格闘している西田のすがたを鮮かにしめしている。そこには、学者としての業績をあげなければと焦る自分をおさえ、「研究の便宜と自由」[2]を得られそうなポストを求めてそれが得られずに失望したり、学校で哲学の受持時間数が減らされて自尊心を傷けられたり、同僚の外国留学を羨しがったりする自分を叱りつけて励まし、菓子を食いすぎたり、友人との談笑に時間を忘れたりしては後悔する等々の記事がいたるところに見られ、それとともに「打坐」という言葉があふれている。煩をいとわずに、日記のなかからそのような記事をいくつか書写してみよう。それらの記事は、「妄想」を克服しようとする西田の努力のきびしさと、西田の心の美しさとをしめしているからである。

（1）明治三三年の日記は欠けている。

（2）「或教授の退職の辞」『全集』第一二巻一七〇頁参照。

「二十三日（木）　雨。暁起打坐。学問ヲセネバナラヌト云フ念ニ妨ゲラル、事多シ。徳山ノ事思フテ戒ムベシ。夕頃ニハ志挫折シテ甚ダ不快ナリシカ、忽チ気ヲ取直シ坐セリ。サレドモドウモアレヲ読ムベキヤコレヲイカニスベキナドノ無益ノ雑念多シ。読書ハ多端ナラズ、心ニ要スル問題ヲ求メテ研究スルニテ足レリ。

二十四日（金）　暁坐。ヤハリ書ヲヨムニイヤ古ノ者バカリミテモイカヌトカナントカト云フ念ヤマズ」（明治三二年二月、『全集』別巻一、三六頁）。

「七日（火）　東圃ヨリ手紙、頗ル失望ス。到底京都ノ事ハダメナランカ。

八日（水）　藤岡ト北条トヘ手紙ヲ出ス。午後ハ多分打坐ニ用ユ。一時失望シタレドモ志ヲ大クシテ困難中ニ成就セントノ勇気ヲ生ズ。

九日（木）　……夜打坐。京都ノ一件全ク心ヲ離レ心甚快ナリ。可ナリ機立チタル方ナリキ。サレドモ慢心起リ深カラズ。

十日（金）　今日モ心地ハヨシ。……昨日ヨリチト気浮キシタル方ナリ。尚少シク ernst トナルヘシ。

心キタナクモ物ヲ食ヒタリ。之ハチトツ、シムベシ」（同年三月、同前三七頁）。

「一、志操高邁、胸襟磊落、些事ニ心ヲ労スル勿レ

一、念々着実苟且ニモ浮薄ノ念アルベカラズ

一、無字ノ公案寸時モ打失スベカラズ

一、世事ハ凡テ天然ニ任セ卑劣ノ念ヲ起スベカラズ

夜十時　朝五時　朝二時夜一時（打坐）読書三時　土、日ノ外ハ人ヲ訪ハズ、三食ノ外物ヲ食

ハズ

飢飽寒暖栄辱得失凡テ天ニ任ス

道ノ為ニスル者ハ喪身失命ヲ厭ハズ

一心不生万法無咎」（同年四月、欄外、同前三八頁）。

「摂心七日間。六時晨起打坐。……午後打坐。夕ニパンヲ食フ、一時ノ迷ナリ」（同年四月一日、同前）。

「朝夕ノ打坐怠ルベカラズ

用ナキニ人ヲ訪フベカラズ

無益ノ者食フベカラズ

乱読スルベカラズ」（同年五月、欄外、同前三九頁）。

「日々蠢々懺悔々々、不求名、不求利、不求学、不求口耳之欲、只道勉之」（同年八月六日、同前四四頁）。

「六日（日） 午前坐禅。午後坐禅。……夜坐禅、十一時頃まで。……此夜和尚の処へ招かれ話をきく。参禅の要は実地の辛苦にあり、人往々禅を以て他に資せんと欲す。大なる誤なり。参禅の眼目は生死解脱にあり。この外仕事あるなし。余も自〔ら〕省みて大に感ずる所あり」（同年八月六日、同前四六頁）。

「読書の際には頻りに急く心起り、又名誉心など伴ひて心穏ならず、大に猛省すべし。これ是功を求むるいやしき心あるによる。何ぞ区々一西田を忘却して一々に洒々落々たらざる」(明治三四年一月一五日、同前四七―四八頁)。

「Bradley をよむ。やはり急ぎ読む風あり、心に欲あればなり。静坐十一時半まで。植村定造氏僧になりたりと云う。猛烈の志感服すべし。余の如きは日々眠坐禅をなす。奮励せざるべからず」(同年一月一八日、同前四八頁)。

「夜ロッチェ氏の論理などよむ。心せくことかぎりなし。あゝ我何たる愚者ぞ、かくせば反りて早く解するを得ず。其上精神を疲労せしめ智力の発達を害せん。……わが心の汚れて片時も定らざる様、数年の工夫も寸功なく誠に愧づべし嘆ずべし」(同年二月一日、同前四九頁)。

「二日(土)……哲学専門の人新に来りて余の受持の減ぜらるゝ事心にかかり快からず。されどもこれも公事をばあまり我物顔になすと自分が勉強したしとの私心に出づるならん。

三日(日)……昨日の事心にかかりて北条先生を訪う。不在にて話すを得ず。静坐して考うれば我心のいかにかくばかり私欲多きやと深く自ら愧ぢ、かくの如き事はどうでもよしと思えり。されども強いて先方の好通りにするも不公平なるべし。半分して受持たばわれもかれも可ならん。あすこの事先生に話さん」(同年二月、同前四九―五〇頁)。

「大拙居士より手紙来る。衆生誓願度を以て安心となすとの語、胸裡の高傑大可羨〱。余の如きは日々に私欲の為め此の心身を労す。慚愧々々。余は道を思うの志薄くて、少欲の為め又は些々の肉欲の為め道を忘ること日々幾回なるを知らず。特に今日は大に誤れり〱。今後猛省奮発すべし。これも一に余が克己の意力に乏しきによる」(同年二月一四日、同前五一頁)。

「余実に無為に時日を徒費するの弊あり。不活潑の致す所なり。三食の外閑食すべからず」(同年三月一五日、同前五三頁)。

「寸陰寸璧むだをするな、此の肉身を放棄せよ」(同年三月二三日、同前)。

「爾一事を知らず一事を解せざるを恥として、一邪念を去る能はざるを恥とせざるか」(同年三月二七日、同前五四頁)。

「閑思閑食を省くべし」(同年四月二五日、同前五七頁)。

「戒むべき者、閑思、閑読、閑食」(同年五月一日、同前五八頁)。

「閑食は暫く止めて見たが左程に苦しからず。一週間にても真に行いうることは数年も行ひうるものと信ず。……閑読閑思を戒むべし」(同年五月六日、同前)。

「余は此十数日来の怠惰何とも云い難し。吁かくの如くにして月日をすぐさば、何の日か大志を達するの期あらんや。猛省々々」(同年五月二七日、同前六〇頁)。

「閑食すべからず、無用の談話すべからず、散漫に読書すべからず。〔欄外に〕造次顚沛にも此心を失うべからず」(同年六月一日、同前六一頁)。

「世事は Providence に任して吾心の修行を勤むべし。かかる馬鹿らしき浮世に何の望ありて局促するや。未練の事なり」(同年一〇月四日、同前六八頁)。

「祈れ〳〵。すべての物をささげて、名も利も学問も」(同年一〇月一六日、同前)。

「一生下級の教師に甘んじて厚く道を養い深く道を研む断じて余事を顧みず（多く成さんと欲せば一に専ならず）

多利の念是吾心を乱し吾事を妨ぐの仇敵　道もこれが為に成らず学もこれが為に浅し　急がば廻れ　功を成〔す〕に急なる者は大事を成す能わず

大丈夫事を成す唯自己の独力之れ恃む　決して他人の力をからず　便宜の地位を求めず

真に道に尽し学に務めんと欲せば一身一家の利害他人の情誼《〔ママ〕》むら〳〵起りて吾心を乱し悪魔の淵に引き入れんとす。此時大に奮励すべし　天地の間道により貴く　道より大なるものなし区々一身一家一校一国　之が為に局促するに足らんや

深く蔵して猥に動かず　周囲の出来事にかれこれ考ふる様にては大事をなす能わず　専門の書は精読熟考　其外博覧以て見識を広くす　外国語は英独二語にかぎる」（明治三五年、巻末扉、一月二〇日の日付がついている。同前九九―一〇〇頁、傍点原文）。

「汝を迷すものは思魔なり」（明治三五年八月七日、同前八七頁）。

「食ヒ眠リ子孫ヲ遺ス事ハ動物モ之ヲ能クス　人生豈此ノ如ク無意義ニシテ終ルベケンヤ　人ハ一生ノ力ヲ以テ此ノ霊性ノ美ヲ発揮セサルベカラズ　汝ガ凡テノ肉欲ト無力ノ交際ニ費ス暇ヲ以テ修養〔ト〕学問トニ尽セ」（同年八月一三日、同前九〇頁）。

「菓子を食わず、されども果物を食す。明日より食時の外何物も食せざるべし。今日は打坐を止む。大薄志弱行《〔大書〕》」（同年一〇月三日、同前九三頁）。

「菓〔ママ〕物を食す。されども明日より食後の外厳禁す」(同年一〇月九日、同前)。

「人生を本として学問すべし」(同年一〇月九日、同前九四頁)。

「一日、廿六日晩より洗心庵にあり。……いつも洗心庵にとまった除夜にはねれぬが、昨夜は少しねれた。一日打坐した。坐しても中々本気になれぬ。洋行がしたかったり大学教授になりたかったりいろ〳〵の事を思い、又どうも身体が苦になりて純一になれぬ。人間は死んで居るものと思わなければ大事がなせぬと河井もゴルドンも云われた。自分は三十五年十二月卅一日に死んだものと思うて見ても、どうも本気にそうは思えない。併し古人も万事を放下せよと曰われたが、どうしても死んだものと思い万事を放下せねば純一になれぬ」(明治三六年一月一日、同前一〇一頁)。

「人は冷酷なり、人に由るはつまらぬものなり。人は己を利用し愚弄するなり」(同年五月二〇日、同前一一二頁)。

「起信論一巻読了。余は時に仏教の歴史的研究をもなさんと欲す。余はあまりに多欲あまりに功名心に強し……余計の望を起すべからず　多く望む者は一事をなし得ず」(同年六月一一日、同前一一三頁)。

「禅宗という雑誌をかりてよむ。中に近重博士の談あり、大に慚愧す、余は禅を学の為になすは誤なり。余が心の為め生命の為になすべし。見性まで宗教や哲学の事を考えず。
〔以下毛筆にて大書〕汝遠く家を離れて京都に来り而も怠慢一事をなさずして帰らんとするや。かくの如くして幾年を経過するも何の功あらん。

余は又公案を変えられたり、フーフーフーフー」(同年七月二三日、同前一一七頁)。

「吁心魔〳〵。キリストが野に於ける苦心思いやらる。今日は大分妄想と戦いたり……」(同年七月二七日、同前一一八頁)。

「千万情波　激岩咬天　只尽死力　苦味誰知。怒濤朝天中　確然我不動……余何処までも ennui と戦わんとす。危機一発　心機一転」(七月二八日、同前)。


このようなきびしい自己反省と修行にもかかわらず、西田はなかなか公案を透過しえなかった。むしろ、そのきびしい自己反省のゆえに透過しえなかったというべきかもしれない。日記には、

「余は禅を始めてより数年一進一退何の得なし、実に満面の慚愧。(1)」

とか、右にも引用しておいたが、

「汝遠く家を離れて京都に来り而も怠慢一事をなさずして帰らんとするや。かくの如くして幾年を経過するも何の功あらん。

余は又公案を変へられたり。フーフーフーフー。」

というような言葉がしばしば書かれている。このような言葉を書きつけるとき、彼はかつて天授院で文器禅師からきいた話を思い浮べて、「竦然毛髪」が立つような不安におそわれたにちがいない。しかしまた、彼には、そうした不安をもふくめて、自分の反省さえもが「思魔」として意識されたのであった。そして、見性に達しなければ達しないほど、西田は、

「いかなる貴き事、心の救より大事なる事あらじとは、小生近来益感ずる所に候えば、ヨシ幾年無益に星霜を送るともこの事だけは遂げたき念願に御座候。」(2)

という決意を新たにして公案にとりくんだ。見性に達することが困難であればあるほど、それは彼にとってはますます生死の一大事ともいうべき人生の第一義的なものと考えられることになった。

(1) 明治三四年五月一三日、『全集』別巻一、五九頁。
(2) 「書簡三三」(明治三二年九月一五日付、山本良吉宛)『全集』別巻五、四八頁。

しかし、見性が第一義的なものとみなされるにつれて、彼にとって、「世事」すなわち現実の社会生活は心を労するに値しない、どうでもいいものとみなされるようになった。彼が、「世事は Providence に任せて吾心の修行を勤むべし。かかる馬鹿らしき浮世に何の望ありて局促するや。未練の事なり」と書いたとき、〈Providence〉という語がキリスト教的な「摂理」の意味で用いられているのでないことはたしかであろう。おそらく、それは、世の中の事はなるようにしかならない、という気持ちを表わすものであろう。もちろん「世事」は「放下」しきれるものではなかったし、「放下」しきれるものでなかったからこそ、かえって、西田は現実を超越しようとして見性に努めたのであったが、「真正の己」という超越において現実生活をとらえようとする見性の努力は、世の中のことはなるようにしかならないという一種のアナーキーな高踏的な態度をはらまざるをえなかったのである。そして、そのような態度は、「人は冷酷なり、人に由るはつまらぬものなり、人は己を利用し愚弄するなり」という実感にささえられて成り立っていたのであった。このことは、見性をめざす西田のひたむきな努力が日本の「市民社会」の冷酷さにたいする批判――というよりも反撥に根ざしていたことを物語っているのである。

見性を人生の一大事と見て、ひたすら眼を自分の内面に注ぐにつれて、西田は、

「学問は畢竟 life の為なり。life が第一等の事なり。life なき学問は無用なり。(1)」

「哲学も功名などの卑心を離れ自己安心を本とし、静に研究し、自己の思想を統一し、自家の安心と一致せしむべし。(2)」

という考えを強くいだくようになっていった。彼は、日記に、

「参禅以明大道　学問以開真智　以道為体　以学問為四肢(3)」

とか、

「一大真理を悟得して、之を今日の学理にて人に説けば可なり。(4)」

とかという言葉を書き記しているが、これらの言葉がしめしているように、彼のなかには、禅の見性を人生そのものの根源、むしろ世界そのものの根源と同一視し、学問すなわち哲学を見性の体験に従属すべきものと考える見解が強く固まっていたのであった。西田が哲学の基礎を見性の体験におこうと考えたのは、見性の体験において直覚される自己の統一性こそもっとも根源的な精神的事実であり、宇宙の精神的原理であるとみなしたからである。彼はそのことを、

「正念は数学の公理の如く宇宙の大法なり。吾が之を曲げんとしたればとて曲ぐべきにあらず。(5)」

という言葉で言いあらわしている。

（1）明治三五年二月一〇日の日記、『全集』別巻一、七四頁。
（2）明治三四年二月六日の日記、同前五〇頁。
（3）明治三五年、巻末扉、同前九九頁。
（4）明治三六年六月一一日の日記、同前一一三頁。
（5）明治三四年五月六日の日記、同前五八頁。

しかし、公案を透過できず、見性に達することができないかぎり、西田は哲学を構築することはできなかったし、する意志をもたなかった。右に述べたような見解が固まったころ、彼は山本良吉宛の手紙に、

「余ハトーモ自己ノ霊性問題カ始終気ニカカリテ未タ力ヲ外ニ発スルノ勇気ニ乏シ。深夜衣着ノ中ニ独リ考フルニ、トーモ学士博士達ノ学問騒モ何タカ小児ラシク馬鹿ラシク思ハレ、普通ノ学問道徳以外ニ如何ナル懐疑ヲ以テスルモ打テトモ引ケトモ動カサル精神上ノ事実ナカルヘカラス。之ナクハ人生程ツマラヌ者ハナシト思フ[1]。」

と書いているが、見性の体験に裏打ちされない哲学は、西田にとっては、「life なき学問」として「無用」なものにほかならなかったからである。

（1）「書簡三九」（明治三四年七月一六日付、山本良吉宛）『全集』別巻五、五七頁。

明治三六（一九〇三）年八月三日、西田幾多郎は、京都大徳寺の孤蓬庵で、ようやく公案を透過して一応の「見性」に達した。この日の日記には、

「晩に独参無字を許さる。されど余甚悦ばず。
杉森留学す。人は自ら勉むるの外なし。他人は恃に足らず。」

と記されている。[1] 西田が「無字」を許されて「甚悦ば」なかったのは、四高の同僚杉森此馬の海外留学が決まったのに自分は洋行できないでいるということが気にかかったからであるようにもとれないことはない。しかし、おそらく、そうではなくて、下村寅太郎のいうように、「無字」を許されはしたが、彼の公案の透過の仕方が豁然大悟という趣きのものではなかったからであろう。[2] しかし、西田のながいひたむきな修行はここで一段落ついたのであった。

（1）『全集』別巻一、一一九頁。
（2）下村寅太郎は、西田が「無字を許さ」れたにもかかわらず「甚悦ば」なかったということについて、それが「豁然大悟という趣きのものではなかったようである」と述べ、さらに、「いつかこれを〔鈴木〕大拙先生に伺」ったら、『それはなあー』と先生は立って自著『今北洪川』の或る個所を披いて示されながら『そういうこともあるものだ。西田のように理智的論理的な頭脳の男には』とも語られた。『しかし確かに摑んだものがあるに相違ないと思ふ。そうでなければあのような哲学は出て来ない』と言われた」と書いている（『若き西田幾多郎先生』七八頁）。

公案を透過して一応の「見性」に達すると、西田は「悟得」した「一大真理」を「今日の学理にて人に説く」ために、「宇宙の大法」としての「正念」を原理として人生の問題を解明する哲学を組織する努力にとりかかった。「打坐」は依然としておこなわれたが、この年以後、西田の関心は哲学、心理学、宗教論、神学等の研究により多くむけられることになり、それにつれて「打坐」への熱心さはすこしずつ薄らいでゆき、明治三八年一月以降は、日記には「打坐」の文字は稀にしか見られなくなる。西田は、「打坐」に注ぎこんだあのおどろくべきエネルギーを、こんどは哲学や宗教の研究と思索とに注ぐことになったのである。

もちろん、西田はそれまでにもさまざまな哲学者の著作を熱心に読んできた。とくにカントとスピノザの名は日記のなかに何度も出ている。しかし、明治三七年以後、哲学書にたいする西田の態度には、それまでとくらべて、いちじるしい変化が見られる。それまでは、カントやスピノザにしても、その他の哲学者の著作にしても、西田が好んで読んだ文学書（とくにドイツ文学）や宗教書とおなじく、教養のために読まれるという一面もあった。だからこそ、「閑読」をやめよという自戒が日記のなかでくり返されたのであった。だが、明治三七年以後には、哲学書を専門的な哲学的研究の対象としてとりあげ、哲学者としてそれらの著作にとりくむ態度がはっきりと見られる。明治三七年には、ジェームズ、ショーペンハウエル、ヘーゲル、クーノ・フィシャーの『スピノザ』等が読まれ、翌三八年には『ソフィスト』、『饗宴』、『フェードー』、『国家』等プラトンの対話篇、デカルト『哲学原理』、クーノ・フィシャー『フィヒテ』、フィヒテ『知識学の基礎』、ライプニッツ『モナドロジー』、スピノザ、シェリング『ブルーノ』等、哲学の古典が研究され、ほかにドイッセンの『哲学史』等々も読まれている。T・H・グリーンが再読された形跡もある。そして、明治三八年の夏以降は、小田切良太郎等とのヘーゲル会読が定期的におこなわれ、翌三九年にもつづけられている。そして、このような「哲学史、知識論」の研究をつうじて、明治三九年には、すでに

『善の研究』の第二編と第三編とができあがっていたのであった。

日清戦争は日本の資本主義の発展をもたらしたけれども、日本の社会の暗い不透明な人間関係は、かえってその暗さを強めていった。明治の中期においては、資本主義の発展にともなう市民社会の発展過程は、同時に天皇制のもとでのブルジョアジーの民主主義的意識の腐敗と変質との過程であった。明治一〇年代に生まれはじめたばかりの民主主義的意識は、天皇制の確立強化とともに、腐敗し変質してゆかざるをえなかった。自己の全力をあげて「独立独行」——個人の自由と独立——を追求した西田幾多郎にあっても、その「独立独行」は民主主義をめざす方向にはすすむことができずに、かえって、「他人は恃むに足らず」という方向をとって、孤立した自己の内面に固執する態度に変質していったのであった。彼は「独立独行」をつらぬこうとしながらも、ひたすら内面への道に折れまがって、人格の歴史的社会的内容を見失わざるをえなかった。彼が禅を再発見したのは、そのような方向においてであった。彼は禅において「真正の己」を実現し、そこに人格の自由と独立との根拠を見出したけれども、それは現実の諸矛盾からの逃避という態度において成立したのであったし、民主主義的意識の腐敗と変質、少なくともそれの空洞化と風化との表現でもあった。したがって、西田が「見性」の体験を基礎にして「正念」を「宇宙の大法」とみなし、そのうえに「自家の安心と一致」する哲学を組織しようとしたとき、それは自己実現を求める西田の人間的熱望の具体化であったと同時に、彼が、日本の市民社会の諸矛盾の表現でありながらその諸矛盾をおおいかくすようなイデオロギーの発明にとりかかったことをも意味していたのであった。

宗教を無知にもとづく迷いと見た若い日の反宗教的態度はもう影さえとどめないばかりか、西田にとっては、宗教こそ真の人生の場であり、人生の意義そのものであった。そして、このように自己の内面にとじこもっていた西田は、日本の社会が帝国主義にむかって傾き動いてゆくとき、そのような動きのなかで日露戦争前後の日本の社会がはらんでいた問題をまともに自分の問題としてうけとめると同時におおいかくした。資本主義がはやくも独占段階にむかって発展するにともなって、たくさんの人間がうめき、横山源之助が『日本之下層社会』（明治三二年）において描き出し、田岡嶺雲が「直筆忌憚するところなき」批判を加えていたような現実のすがた——中江兆民の弟子であった幸徳秋水が、

「見よ、我か労働者は賃銀の増額を請求すれば直ちに解雇せらるる也。労働組合を組織すれば直ちに不穏として解散せらるる也。同盟罷工をなせば、直ちに兇徒として拘引せらるる也。而して世の志士、彼等の保護を果し、彼等の教育に力むるあれば直ちに労働者を教唆するとなして攻撃せられ処刑せらるる也。憐むべき哉、我五十万の労働者は実に明日計らざるの心細き境遇に処して、如何の悲惨も訴うるに所なく、如何の不平も伸ぶるに由なし。彼等は生活の権利すらも自ら保持する能はざるなり。」

と指摘していたような現実のすがたがくりひろげられているとき、四高教授西田幾多郎は、そのような現実を次のようにつかんだ。

「世の中には終日衣食の為に奔走し、単に物質的存在の為に汲々として一生を没し去る者が幾億万人あるかも知れぬ。此等の哀れなる人々は如何に生くべきかと考うる余裕もなくて唯生くる為に生きたのである。此の如き世の中で人生の価値を論ずるなどは甚だ贅沢なる者であるかも知れぬが、この物質的生命というものが左程に大切なる者であろうか。心を苦しめ身を役して五十年の飲食をつづけ、其結果は焼いて棄つべき臭肉を何十年か維持しまた子孫を遺したまでであって、而して其子孫が亦同じ無意味の生活を繰返すものとすれば何んと之より馬鹿らしき事はあろうか。かくの如き生命は寧ろ早く打殺して茫々の中に投じ去る方がいかに爽快であるかもしれない。」(1)

(1)『全集』別巻二、六二頁。

これは明治三六年に書かれた「人心の疑惑」と題する小篇の一節である。四高の校友会誌『北辰会雑誌』に掲載されたこの小篇は、西田が四高の生徒たちにむかって、「直摯なる人生問題」に正面からとりくむように訴え、「我等が日常食う上寝る上起きる上愛する上怒る上に於て、直ちに此心に就て天地の関係を求め神の心を求め解脱の境界を求め」るようにすすめたものであって、「真正の己」の実現をめざす強い理想主義が全篇をつうじて脈うっている。しかし、その理想主義が、右の一節に見られるようなシニシズムをもはらんでいたことを見のがすことはできない。西田のたどった内面性への道は、人間性をゆがめ抑圧する資本主義社会にたいする反抗と憤激とにささえられていた。しかし、それは小市民的な反抗であり、ロマン主義的な道徳的憤激であって、人間性の解放と実現とのための現実的な土台をもってはいなかったし、けっして明治の社会生活の全面的な批判に到りうるものでなく、絶対主義的権力の批判をふくむものでもなかった。むしろ、この内面性の道は、その権力によって庇護されるものであり、また現実をおおいかくすことによって権力を擁護する意味をさえふくんでいた。もちろん、西田はけっして天皇制国家のイデオローグではなく、主観的には権力ぎらいの自由主義者であったし、生涯をつうじてそうであった。だが、彼の自由主義はすでに民主主義とは訣別して、帝国主義にむかう動きにたいする牙を失った自由主義であったし、彼の強烈な精神主義は民主主義をめざす運動にたいしては高踏的に見おろして軽蔑する傾向をはらむものになっていた。

西田が「一大真理を悟得」して、それを「今日の学理にて人に説」くための哲学を構築しはじめた明治三七年には、日露戦争が勃発し、彼の弟憑次郎も出征して、八月には旅順で戦死した。「三国干渉」以来、政府が「臥薪嘗胆」を強調して国民を軍国主義の方向に指導しようとしたとき、広範な国民は必ずしもその指導をうけいれなかったけれども、日露開戦前後の政治的状況のなかで、国民はかえって日露戦争を当然のこととしてうけとることになり、戦争の経過と勝利とをつうじて天皇制に強く結びつけられることになった。西田もまたこの戦争をそのようにうけとった。弟の戦死は彼を深く悲しませたが、彼はこの戦争を批判する眼をもってはいなかった。内村鑑三や堺利彦や幸徳秋水等の「非戦論」の論陣にたいして、西田がどのような反応をしたかは明らかではないが、旅順口陥落の号外を見た彼は、

「愉快不自禁。北国男子忠勇の功也。」

と日記に書いている。[1] しかし、旅順陥落を祝う提灯行列にたいしては、

「幾多の犠牲と前途の遼遠なるをも思わず、かかる馬鹿騒ぎなすとは、人心は浮薄なる者なり。[2]」

という態度をとっていた。明治三八年、戦争が日本の勝利によって終り、講和条約が結ばれたとき、彼は、それについて、

「媾和談判にて日本は大譲歩をなしたり、ダメダメ。[3]」

と書き、

「媾和条件を見るに大屈辱なり、日本の元老閣徒何の顔ありて国民に対する。償金とれず樺太も半分ゆずり、鉄道も長春とはナサケナキことなり。吁々万事休す。[4]」

と憤慨している。西田は日露戦争とその結果をまったくブルジョア民族主義の見地から見ていたのであった。そして、その見地は日本帝国主義にやがてまきこまれてゆくことになる見地でもあった。しかし、彼の関心は、じっさいには、日露戦争という重大な国民的関心をひく事態よりも、自己の内面にむけられていた。明治三八年二月六日の日記には、

「雑念、雑言、間食最有害、最大の勇気は自己に打勝つにあり、最大の事業は自己の改良にあり、此の大事業は満州の経営にもまさるへし。」

と、書き記している。[5]

（1）明治三八年一月二日、『全集』別巻一、一二九頁。
（2）明治三八年一月五日の日記、同前一三〇頁。

（3）明治三八年八月二八日の日記、同前一五二頁。
（4）明治三八年八月三一日の日記、同前。
（5）同前、一三四頁。

「自己の改良」につとめつつ、「自家の安心と一致」する哲学を構築するために、哲学史や認識論や心理学の研究をすすめてきた西田は、明治三八（一九〇五）年七月一九日の日記に、

「余は psychologist, sociologist にあらず、life の研究者とならん。
禅は音楽なり、禅は美術なり、禅は運動なり。之の外心の慰藉を求むべきなし。行住坐臥同隻手有何声。若し心子供の如く清く純一となり得ば、天下の至楽之にすぎたるなし。non multa sed multum.」

と書きつけた。(1) この日記は、のちに述べるように、おそらく西田が、のちに『善の研究』にその第二編および第三編としておさめられることになった講義案の執筆にとりかかるために自分の心構えを決めようとしたときのものであろうと思われるが、ここで「life の研究者とならん」というとき、西田にとって life というのは、人間の社会的本質を捨象した情意的体験の事実の直接性のことにほかならない。いいかえれば、禅における「正念」の体験のことにほかならない、そして、「life の研究」というのは、その情意的体験の直接的事実の研究、すなわち前に引いた鈴木大拙宛の手紙（「書簡四二」）でいう〈soul experience〉の研究としての「倫理の事実的研究」のことである。しか

し、この日記の書かれるしばらく前、三月八日付の山本良吉宛の手紙に、西田は、

「倫理の書も講義の必要上ありふれたる有名なる者は一通読みたり、併しとうも余はメタフィヂックスよりせされば充分なる満足を得す。近頃は又哲学史、知識論の研究を始めたるなり。倫理学には必しも此の如き研究を要せさるへし。而も余はとうも、metaphysical doubt を脱する能わさるなり。」

と書いている。[2] 西田は life の「事実的研究」をおこなうにあたって「我等が日常食ふ上寝る上起きる上愛する上怒る上に於て、直ちに此の心に就て天地の関係を求め神の心を求め解脱の境界を求めん」としていたかぎり、何よりもメタフィジックスの問題を解決しなければならなかったのであった。というのは、彼は直接的なものこそ実在であるということをあきらかにしなければならなかったからである。彼にとっては、何が「実在」であるかという問題の解決がそのまま人生の価値と意義との問題の解決であるような形而上学をうちたてることが、life の研究のもっとも根本的な課題とみなされていたのであった。したがって、西田が〈metaphysical doubt〉につきまとわれていたということは、すでに、「何処までも直接な、最も根本的な立場から物を見、物を考へ」、「すべてがそこからそこへという立場」[3]に立つという西田の哲学的態度がもうしっかりと固まっていたことを告げているのである。西田が「さまざまに摸索しやがて却って直接といふことに気づき、そしてそこに落着いた」[4]のは、おそくとも、明治三八年の夏ごろのことであったにちがいない。

(1)『全集』別巻一、一四八頁。

（2）「書簡四七」『全集』別巻五、六六頁。
（3）『哲学論文集第三』序、一頁。
（4）高坂正顕『西田幾多郎先生の生涯と思想』五四頁参照。

しかし、この「何処までも直接な」life の立場というのは、合理的な思考や分析によって認識される必然的なものよりも、思考や抽象が達することのできない直接的な神秘的なもの、すなわち、どこからとは知れず自分に直接あらわれる情意の事実を重んじ、理性的思惟は現実の真の内容のないものとして、それを軽蔑し拒否しようとする態度であった。それは、いいかえれば、抽象や反省の根底には、思惟によって理論づけられることも把握されることもできないものがよこたわっており、それこそもっとも直接的な、もっとも明証的なものであるとみなす態度であった。

第四章　『善の研究』の成立

禅の修行に没頭していたあいだも、西田は学問への関心を忘れたことはなかったし、哲学の研究を怠ったこともなかった。明治三四年五月二八日の日記には、

「この日〔北条〕先生余が将来の希望に関し問う所あり、余は先づ学問をなさんと答う。[1]」

と、記されている。哲学者として学問的活動をしようという関心、したがって哲学的関心を強くもちつづけていたからこそ、その関心はかえって「見性」への集中を妨げ、哲学研究への関心と禅の修行とは彼のなかで葛藤を生じたのであった。「余は禅を学の為になすは誤なり。余が心の為、生命の為になすへし。見性までは宗教や哲学の事を考えず」と自分に言いきかせながらも、西田は、「真正の己」を求める禅の修行と、概念による現実の論理的把握をめざす西欧的な哲学の研究との関係について悩みつづけたが、ついに、「正念」こそ「数学の公理の如」き「宇宙の大法」であるという信念をかため、宗教的体験こそ哲学の基礎であって、哲学によって宗教を基礎づけることは正しくないという考えをますます強めることによって、その悩みを克服していったことは、前章に述べたとおりである。

（1）『全集』別巻一、六〇頁。

大学の選科で卒業論文にヒュームの哲学をテーマとし、「カントの倫理学」に興味をいだき、T・H・グリーンの倫理思想に惹かれた西田にとって、哲学の中心問題は存在と価値（当為）との関係の問題、しかもその両者の根源をなす真の実在は何かという問題であった。明治三四年頃と推定される山本良吉宛の手紙のなかで、西田は、

「貴兄は快楽を本とせすという。然らは何故に人類は保存を目的とせさるへからさるか。貴方は the very word being か此理を示すという。being は事実なり。これより ought to be を deduce するは困難ならん。余は保存は人類の目的といわんよりは保存は人類の目的を達する手段ならんと思う。且又単に道徳の標準を『保存』の如き外界の事に取れは道徳の主要部たる意志の価値等は消失するならんと思う。併しかの如き論は互に精密に論じ精密に評せされは不可なり。他日大兄精しき論文に作り給わば其時敢て卑見を述へん。[1]」

と、書いているが、「存在」から「価値」または「当為」（ought to be）を演繹することができないという論点こそ、おそらく若い日の西田を唯物論と機械論とから離れさせた論点でもあった。西田がグリーンに惹かれたのもまた、グリーンが当為を存在から演繹するのではなく、かえって自覚的主観の活動を実在とみて、いわば当為を存在の原理とみなしたからであった。しかし、西田には、グリーンの哲学ないし倫理学が論理的分析にとまどっていて、〈soul experience〉に裏づけられていないことが不満であった。彼には、グリーンがヘーゲルの「主知主義」に依拠していて、人を動

かす「深さ」をもたないと思われたし、その点があきたりなく感じられたのであった。西田が、グリーンの「自己実現説」に深く共鳴しながら、「思想統一ニ達スル」ための「最捷径」を禅に求めたのは、真正の自己を、〈soul experience〉の事実として体験するためでもあった。西田は、明治三一年に、参禅中の妙心寺から山本良吉にあてた手紙のなかで、

「御申越のジャネーとカント両氏の見解を比較せは小生も矢張りジャネーの方よろしき様に存し候。カントは御存しの如く一種の特別の形式的倫理学を主張し何にても自己を抑するを尚ふ所より、遂に徳の定義もかかる処に陥りたるにはあらさるか、若しカントのいう如くなれは心ノ欲スル所ニ従フテ規ヲコヘスという如き聖人は有徳の人と称する能わさるに至るへし。これ頗る理に違うものの如し。それよりジャネーの説可なるにあらすや。併しジャネーの説は氏の創見にあらすして固シュライエルマーヘル氏の説なる由なり。他に何か面白き説もあらん。」(2)

という感想を洩らしている。西田がこの手紙で、「若しカントのいう如くなれは心ノ欲スル所ニ従フテ規ヲコヘスという如き聖人は有徳の人と称する能わさるに至るへし。これ頗る理に違うものの如し」と述べていることは、きわめて注目に値する。西田は、存在と当為との統一を〈soul experience〉の直接的事実において実現しようと求めたとき、儒教の伝統における「聖人」の観念、とりわけ陽明学における「知行合一」の立場を念頭においていたのであった。彼がグリーンの「自己実現説」に強い関心をいだきながら、それにあきたらず、禅に赴いたことは、西田の哲学にたいする関心が儒教的教養、とりわけ陽明学の教養に支えられていたことをしめしているのである。(3)

（1）「書簡三八」（〔明治三四年頃〕六月二九日付）『全集』別巻五、五六頁。

（2）「書簡三二」（明治三一年七月二〇日付）同前、四七頁。

（3）西田の哲学思想が儒教――とくに陽明学の伝統に支えられていたということは、けっして、彼の哲学的努力が封建的イデオロギーをめざしていたということを意味するものではない。その点については、第五章で述べるつもりである。なお、西田が漢学の教養をふかく身につけていたことは、前にも触れたが、彼は幼いころから、とくに陽明学派の人びとについて学んだことはなかったように思われる。しかし、幕末いらい、日本の漢学のなかに陽明学の影響がふかく滲透していたことはたしかである。西田が中江藤樹にたいして後年まで強い共感をいだいていたこともたしかである。

「見性」をめざしてきびしい内面的苦闘をつづけた明治三〇年から明治三六年までの日々は、「深く〳〵心の奥を探りて真正の己を得て之と一とな」り、存在と当為との統一を直接に体験し、その〈soul experience〉の事実において「自己実現」を直証しようとする努力の日々であった。いいかえれば、彼の「妄想」との格闘は存在と当為とをめぐる哲学的問題と直接につながる意味をもっていたのであった。

前にも述べたように、明治三六年八月三日の夜、西田は「無字」の公案を透過したが、「甚悦ばなかった。それは公案の透過が「豁然大悟」という趣きのものでなかったからであるとともに、その透過の体験が「真正の己を得て之と一とな」ることをめざしていた西田にとって満足をもたらすものではなかったからでもあろう。その前の年の一〇月に書かれたと推定される鈴木大拙宛の手紙において、西田は、

「雪門和尚の所へは時々独参に参り候。今年までは無字を参究致し居り候が雪門和尚は隻手の方可ならんとて取りかえられ只今は隻手に向って参究致し居り候。

余の如き境界にてかかる事をいってはすまぬかも知れぬが、余は独参しても仕方なき様に存じ候。唯一心に公案を参究し日常の間に力を尽せば自ら悟る時あらん。和尚公案を許したりとて自分にて不満足なれば何の功なし。余は今の禅学者が余輩などの如き下根の者と違いドンドン公案を透過し参玄の上士を以て居る人を見れども、どうも日常の行事や言語の上に於て甚感服せず。此等はいかがのものにや。(1)」

と書いているが、「和尚公案を許したりとて自分に不満足なれば何の功なし」という言葉が「ドンドン公案を透過し参玄の上士を以て居る」「今の禅学者」たちにたいする批判と表裏をなしていることは、たしかであろう。そして、彼が「今の禅学者」にたいしてこのような批判の気持ちを書かずにおれなかったということは、彼にとって禅にたいする期待が哲学的・思想的な意味を強くもっていたことを裏書きしていると言ってもよかろう。

(1)「書簡四二」、(〔明治三五年〕一〇月二七日付)『全集』別巻五、六〇―一頁。ついでにいえば、明治三五年八月八日の日記に、「朝参。無字と隻手と替えられる」と記されている。『全集』別巻一、八七頁。

しかし、とにかく「見性」を印可された西田は、「悟得」された「一大真理」を「今日の学理にて人に説」くために、自らの哲学学説の構築にとりかかった。そのとき、彼においては、「見性」において直接体験される「正念」こそ「吾が之を曲げんとしたればとて曲」げることのできない「宇宙の大法」であり、もっとも根源的な真の実在であって、理性によって把握することも理解することもできないという信念、したがって、宗教的体験こそ哲学の「基礎」でもあり、「終結」でもあって、哲学が宗教を対象として解明し、批判することはできないという信念、——西田の表現にしたがえば、「どこまでも直接な、最も根本的な立場から物を見、物を考え」ようとする態度が、すでに、ゆるがぬものとして固まっていた。彼は、この「どこまでも直接な、最も根本的な立場」から、実在、思惟、認識、人生、価値、善、倫理等々の問題にアプローチしようとしたが、そのためには、あらためて、「哲学史、知識論の研究を始め」なければならなかった。こうして、前章でも述べたように、彼は、明治三七年から、カント、スピノザ、ヘーゲル、フィヒテ、シェリング、プラトン、ライプニッツ、ショーペンハウエル等の「大哲学者の書」(1)——とりわけフィヒテからショーペンハウエルまでのドイツ哲学——の本格的な検討にとりかかり、他方、ミュンステルベルヒ、ヴント、ジェームズ等の心理学の研究にとりくんでいった。だが、「正念」が「宇宙の大法」であることを「今日の学理にて」説くことは、けっして、容易なことではなかった。というのは、そうするためには、直接的な体験の事実がそのまま世界の実在性であることを明らかにし、いわば、主観的観念論のなかに客観的観念論の体系を包含させなければならないし、したがって、主観と客観、物自体と現象、論理的なものと情意的なもの等々という近代哲学のすべての問題にわたって「大哲学者」たちと対決し、近代哲学の認識論的諸概念に独自な解釈と変容とをくわえなければならなかったからである。西田は、この課題に直面して、自信を失いそうにさえなった。明治三八年一月五

日の日記には、

「午前打坐。昨夜来余の心甚惑う。余は自己を知らず、徒に大望を抱けり。併し今は余が択びし途を猛進するの外なし。退くには余はあまりに老いたり。(2)」

という悲痛な心境が書きしるされている。この記事が他のなにか外面的な事情をめぐって書かれたものであったとしても、おなじ年の七月三日の日記に、

「スペンサー伝をよみ感ずる所あり。余の如きも学者になれぬことはないと思う。(3)」

という感想が書かれているところから推せば、このころまで、西田は自分の信念を哲学にくみたてるという「大望」を実現できる自信がもてずに悩んでいたと見てもよいであろう。おなじ七月一九日の日記の、

「余は psychologist, sociologist にあらず life の研究者とならん。禅は音楽なり、禅は美術なり、禅は運動なり。之の外心の慰藉を求むべきなし。行住坐臥同隻手有何声。若し心子供の如く清く純一となり得ば、天下の至楽之にすぎたるなし。non multa sed multum.(4)」

という文章も、そうした悩みを払いのけようとして書かれたものかもしれない。とにかく、彼は「余の如きも学者になれぬことはないと思う」と考え、気をとりなおして、毎年の例にしたがい、四高における担当科目であった「倫理」の講義のなかで自分の哲学的思索を展開していった。

(1)「書簡三八」(〔明治三四年頃〕六月二九日付、山本良吉宛)『全集』別巻五、五六頁。西田が明治三七

年以前にも、「大哲学者の書」をよく読んでいたことは、いうまでもない。
(2)『全集』別巻一、一三〇頁。
(3)同前、一四七頁。
(4)同前、一四八頁。

西田が自分の直面した哲学的な困難を彼なりの仕方で解決する見とおしをつかむようになったのは、おそらく、彼がウィリアム・ジェームズの思想に触れたときからであった。そして、西田がジェームズの思想に興味をいだくようになったきっかけは、鈴木大拙が彼にジェームズの『宗教的経験の諸相』のことをしらせたことであったと思われる。鈴木が西田に送った手紙にたいする返信として明治三五年に書かれたと推定される書簡のなかで、西田は、

「御中越のゼームス教授の *The Varieties of Religious Experience* とか申す書物余程面白きものの由小生もどうか一読したき者に御座候。委しき書名、出版会社及び代価何卒御報知被下度奉願候。[1]」

と書いている。そして、この依頼の文章につづけて次のように書かれているが、それは西田がどの点でジェームズに期待と興味を感じたかをしめしている。

「小生昨年の中にかの有名なる Otto Pfleiderer の宗教哲学を一読したが、いかにも論理明晰首尾貫徹しよく整頓せる書物なるが唯それまでの事にてどうも religious life の味を知りたる人とは思われず。logical syllogism はいかに精細確実なるも何だか造り花でも見たような心地、読了

りて何等の得る所なし。……今の西洋の倫理学という者は全く知識的研究にして、議論は精密であるが人心の深き soul experience に着目する者一もあるなし。全く自己の脚根下を忘却し去る。パンや水の成分を分析したるも〔の〕あれども、パンや水の味をとく者なし。総に是虚偽の造物、人心に何の功能なきを覚ゆ。余は今の倫理学者が学問的研究を後にし先づ古来の偉人が大なる soul experience につき其意義を研究せんことを望む。是即倫理の事実的研究なり。レッシングが古代の美術につきて美を論ずるを読めばハルトマンが審美学をよみしより幾層の趣味を感じ又美の真義を知りうるなり。余は倫理学より直ちに moral experience を論ぜるイハヾ画論の如き者を好む。而もかくの如き書は実に少し。近頃徒然にダンテの神曲をよむ。ダンテの如きは此の experiece を有せる一人ならん。余常にショーペンハウエルの意志を根本となす説及其 reine Anschauung の説はヘーゲルなどの Intellect を主とする説より遙かに趣味あり且 deep なりと思うがいかん。(2)」

と、書いている。西田がジェームズの『宗教的経験の諸相』に興味をもったのは、そこに「大なる soul experience につきて其意義」を研究した宗教の「事実的研究」、ないしは宗教的経験を「論ぜるイハヾ画論の如き者」が見出せるであろうと期待したからであった。

（1）「書簡四二」（一〇月二七日付）『全集』別巻五、五九頁。なお、ジェームズの『宗教的経験の諸相』（*The Varieties of Religious Experience*）が出版されたのは一九〇二年、すなわち、この手紙が書かれたとされている明治三五年のことであった。

（2）同前。ショーペンハウエルはヘーゲルにたいしてはげしく反撥した――むしろ、その思想に強い敵意をいだいていた哲学者であった。西田がショーペンハウエルをヘーゲルよりも「遥かに趣味あり且 deep なり」と評価したことは、西田が根本的には反ヘーゲル的な立場に立っていたことをしめしている。この評価は、けっして、たんなる一時的な気まぐれの印象的なものではなかった。西田はショーペンハウエルの「意志を根本となす説及其 reine Anschauung〔純粋直観〕」の説にふかい共感をいだいていた（この「純粋直観」の説はショーペンハウエルの美学のなかに見出される）。ショーペンハウエルの思想が『善の研究』における西田の哲学の形成にはたした役割は本質的なものであった。西田の哲学の形成におけるショーペンハウエルの影響の重要さについては、これまで、ほとんど誰も触れたことがないけれども、その影響はけっして無視できない、きわめて本質的なものであった。もっとも、西田はヘーゲルを無視したことはなかった。ショーペンハウエルの「意志を根本となす説」のなかに、ヘーゲルの理性の哲学の体系を包含しようとするところに、西田にとっての哲学的課題があったとすらいうことができよう。おそらく明治三七（一九〇四）年または三八年から明治三九（一九〇六）年または四〇年までのあいだのある時期に書かれたと思われる西田のノートのなかには、つぎのような断片が見出される（「断想一」『全集』第一二巻、頁は『全集』第一二巻の頁）。

「ヘーゲルの wirkende Vernunft は即ちショーペンハウエルの意志、力。」（三三七頁）

「ショーペンハウエルは物自体として意志の自由を許す。併し現象として意志の自由を許さず。『動機の力は原因の力よりも、或は前提からの推論の帰結よりも一層不確かである』は誤なりという。

之の意を次の如く解するを得。人間は最も深い本性に従うが自由なり。物自体としての意志は、人間の形而上学的本性なり。単に反省的思惟の論理的推論より来る者は動機となるを得ず、無関心なり。人が理性に従うは理性と自己と一致するなり。wirkende Vernunft=Wille なるが故なり。之の点に於て自由なり。自然は意志の客観化なり。」（三三八頁）

「ショーペンハウエルは意志を物自体という。reine Erfahrung〔純粋経験〕の事実〔が〕物自体である。而して又意志である。」（三四八頁）

「経験の事実は自ら統一せられ〔る〕事を要す。即 Subjekt を要す。これ経験の事実は Handlung なればなり、活動なればなり。」（三五二頁）

「吾人が主観を離れて考うるを得る時客観をも離れて考うるを得。客観を主観より独立と考え、之に同一性を与うる時客観的なるものを生ず。Materie の如し（ライプニッツのモナドも然るか）。客観の中に主観を見出したるときは、客観と主観なし。故に客観的なるものなし。Materie なし。芸術の如し。ショーペンハウエルの純粋直観なり。」（三七一頁）

これらの断片は、『善の研究』――とりわけ第一編――の思想の形成においてショーペンハウエルの『意志および表象としての世界』（Die Welt als Wille und Vorstellung）が大きな位置をしめていたことをしめしている。なお、ついでにいえば、「断想一」は、西田が、ドイツ観念論哲学の相反する諸傾向、たとえばヘーゲルとショーペンハウエルを「純粋経験」の概念において綜合しようとしていること、そして、その綜合の試みにおいて、ジェームズの思想、とりわけ『心理学原理』（*Principles of Psychology*）が大きな役割をはたしたことを、われわれに告げている。

西田がジェームズの『宗教的経験の諸相』をはじめて読んだのは、明治三七年のはじめであったらしい。その年一月八日の日記には、

「今日から学校が始った。ゼームスの *Varieties of rel. Experience* という書物をかりてきてよみ始めた。」

という記事が見られるが、この表現の仕方は、西田がこの書物をはじめて手にしたことをしめす言

い方のように思われる。[1] 西田はこの著作を読んで、期待どおりに強い興味をいだいたものと思われる。ジェームズは内的生活、自由意志、人間の運命、宗教的現象学というような問題についてつねに思考を集中させていた。彼は宗教的・道徳的諸問題に関心をむけ、人間の経験における具体的事実に非常な興味を示し、個人がもつ豊かで変化に富む諸知覚に適応するような哲学を求めていた。ジェームズと西田とでは、関心はかならずしもまったく一致していたわけではなかったが、西田はジェームズの思想のなかに、自分のいだいていた問題意識とふかくひびきあうものを感じとり、自分の問題を哲学的に解決するうえでの大きな示唆を読みとったにちがいない。宗教的現象学ともいうべきジェームズの方法は西田を強く惹きつけたであろう。とくに、この著作の第十八講「哲学」において展開されている、哲学と宗教との関係についてのジェームズの思想は、西田の興味をそそらずにはいなかったであろう。明治三八年の夏、スペンサーの伝記を読んで、「余の如きも学者になれぬことはないと思う」と書いた日の日記のなかで、その言葉にすぐつづけて、「ゼームス氏が哲学研究に転じたりときく、この人哲学を研究せば定めて面白からんと信ず。[2]」と記しているのは、西田がジェームズに強い関心と期待とをもちつづけていたことを表わしている。

翌明治三九年の七月、彼は鈴木大拙にあてて、

「余の先度送った者は全く scientific の者だ。余は宗教的修養は終身之をつづける積りだが余の働く場所は学問が最も余に適当でないかと思うが、貴考いかん、……之から又一ッ思想を錬磨して見たいと思うて居る。できるならば何か一冊の著作にして見たいと思う。これまでの哲学は多

く論理の上に立てられたる者であるが余は心理の上に立て見たいと思ふ。近来 W. James 氏などの Pure experience の説は余程面白いと思ふ。氏は Metaphysics をかくといふがまだ出来上らぬか。[3]」

という手紙を書いている。ここには「哲学研究に転じ」たジェームズがその哲学の根底にすえた〈Pure experience の説〉にたいする西田のなみならぬ共感と関心とが簡単な言葉で述べられている。

（1）『全集』別巻一、一二三頁。おそらく、西田が依頼した鈴木大拙からの返事が来ないさきに、ジェームズの『宗教的経験の諸相』が四高の図書館かどこかに入って、西田はそれを借りてきたのであろう。

（2）前出、七月三日の日記。同前、一四七頁。ジェームズはその前年、つまり一九〇四（明治三七）年に「純粋経験の世界」（A World of Pure Experience）を書いて、本格的な「哲学研究に転じ」ていた。西田はそのことを、やはり、滞米中の鈴木大拙からきいて知ったのでもあろう。

（3）「書簡五五」（七月一三日付）『全集』別巻五、七六頁。

しかし、この手紙が書かれたとき、西田はすでに自分の哲学の「骨子をなす[1]」『善の研究』の第二編「実在」と、第三編「善」とを書きあげていた。というのは、明治三九年の夏には、『善の研究』の第二編と第三編とにあたる部分は『西田氏実在論及倫理学』という題で印刷されて小冊子になっていたからである。この『西田氏実在論及倫理学』は、四高で西田が担当していた「倫理」の講義案を生徒たちに配布するために印刷したものであった。[2] 右に引いた明治三九年七月の鈴木大拙究の手紙に、「余の先度送った者は全く scientific の者だ」と書かれているのは、おそらく西田が、この手紙よりも前、すでに『西田氏実在論及倫理学』を鈴木に送っていたことを物語っているのであろう。そして、「全く scientific の者だ」という言葉は、西田がそれまでの鈴木との文通において〈soul experience〉の「事実的研究」を高く評価して、「学問的研究」にたいして強い不満を述べてきたことを思いおこせば、『西田氏実在論及倫理学』が「学問的」――〈scientific〉なものであることについて弁明した言葉なのであろう。

(1)『善の研究』初版の序、『全集』第一巻三頁。

(2) 下村寅太郎は『若き西田幾多郎先生』のなかで、『西田氏実在論及倫理学』を『善の研究』の「原本」と呼び、この「原本」の「実在論」の部分と『善の研究』第二編、「倫理学」部分と第三編とのあいだには、文句の末にいたるまでほとんど違いがないことを指摘しているし、「この原本が印刷された動機は、当時四高の二年生であった小笠原秀実氏の談によると、先生の講義に純粋経験などという言葉が出て来、学生には難解であったので、氏が雑誌部の委員であった処から、先生の草稿を借り受け、印刷に付して皆に頒ったとのことである」と書いている(六一―三頁参照)。小笠原秀実が「四高の二年生」であったのは、明治三八年九月から明治三九年六月までである(この点は名古屋大学法学部教授溪内謙氏の教示による)。したがって、『西田氏実在論及倫理学』が印刷されたのは、おそくとも、明治三九年六月の末であると考えて間違いあるまい。おそらく、西田の講義の試験に間に合うように印刷されたのであろう。だとすれば、六月半ばには印刷が終っていたと考えてもよかろう。

ついでにいえば、西田は四高でドイツ語を担当していたが、明治三四年から、論理、心理、倫理をも担当していた。明治三五年からは倫理の主任を委嘱されていた。彼は、これらの担当科目の講義案をそれぞれきちんと書いていたらしい。

右の手紙に見られる「これまでの哲学は多く論理の上に立てられたる者であるが余は心理の上に立て見たいと思う。近来 W. James 氏などの Pure experience の説は余程面白いと思う」という言葉は、『西田氏実在論及倫理学』を書きあげたあとの感想であり、それを書く過程でかたまってきたものであって、のちに述べるように、やがて『善の研究』の第一編となる「純粋経験と思惟、意志、及び知的直観」において展開されるべきテーマが西田のなかにはらまれはじめていることを物語っているにちがいない。西田がそこで「近来 W. James 氏などの Pure experience の説は余程面白いと思う」と書いたとき、彼が主として念頭においていたのは、おそらくジェームズの論文「純粋経験の世界」(A World of Pure Experience) において展開された〈Pure experience の説〉であったと思われる。(1) 西田がジェームズのこの論文を読んだのがいつであったかは明らかではないが、右の手紙を書いた明治三九年七月より前であったにしても、「ゼームス氏が哲学研究に転じたりときく、この人哲学を研究せば定めし面白からん」と日記に書いた明治三八年七月三日よりのちであることは、たしかである。(2) このことは、『善の研究』の「骨子をなす」第二編と第三編とが、ジェームズの「純粋経験の説」の影響のもとで構想されたものではないことを意味している。これまで述べてきたように、西田がその実在論をきずきあげるうえでジェームズが大きな示唆をあたえたことは否定できないが、その示唆をあたえたのは『宗教的経験の諸相』、および、のちに述べるように、『心理学原理』(*Principles of Psychology*) における「意識の流れ」という思想であって、

「純粋経験の説」でも、「プラグマチズム」でもなかった。じっさい、『善の研究』第二編には『宗教的経験の諸相』と『心理学原理』の影響を見出すことはできるが、「純粋経験の世界」の影響を見出すことはできない。[3]

(1) 高坂正顕は、西田が「アメリカにいた大拙からジェイムズの署名のある *A World of Pure Experience* の抜刷を送って貰った」ことを語っていた、と述べている。『西田幾多郎先生の生涯と思想』七五—六頁参照。

(2) 明治三八年一〇月四日の日記に、「午後ゼームを読む。心理をこれによりて講ぜんと思う。」という記述が見られるが、これはおそらく『心理学原理』を読んだことをしめしているのであろう。しかし、「純粋経験の世界」を読んで、そのことを「心理」の授業のさいに話そうと思ったということを記したものと考えられなくもない。

(3) ジェームズの『心理学原理』の「意識の流れ」という考え方や『宗教的経験の諸相』における神秘的人格主義ともいうべき思想——『善の研究』第二編にはそれの影響が見られる——のなかには「純粋経験」の考え方がインプリシットにふくまれているけれども、まだ「純粋経験」の哲学としてエクスプリシットには展開されてはいない。しかし、『善の研究』の第一編には「純粋経験の世界」が何度か引かれている。

明治三八年八月九日の日記には、

「此日より勉学を始む。午前学校にゆき書物をかる。[1]」

とあり、つづいて一一日には、

「午後『倫一』を了る。[2]」

一二日には、

「此日は倫理講義の『二』につき考えたが、よき考いでず。[3]」

という日記の記載が見られる。それは西田が「倫理」の講義――『西田氏実在論及倫理学』――草案の執筆にとりかかったことをしめすものと思われる。そして、その草案は九月の新学年から四高の二年生のまえで講じられた。それ以後の日記や書簡には倫理学についての記事や感想がしばしば見られる。たとえば、この年一一月に書かれたと推定される山本良吉宛の手紙には、

「此頃アレキサンダー氏の倫理学を読み居り候。御話の如く思想精細分析に富み随分裨益する所多く有之候。余はウントの如き書よりはかくの如き introspective analysis の書を好み候。大西氏の倫理学も一読致し候。思想は明晰にて面白く候。余は何とてかくの如くなる能わさるにやと思い候。[4]」

と書かれているし、翌明治三九年三月にはヘフディングの『倫理学』が読まれている。三月四日の日記には、

「ヘフディグの倫理学をかりてよむ。[5]」

と記されている。『善の研究』第三編のいくつかの個所でヘフディングの『倫理学』について言及されていることを考えるならば、これらの日記や書簡は、西田が読みかつ考えながら『西田氏実在論及倫理学』をすこしずつ書きつづけていったこと、そして明治三九年の三月にもまだ読んでは考え、考えては読むという過程がつづいていたことを物語っていると見ることができよう。もっとも、

『善の研究』の第三編「善」――つまり『西田氏実在論及倫理学』のうちの「倫理学」の部分――の中心をなす「自己実現説」は、その骨子においては、かつて西田が書いた「グリーン倫理学」――T・H・グリーンの《Prolegomena to Ethics》の要約――とほとんど本質的な相違をもっていない。おそらく、この部分はすでに数年来の講義のあいだに形ができ、西田はそれを毎年すこしずつ発展させながら彫琢してきたのであろうし、この年も、アレキサンダーやヘフディングその他の人びとの倫理学書を読んでは考え、考えては読んで、改訂と彫琢とをくわえていったのであろう。

(1)『全集』別巻一、一五一頁、

(2) 同前。

(3) 同前。

(4)「書簡五一」(一一月二九日付)『全集』別巻五、七二頁。ついでにいえば、山田宗睦はその『日本型思想の原像』において、「西田の倫理説が、明治二〇年代前半の『教育と宗教との衝突』の二派のうち、井上哲次郎・井上円了の護教的な国家神道・仏教連合派に対抗した大西祝・北村透谷のキリスト教的倫理派の系譜に属したことは、すでにみたとおりである。この系譜こそは、西田の『善の研究』からひいては西田哲学の全体を通ずる基本的な思想脈だと、わたしは考える。」と書き、そのような系譜を主張する一つの論拠として、西田の倫理説がグリーンにつながっていることと、この「書簡五一」とをあげている(同書九四―九八頁)。山田が西田を井上哲次郎・井上円了の系譜においてとらえる見解に反対する点には正しい一面があるし、西田の思想と透谷の思想とが本質的に近いことはたしかであるけれども、西田の倫理説を大西祝の「キリスト教的倫理派の系譜」に属するものというのは必ずしも正しいとは思えない。そこでは、西田の倫理説の哲学的基礎と大西のそれとの本質的な相違が見のがされているからである。「教育と宗教との衝突」論争における、という限定をつけた場合にも、山田の意図するところに共感することはできるが、やはりその系譜論は正確だとはいえない。西田がふかく敬愛していた北条時敬が内村鑑三にたいする攻撃の急先鋒であったという点は別としても、西田の倫理思想がグリーンの self-realisation の説につながるという事実から、ただちに西田が大西の系譜に属したとすることはできない。それはともかくとして、この「書簡五一」における西田の大西祝への言及は、かならずしも西田が「大西氏の倫理学」をその本質において高く評価し、それに共感していたことをしめすものかどうかは明確ではない。「思想は明晰にて面白く候」という言葉は大西の思想の内容にはかならずしも触れてはいないからである。「余は何とてかくの如くなる能わさるにやと思い候」という言葉が大西にたいする賞讃の辞であることはいうまでもないが、それは大西の「思想明晰」な点にたいする賞讃であって、自分も大西のように明晰な表現ができたらというにとどまるとも考えられる。西田は自分の思想とはかなり本質的に異なった思想からも、自分の思想の栄養をとることを知っていたし、そのかぎりでその思想家を評価することが少なくなかった。そのため、他の思想についての彼の評価は、ときにはきわめて主観的ですらあって、かならずしも評価された思想家の客観的な意味とは一致しない場合もしばしばあった。西田が大西の「思想明晰」をほめたからといって、西田が大西の系譜に属するとはいえない（もちろん、こういったからといって、私は大西が明治時代におけるもっともすぐれた哲学者の一人であったことを否定しているのではない）。この「書簡五一」において、西田はアレキサンダー（Samuel Alexander）の『倫理学』（おそらく《*Moral order and Progress*》1889 のことであろう）をほめているが、それは西田がアレキサンダーの思想に共感したことを意味してはいない。「断想一」において、西田はアレキサンダーについて、つぎのように書いている。「……アレキサンダーは善は Equilibrium of functions なりという。之は客観的に又 variety の方より人性を見たるなり。人性を機械的に見たるなり。」（三四一頁）

（5）『全集』別巻一、一六六頁。

しかし、『善の研究』の第二編――『西田氏実在論及倫理学』のうちの「実在論」の部分――では、すでにはじめから、「実在とは唯我々の意識現象即ち直接経験の事実あるのみ」[1]という立場がとられ、「純粋経験」という用語が用いられている。いいかえれば、西田は、この講義案の執筆にとりかかったときに、すでに、実在を「純粋経験」[2]としてとらえる立場に立っていたのである。だが、さきに述べたように、西田がジェームズの〈Pure experience〉の説を知ったのが、講義案の執筆にとりかかったときよりものちのことであったとすれば、彼は「純粋経験」という用語をどこからとってきたのであろうか。西田はそれをジェームズ以外の哲学者からとってきたのであろうか、それとも、彼が自らその用語を発明したのであろうか。

(1)『善の研究』『全集』第一巻五二頁。
(2)『善の研究』第二編「実在」においては、「純粋経験」の概念は「直接経験」とほとんどおなじものとしてとらえられている。

西田自身はその「実在論」、つまり『善の研究』第二編の成立について、つぎのように書いている。

「純粋経験を唯一の実在としてすべてを説明して見た〔い〕というのは、余が大分前から有って居た考であった。初はマッハなどを読んで見たが、どうも満足はできなかった。其中、個人あって経験あるにあらず、経験あって個人あるのである。個人的区別より経験が根本的であるという考から独我論を脱することができ、又経験を能動的と考うることに由ってフィヒテ以後の超越哲学とも調和し得るかの様に考え、遂に此書の第二編を書いたのであるが、その不完全なることはいうまでもない。当時ミュンステルベルヒの心理学やヘーゲルの論理学に負う所があったと思うが、今にして思えばちと急いで旧思想と妥協した様な感じがする。[1]」

（1）『善の研究』初版の序、『全集』第一巻、四頁。

西田が「純粋経験を唯一の実在としてすべてを説明して見た〔い〕というのは、余が大分前から有って居た考であった」と述べたのは、「純粋経験」という概念を「大分前から」練りあげていて、その概念によって「すべてを説明して」みたいと考えていたという意味ではあるまい。そうではなくて、のちに「純粋経験」という用語であらわされるようになった考え方を西田が「大分前から」いだいており、そのような考え方に立ってすべてを説明したいと考えていた、いいかえれば、「正念」こそ「宇宙の大法」であると見て、「どこまでも直接的な、最も根本的な立場から物を見、物を考え」ようとしていた、という意味であるにちがいない。したがって、この文章は西田が独自に「純粋経験」という用語をつくりだしたことを意味しているのではないというべきであろう。西田は「初はマッハなどを読んで見た」と書いているが、「純粋経験」という概念がエルンスト・マッハによって広く流布されたことはたしかである。西田がマッハのどの著作をいつ読んだかは、日記からも書簡からもわからないが、彼が、『西田氏実在論及倫理学』を書きはじめるまえに、マッハを読んだことはたしかである。というのは、『善の研究』第二編の第三章「実在の真景」にはマッハの「純粋経験」論にたいする反駁と見られる文章が見出されるからである。西田がマッハを読んだとすれば、それは『感覚の分析』（*Beiträge zur Analyse der Empfindungen*）のことであろう。マッハのこの著作は一八八六（明治一九）年に出版されたものであるから、西田が明治三八（一九〇五）年以前にそれを読んだということは充分ありうることである。(1) したがって、西田が『西田氏実在論及倫理学』を構想し、執筆にとりかかったとき、彼がマッハをつうじて「純粋経験」という概念を知っていたと考えても無理ではない。

（1）マッハの『感覚の分析』の改訂版は一九〇六（明治三九）年に《*Die Analyse der Empfindugen und das Verhältnis des Physischen zum Psychischen.*》という題で出版された。また、その前年には『認識と誤謬』《*Erkenntnis und Irrtum*》が出版されている。けれども、これらのものは、西田が明治三八年度の「倫理」の講義草案を書きはじめる前には、読まれなかったと思われる。

しかし、反省をふくまない経験を純粋なものと見るところに成立する「純粋経験」の概念は、それにどのような内容をあたえるかによって相反する哲学的方向とむすびつくことができるものであって、マッハにおいては、それは感覚論的実証主義の方向をとっていた。その点では、西田にとって、マッハは強く興味をひく哲学者ではなかった。どこまでも直接的な、反省をふくまない立場に立とうとする西田にとって、「純粋経験」という概念は共感をよぶものではあったにしても、バークレーとおなじように独我論におちいらざるをえないマッハの概念をかりて、その基礎のうえで、「正念」が「数学の公理の如くに」普遍的であり、「吾が之を曲げんとしたればとて曲」げることのできない「宇宙の大法」であるという自分の思想を哲学的に展開することはできないことであった。

「正念」こそ「宇宙の大法」であるという西田の思想を哲学的に表現するためには、「純粋経験」の概念は、グリーンから学びとった理想主義的な「自己実現説」をも基礎づけうるような、したがってまた、反省的思惟の活動をもそれ自身のうちに含み、位置づけることのできるようなもの、「フィヒテ以後の超越哲学とも調和し得る」ようなものでなければならなかった。西田が自分の哲学をうちたてようと努力しはじめたとき直面した問題の困難さは、まさにこの点に存していたのであった。西田がマッハの思想とその「純粋経験」の概念とに「どうも満足はできなかった」のは当然であった。そのかぎり、西田はマッハから「純粋経験」という用語をとったとしても、マッハの「純粋経験」の概念をとって自分の実在論を展開しようとは考えなかったにちがいない。

西田が「純粋経験を唯一の実在としてすべてを説明」することができると考えて、『西田氏実在論及倫理学』の執筆に着手できるようになったのは、彼が『善の研究』の序においてはなんら言及していないにかかわらず、やはりジェームズの思想を媒介にしてであった。そして、その媒介になったのは、ジェームズの〈Pure experience の説〉そのものではなくて、『宗教的経験の諸相』における宗教と哲学との関係にかんするジェームズの思想と、『心理学原理』における「意識の流れ」の理論、とりわけ後者であった。

西田が自分の哲学をきずこうとしはじめたとき、彼は、マッハをつうじて知ったと思われる「純粋経験」の概念よりも、むしろ「直接経験」の概念の方に注目していたにちがいない。そのことは、『善の研究』第一編においては、「直接経験」の概念の方が前面にあらわれ、中心的な地位を占めており、「純粋経験」は「直接経験」と同一視されているという事実から明らかである。西田が「直接経験」の概念をうけとったのは、ヴィルヘルム・ヴントの『心理学綱要』(*Grundriss der Psychologie*, 1896)とジェームズの『心理学原理』とからであった。少なくとも、主としてこの二つの著作からであった。西田はこの両者の「直接経験」の概念を研究し検討することをつうじて、ジェームズが、「意識の流れ」の理論において、ヴントの「直接経験」の概念にはらまれている要素論的傾向をするどく批判して、ヴントが「間接経験」として分類していた関係の意識をも「直接経験」にふくめたことを知り、ジェームズの「意識の流れ」の理論に同意し、そこから、思惟の活動をも「直接経験」に包摂できると考えたのであった。そして、思惟の活動をも「直接経験」に包摂することによって、さらにショーペンハウエルの「純粋直観」の概念を媒介にして、「個人あって経験あるにあらず、経験あって個人あるのである。個人的区別より経験が根本的である」という結論をひきだし、この見地に立つことによって「独我論を脱することができ」ると信じ、また経験を能動的なものと見なすことによって、[1]「フィヒテ以後の超越哲学とも調和し得るかの様に考」えるようになったのである。

(1) 経験を能動的なものと考える西田の考え方がショーペンハウエルの「意志を根本となす」説からふかく影響されていることは見のがせない。経験を能動的なものとみなす西田の考え方はジェームズからも影響をうけたと思われる。ジェームズの「意識の流れ」の理論、したがって、個人の連続的で具体的な経験のなかに「関係」が存在するという発見は、ヘーゲルの「具体的普遍」の概念に通ずるものをふくんでいる。ジェームズは、ヘーゲルの理論にたいしては嫌悪しかしめさなかったが、心理学の実践においては、ヘーゲル的なものを見事にしめしていた。西田は、ジェームズが無意識におこなったことのなかに、ヘーゲル的なものを見てとり、ジェームズとヘーゲル論理学とをむすびつける見とおしをつかんだのであった。

西田は、こうして、明治三八年の八月から、「倫理」の講義案という形で自分の哲学を展開し、『善の研究』の第二編と第三編とにあたる「実在論」と「倫理学」とを仕上げていった。それは、講義案であっただけに、くりかえし推敲され彫琢されたにちがいない。彼はジェームズを触媒として、自分の哲学を結晶させていったが、その哲学はジェームズの哲学とは、いわば反対の内容をもつものになった。西田の「倫理学」はグリーンの倫理思想と本質的にはおなじ内容のものであったし(1)、西田の「純粋経験」のとらえ方は、彼がグリーンをつうじてつかんだ「統一的或者」を中心におくという特色をもっていた。いいかえれば、西田の「純粋経験」は、グリーン的に把握された「超越哲学」を内容としてふくむものになっていった。しかし、ジェームズはグリーンの「絶対主義」に反対し、ドイツ的な「超越哲学」に挑戦しようとする潮流を代表する思想家であった。したがって、ジェームズが「哲学研究に転じ」て〈Pure experienceの説〉を展開しはじめたのを知ったとき、西田は、それを「余程面白い」と思うとともに、自分がヘーゲルの論理学やミュンステルベルヒの心理学などの「旧思想」と「ちと急いで妥協した」ような感じがし、自分の「純粋経験」の概念をさらに深めなければならないと思いはじめた。彼は、講義案を『西田氏実在論及倫理学』として印刷するまえに、ジェームズの〈Pure experience の説〉をも考慮に入れて、もう一度推敲してみたであろうし、そのさい、あらためて「純粋経験」の概念を徹底してみる必要を感じ、『西田氏実在論及倫理学』の「実在論」の部分をさらにくわしく考究して、それを一冊の著書にしようという意図をいだきはじめた。明治三九年の七月に、鈴木大拙宛に「之から又一ッ思想を錬磨して見たいと思うて居る。できるならば何か一冊の著作にして見たいと思う。これまでの哲学は多く論理の上に立てられたる者であるが余は心理の上に立て見たいと思う」と書いたとき、彼のなかには、ジェームズの「純粋経験」の概念に出会って、自分の「純粋経験」の概念をいっそう精密にしようとする考えが生まれはじめていたのであろう。彼はその手紙のなかの、右の文章につづけて、「氏は Metaphysics を書くというがまだ出来上らぬか」と、ジェームズへの期待とその形而上学への待望の気持ちを表わしているが、それはたんなる待望ではなくて、もっと積極的にジェームズと対決してみたい気持ちもこめられていたのかもしれない。

（1）前にも述べたが、『善の研究』の第三編「善」においては、「純粋経験」の立場はほとんど前面には出ていないで、むしろ、明治三〇年に山本良吉の『倫理学史』に収録した「グリーン氏倫理学」に近い立場、いってみれば、グリーン的にとらえられた「フィヒテ以後の超越哲学」の立場の方が強く表われている。

『西田氏実在論及倫理学』のうち、「実在論」の部分は明治三九年の末までにもう一度印刷された。おそらく、九月からはじまった学年度の「倫理」の講義にあって、生徒の理解をたすけるために、「実在論」の部分をふたたび印刷して生徒に配ったのであろう（「倫理学」の部分も明治四〇年の四月に印刷された）[1]。はじめに印刷した『西田氏実在論及倫理学』はほとんど余分が残らなかったので、こ

んどはいくらか余分を見込んで印刷し、親しい知人に送ったものと思われる。明治四〇年一月一九日の日記には、

「松本君へ実在論送った。[2]」

という記事があり、二月に入ると一二日に、

「得能へ実在論を送くる〔ママ〕。[3]」

とあり、二日おいて一五日の日記には、

「松本君より手紙来る。得能君よりも。北条、藤岡へ論文を送る。[4]」

と書かれている。北条と藤岡に送った「論文」というのも「実在論」のことであろう。[5]

(1) 明治四〇年四月二一日の日記に、「倫理学原稿印刷成る。北条、松本、山本、得能へ一本づつ送る」とある。『全集』別巻一、一八〇頁。
(2) 『全集』別巻一、一七一頁。
(3) 同前、一七四頁。
(4) 同前。
(5) 西田がまっさきに送るはずの山本良吉に「実在論」を送った記事が見えないのは、明治三九年末に印刷ができるとすぐ送ったからであろう（明治三九年の日記は五月以後空白である）。あるいは、鈴木大拙に送ったと思われる明治三九年の六月または七月に、最初の印刷ができたときにすでに送ってあったのかもしれないが、それならば、「倫理学」をあらためて送る必要はないはずである。西田が「倫理学」を四月に送ったことを考えれば、山本には明治三九年の末に「実在論」の印刷ができるとすぐ送ったと考えるべきであろう。

「実在論」は、当時、哲学会の役員をしていた得能文の推薦で、哲学会の機関誌『哲学雑誌』に掲載されることになった。おそらく松本文三郎が得能文に、「実在論」を『哲学雑誌』に掲載するようにすすめたのであろう。(1) 二月二一日と二二日の日記には、

「二十一日、……松本及得能より手紙来る。夜実在論を刪正す。

二十二日、……得能君実在論を送る。(2)」

と記されている。この記事が、『哲学雑誌』に掲載するために「実在論」の誤植をなおし、「まえがき」をつけて、それを得能あてに送ったことをしめすものであることは、たしかであろう。

(1) 西田が二月一二日に得能に「実在論」を送ったのも、おそらく松本のすすめによるのであろう。

(2)『全集』別巻一、一七四頁。

この「実在論」は『哲学雑誌』の第二四一号に、つぎのような西田の「まえがき」をつけて、「実在に就いて」という題で発表された。明治四〇年三月のことである。「まえがき」には、

「此論文は或一部の学生に自己の考を話す為の草稿として、自分が予て考えて居た思想の大体を書きつけたものである。それも先頃遂に鬼籍に上った病児の介抱片手で書いたもので甚だ蕪雑不備なることは自分も知っている。固より公の雑誌などに出す積りではなかったが、友人の勧めもあり、又自分も他日斯くの如き考を厳密に組織して見たいと思うにつけ、不完全ながらも大体の思想だけでも人々に見て貰うて教を受ける方が自分の益であると考えたから、遂に此雑誌の余白を汚すことにした。」

と書かれている。

「実在に就いて」が掲載された翌月の『哲学雑誌』(第二四二号)には、以前四高で西田の授業をうけ当時新進の哲学者として活動をはじめていた紀平正美が「雑録欄」にこの論文にたいする推奨の辞を書いた。西田の論文が当時の哲学界で——あるいはその一部で——どのように受けとられたかをしめすために、少々ながいけれども、その全文を引いてみよう。

「本誌の各方面に於て熱心に注意せらるゝ読者は実在論の研究が近頃東西共に中々盛んであると言う事に必ず心付かれるであろうと思う。実は『科学的』と言う語が精神科学の方面にも入ってから一時は何でも科学的でなくばならぬと考えらるる様になった。而も其の科学的と言う事が偏狭なる自然科学的なものを意味して居たので、其の際には哲学の如きは全く空想である、殊に実在の問題などは殆んど馬鹿にせられ、痴人の夢視せらるる運命に陥って居たのである。されどこれも一時なりしよ。観よ自然科学を外にして、所謂科学的研究なるものが如何程我等が知的欲求の終局の満足を得しめたるかを。スペンサーの不可知論は明かに回転期を示して居るもので、学界は再び実在論に傾きつゝあると言わねばならぬ。是れも或る点から言えば分業の結果でもあろう。一面には愈ゝ研究が精細になって行くと共に、他面には又飛びはなれた実在論に学者が興味を持つ様になったのは面白い事であって、今では何々学と言う様な一般普遍のものは出ないようになって居る。此の現象は又他面から言えば一般に知識が進歩した、即ち其の反面から言えば従来の思考方法が其の極度に達したので、某先生が言われた如く、東西共に変って面白い思想が出ないからであろう。抑も斯様な現象は何時迄続くであろうか。余輩は玆に妄に自己の想像を逞しくする事を避けたい。が要するに此の時代の要求が示す如く、実在の研究は知識欲の存在する我等は必ず一度は到達すべきもので、到底永く捨て置かるべきものではない。此の問題たる科学の眼よりは飛び離れた余計の事であるが如くにして、其の実は最も切実なる問題である。即ち意識的にか無意識的にか誰れでも一種の実在は持って居るのである。猶ほ換言すれば人は皆な哲学者であるのである。されば狭義に於ての哲学は畢竟するに種々の見解を自己の力で消化し組織するにある。而して哲学が自己を脱せない以上は、過去の思想や時代の精神より脱する事は到底出来ない。其れ故に実在に自己的着色が現るとて其の哲学の高下を定むる標準にはならぬ。哲学は最も具体的な学問である。抽象的なる自然科学の様な普通は得て望むべからず、要はあらゆる思想を満足に組織立てると言う事が哲学の真理である。斯る考えの上に於て余輩は本誌の前号に於て西田氏の実在論を登載し得た事を非常に栄誉と感ずるのである。其の理由は即ち斯様である。余輩の拝読した所では、氏の実在論は最もよくヘーゲルと近時八ヶ間敷い純粋経験説、換言すれば主知説と主意説とを調和せられた者と思う。此の両説は言わば古来の大問題で、而も現時直接に感じられて居るもので、此の両者が完全に調和せらるれば哲学の任務は全く終るものと言うてよい程のものである。勿論氏の実在論が完全だと許すのではないが、余輩が実際言わんと欲して言い能わざりしものを何の苦もなく言明せられた手際に於ては中々立派なもので、如何に造詣の深きかを察し得らるるのである。実際西田氏は最も真摯に東西古今の書を読破せられた人である。

最近出版の書物を取寄せて読んで居らるゝかと思えば、又一切の書物を捨てゝ坐禅三昧の工夫にも入られ、大学を去られて以来十数年の間一意専心に研究を事とせられた事であるから、此の位な事は当然の事であるであろうが、ともかく真面目な学者でなくては出来ぬ事である。而し此の論文は知友の勧誘がなかったならば決して公にはせられなかったのであるが、此を見ても氏の人格は察せられるであろう。即ち此の論文は氏の考えのスケッチに過ぎないのであるが、余輩は近時に於て此れ程余が前述の意味に於て成功したる論文を見た事がない。他に余輩と同感の人々も多数と見えて、西田氏とは如何なる人なるかを余輩に問う人が中々多いのであるから、余輩は同氏を一般に紹介がてら斯く添えたのである。即ち西田幾多郎氏は金沢第四高等学校教授である。」

『哲学雑誌』にこの「実在に就いて」が発表されたことによって、西田はせまい範囲の友人のあいだだけで知られていたいわば無名の地方的な存在から、中央の学界でも注目される存在になった。彼の恩師北条時敬は、当時広島高等師範学校の校長をしていたが、西田の論文が人びとの注目をあつめたことをよろこぶとともに、さっそく西田のために学界の陽の当る場所にポストを探してやる努力をはじめた。北条は西田を東京帝国大学の浜尾総長に面接させるようにとりはからいもした。明治四〇年三月二六日付の堀維孝宛の手紙に、西田はそのことについて、

「浜尾総長に面会の件は別に今定まった話という訳でもないが北条先生が小生の事を総長に話され総長が小生に面談して見たしとの事故上京して見んと存じ候。(1)」

と書いている。当時西田は乾性肋膜炎で健康を害していたが、他に北条の紹介状をもって誰かを訪

ねる予定もきまっていたらしく、医師の許しを得て、三月末に上京した。この年の三月末から四月にかけての日記には、

「三十日、午前五時金沢出発。午後五時名古屋志那忠に宿す。寒く気分あしし。

三十一日、午前五時急行にて出発、午後三時新橋着。藤岡君に投宿、早く臥す。

一日、雪ふる。堀尾、得能、紀平等来訪。

二日、午後井上哲次郎氏を訪う。夜元良勇次郎氏を訪う。

三日、午前得能君を訪う。八田君来訪。午前大久保にゆき始めて織田等覚先生に逢う。

四日、午前七時井上君を訪い共に山川前総長を訪う。夜山崎直三君方にて三々塾会あり、山崎君方に宿す。得田家族藤岡方へきたる。

五日、午前七時井上友一君と同行、浜尾総長を訪問す。……夜得能君来訪。

六日、午前十一時新橋出発。午後八時浜松花屋に宿す。

七日、午前五時浜松より急行にて米原着、十時頃米原発にて午後五時頃帰宅。(2)」


と書かれている。彼が北条の紹介状をもって訪ねることにきまっていた人は、おそらく三日に訪ねた織田等覚であったのだろう。このときの浜尾総長との面談については、西田は堀維孝にあてて、

「先日は上京いたし井上と同道浜尾総長など訪問いたし候。結果はいかがあらん。何分無名無能の小生故北条先生等の御熱心なる御尽力にも拘らず成功は六ヶ敷からんと存じ居り候。いづれ北条先生が上京の上にて何とか確定することと存じ候。小生は凡てを先生に一任し置き候。(3)」

と、しらせている。この文面から見ると、北条は西田に東京帝国大学でのポストを得させたいと考えて浜尾新にはたらきかけていたのであろう。西田が前総長山川健次郎を訪ねたのも北条の配慮によるものであろう。しかし、この件はその後進展せずに沙汰やみになったようである。

（1）「書簡五九」『全集』別巻五、七九頁。
（2）『全集』別巻一、一七九頁。
（3）「書簡六〇」（明治四〇年五月一九日付）『全集』別巻五、八〇頁。

明治三九年に『西田氏実在論及倫理学』を書きあげたのち、西田は、前に述べたように、ジェームズの〈Pure experience の説〉を「余程面白いと思」う一方、ジェームズにくらべて、自分の「純粋経験」の考え方の方が「ミュンステルベルヒの心理学やヘーゲルの論理学」の影響をうけている点で不徹底であり、「ちと急いで旧思想と妥協」しすぎているように感じ、「純粋経験」の概念をいっそう純化してみたいと考えていた。「これまでの哲学は多く論理の上に立てられたる者であるが余は心理の上に立て見たいと思う」と、鈴木大拙に書き送ったとき、西田は自分の「純粋経験」の考え方を、もっとジェームズの方向にすすめようと考えていたのであろう。明治三九年の後半に西田が何を読んだかは、日記がないのでよくわからないが、彼が「純粋経験」の概念をふかめる思索をつづけていたことはたしかであろう。明治四〇年の日記の一月の予記欄には、

「人々自有定盤針　萬花根源総在心　却笑従前顚倒見　枝々葉々外頭尋(1)
無声無臭独知時　此是乾坤萬有基　抛却自家無尽蔵　沿門持鉢效貧児」

と、王陽明の句二つを書き写し、つづけて、

「人々皆有通天路」

という句を記している。王陽明のこれらの句が西田の「純粋経験」の考え方ときわめて親近な思想をふくんでいることは注目に値する。西田の「実在論」がその根底に陽明学の「知行合一」の思想をもっていたことを考えれば、彼が日記に陽明の句を書きつけたことは、彼が「純粋経験」の概念にとりくんでいたことをしめすものと見てもよかろう。そのことを物語るかのように、明治四〇年一月はじめの日記には、「読書構思」という言葉がつづけて記されている。

(1)『全集』別巻一、一七〇頁。ここに引かれた王陽明の句は『伝習録』の「良知」篇のなかの「詠良知四首諸生」の第三首と第四首である。仮名交り文にすればこうなる。

「人々自ら定まれる盤針を有す、萬花の根源は総て心に在り、却って従前の顚倒の見、枝々葉々外に尋ねしを笑う。」

「無声無臭独知の時、此は是れ乾坤萬有の基、自家の無尽蔵を拋却して、門に沿い鉢を持って貧児に效《なら》う。」

しかし、西田の「読書構思」は次女幽子の死によって中断を余儀なくされた。一月一一日、幽子は満四歳を少し出たばかりで気管支炎のために幼い生命を終えた。さきに引いた「実在に就いて」の「まえがき」に、「此論文は……病児の介抱片手で書いたので云々」と書かれているように、幽子はその前年、おそらく西田が講義案(『西田氏実在論及倫理学』の最後の推敲をし原稿をまとめていた頃から、かなりひどい病をたびたび患って衰弱していたのであろう。西田は葬儀を終ったあと

で、堀維孝につぎのように悲しみを訴えている。

「嘗て三竹君に名をつけてもろうた次女幽子昨年より重ゝの病気の処遂に去十一日死去いたし候。丁度五歳頃の愛らしき盛の時にて常に余の帰を迎へて御帰をいいし愛らしき顔や余か読書の際傍に坐せし大人しき姿や美しき唱歌の声やさては小さき身にて重き病に苦しみし哀れなる状態や一ゝ明了に脳裡に浮ひ来りて誠に断腸の思いに堪えす候。余は今度多少人間の真味を知りたる様に覚え候。小生の如き鈍き者は愛子の死ということき悲惨の境にあらされは真の人間というものを理解し得すと考え候。(1)」

(1)「書簡五七」(明治四〇年一月一四日付)『全集』別巻五、七八頁。

愛児を失った親の悲しみは、かつて少年の日に自分を愛してくれた姉を失った悲しみや日露戦争で弟が妻子を残して戦死したときの悲しみとはまたちがった悲しみであった。このときのことをふり返って、のちに西田は、

「余も我子を亡くした時に深き深き悲哀の念に堪えなかった。特に此悲が年と共に消えゆくかと思えば、いかにもあさましく、せめて後の思出にもと、死にし子の面影を書き残した。(1)」

と書いているが、それはその悲しみが忘れられるのを思うことさえ「あさましく」感じられるほどの深い悲哀であった。西田はしばらくは「読書構思」にも手がつかなかった。「実在論」を松本文三郎や北条時敬や藤岡作太郎などに送ったのも、幽子が亡くなって一ヵ月もたってからのことであった。ようやく小田切良太郎とヘーゲルの会読を再開したのは二月の下旬に入ってからであった。(2)

（1）藤岡作太郎著『国文学史講話』の序、『思索と体験』『全集』第一巻四一五頁。
（2）明治四〇年二月二一日の日記に、「午後小田切君来りヘーゲルをよむ」とある。『哲学雑誌』に送るために「実在論を删正」した日のことである。『全集』別巻一、一七四頁。

ところが、三月に入ると、西田自身が、まえに触れたように、肋膜炎にかかった。それは重症ではなかったけれども、なかなか全快せず、「尚服薬も致し居り且つ骨の折れる事はよくないというので何事もせず日々ぶらぶら暮し居り候」(1)という状態がかなりながくつづいた。肋膜炎が快方にむかうにつれて、西田は少しずつ読書をはじめ、F・C・シラーの『ヒューマニズム』(*Studies in Humanism*)を読んだり、E・ハルトマンを読んだりしていた。「純粋経験」についての思索をまったくやめていたのでないことは、それらの読書からばかりでなく、五月の日記の予記欄に、「小田切君にクノー・フィッセルの主客の論をきくこと。」(2)と備忘を記してあることからもうかがわれる。だが、思索に専念することはまだ健康が許さなかった。そうしているうちに、六月に入ると、前の月に生まれたばかりの双生児の一人、五女愛子が亡くなった。

（1）「書簡六〇」（明治四〇年五月一九日付、堀維孝宛）『全集』別巻五、八〇頁。
（2）『全集』別巻一、一八一頁。

発病、出産、二人の子どもの相つぐ死亡という出来事の連続はけっして重くないものではなかったけれども、十年前とはちがって、西田の心はじめじめと暗く波立つことはなかった。彼はそのような人生の波瀾と悲哀にかき乱されない平常心をきたえあげていた。「実在に就いて」を公表したことは、学者としての自信をあたえ、その点からも彼は落着をもっていた。七月になって学校が夏の休暇に入り、学年末の事務が終ると、西田は下旬から大聖寺近くの日本海岸の村に転地して健康の回復につとめた。八月には転地先で雑誌『精神界』のために「知と愛」という論文を書いた（この論文はのち『善の研究』の第四編「宗教」の一節とされた）。八月上旬、金沢に帰ってから、下旬にはジョサイア・ロイスを読みはじめた。おそらく、西田が晩年にいたるまで高く評価していた『世界と個人』（*The World and the Individual*）を読んだのであろう。ロイスが、ジェームズとは反対に、グリーンの系譜につらなる「絶対主義」(1)の潮流を代表する哲学者であることを考えれば、ジェームズの〈Pure experience の説〉の方向にかなり強く惹きつけられていた西田に、「フィヒテ以後の超越哲学とも調和し得る」自分の「純粋経験」の概念にたいする自信をあらためてかためさせるうえで、ロイスの書物を読んだということは少なからず役立ったにちがいない。

(1) ここでいう「絶対主義」が哲学的意味であって、政治学や歴史学でいう「絶対王制」のことでないのは、いうまでもない。

九月の新学年になっても、しかし、西田の健康は完全には回復していなかった。

「毎学年の始には多少清新の気を帯ぶるが常に候が、今年はそんな気もせず何となく tedious にのみかんじられ候。」(1)

と、ある手紙に彼は書いている。十月になって、「大分元気も出て読書思索の趣味を回復」はしたが、「気候に感じ易く事に倦み疲れ易(2)」くて、彼はしばしば学校を休んだ。当時の四高の校長は、かつて二高生であった高山樗牛から「校長は常識なく、卓見もなく、代りに圧制の思想は中島テンキリの企て及ぶ所にあらず」と評された吉村寅太郎であった。吉村は依然として狭量で小心な官僚主義的な人物であった。吉村は教師たちをも生徒たちをも信服させることができず、四高にはゴタゴタがたえなかったが、この年九月に、西田の同僚でかつ親友であった田部隆次が女子学習院に転出したあと、生徒たちのあいだには西田もまた大学かどこかに転ずるらしいという噂が流れた。春に西田が浜尾東大総長に会ったことがどこからか伝わって、生徒たちのあいだに欝積していた校長への不満と、西田にたいする生徒たちの尊敬とがそのような噂の根になったのであろう。西田が健康上の理由でしばしば欠勤するのを快く思っていなかった校長は、こうした噂をきいて、西田にいやみをいわねば気がすまなかった。西田は、田部にあてた手紙のなかで、

「吉村校長は小生が大学へ運動したと思い居る由多分書生が種〻の臆説をいいふらすを信じ居る者ならん。或人を通じて此の学校は教育家でなくてはいかぬ。学者は大学へでもいった方がよいという様ないやみをいい候。妙な事を思う人かな。余は不肖なれども未だ自惚にも自ら大学へ運動する如き馬鹿にあらず。今日の教育家となる亦難い哉。」

と、校長のいやみのことを書き、それにつづけて、

「昨夜はドンヨリした鉛色の雲が満天にはびこり処々に微なる月光を漏らし凄じい風がゴー〳〵吹いて樹木撓めるなど物すごい夜であった。これが我生活の背景であるのか(3)。」

と書いている。彼にとって自分の「生活の背景」が北陸の冬近い木枯しの夜のように感じられたとしても、その感じに誇張はなかったであろう。けれども、それは彼の生活の「背景」のことであって、彼の「生活」――彼の心は、もう、校長のいやみで傷いて揺れ動くことはなかった。西田は「どうか六十以上までは健全に働き得」るように健康を回復したいと考え、

心をも身をもたのまず今は唯あるにまかせて世をやおくらん(4)

という心境で闘病の生活をつづけた。

（1）「書簡六三」（明治四〇年九月一三日付、田部隆次宛）『全集』別巻五、八三頁。
（2）「書簡六七」（明治四〇年一〇月二二日付、田部隆次宛）同前、八七頁。
（3）「書簡六七」同前、八七―八頁。
（4）明治四〇年九月の日記「補遺欄」『全集』別巻一、一九〇頁。

厄年とでもいいたいほどの多難な明治四〇年が終って、明治四一（一九〇八）年になると、西田は心を新たにして、前から計画していた著作の執筆にとりかかった。明治四一年一月三日の日記には、

「余は之より『実在と人生』という書をかいて見ようと思い、今日其始を考えた。(1)」

と書かれている。西田は、『西田氏実在論及倫理学』において「直接経験」から出発してようやく探りあてたばかりで、まだ不充分にしか展開されていなかった「純粋経験」の概念をもっと深めて展開し、「純粋経験」の立場から、「倫理学」で扱った人生の問題をもう一度書きなおして、「一冊の著作にして見たいと思」っていたのであった。いいかえれば、『西田氏実在論及倫理学』のうち、

「特に実在に関する部分を精細に論述して、すぐにも世に出そうという考[2]」えであった。西田はこの計画にとりかかって、執筆をすすめていった。明治四一年三月一四日付の田部隆次宛の手紙には、

「此頃は少しづつ例の哲学の論を書いて居る。実在論の一の辺を敷衍して五六十頁の物にせんと思うなり。人の書物をよんでホラを吹き居れば何でもない様だがさて自分がやって見ると誠にナサケナキ次第なり。自分ながら鈍才に驚く。とても世に示すような者はできそうにもなき也。[3]」

という文章が見える。

(1)『全集』別巻一、一九四頁。
(2)『善の研究』初版の序。『全集』第一巻三頁。
(3)「書簡七五」、『全集』別巻五、九五頁。

田部は西田が新しい著述をはじめたことを知って、自分が関係をもっている雑誌に附録として連載するようにとりはからったらしい。しかし、この手紙が書かれて間もなく、肋膜炎が再発して、西田は執筆を中断しなければならなくなった。このときの肋膜炎の再発について、西田はある手紙に、

「肋膜炎の後は両三年注意せねばならぬと聞き居りながら、今年になりてもはや大丈夫と思い顧慮なく精神を労したのが今度の再発の原因と存じ候。今度は大分病に対する骨がわかり候故充分注意可致候。ゆるゆるやりさい〔ママ〕すれば大丈夫に御座候。小生は今少し健康さい〔ママ〕回復すれば多少の活動には辟易致さぬ積りに候。どうも所謂活動よりは内面的活動が最も健康に害あるように候。[1]」

と述べている。

（1）「書簡八〇」（明治四一年五月三一日付、田部隆次宛）『全集』別巻五、九八頁。

病気が少しよくなると西田は書きかけた原稿にとりかかって、いちおうの区切りまで書きあげた。五月五日の日記には、

「草稿を一先完結す。(1)」

と記されている。しかし、西田はそれ以上書きつづけて一冊の著作にすることは断念しなければならなかった。「内面活動が最も健康に害がある」ので、「何の仕事もできず、さりとて運動は悪いというし食うて眠るという animal life をつづける(2)」ほかない状態に立ちいたったからである。そこで、西田は書きあげた分だけを『哲学雑誌』にあらためて発表しようと考えた。七月一一日付の田部隆次宛の手紙に、

「先達御礼申上候雑誌の附録は少しく期する所あって今春筆をつけしが漸く一二ヵ月にて病の為中絶いたし候。遺憾に存じ候。併しあれだけでも来月の哲学雑誌にのせて大家先生の批評を乞わんと存じ居り候。(3)」

と書かれていることから推せば、この論文は田部のとりはからいどおりある雑誌の附録として掲載され、西田の病気で連載の予定が途中で打切られることになったのであろう。六月の日記に、

「二十五日、……得能へ論文三冊、田部へ雑誌二冊送る。……

………

二十七日……北条へ論文及手紙出す。井上（哲）及桑木へも。深田、松本（文）、山本、藤岡、紀平へも論文を送る。(4)」

と記されている「論文」というのは、そのある雑誌に掲載されたものにちがいない。そして、七月一八日の日記に「午前論文校正」とあり、翌一九日の日記に「原稿を得能君に送る」と記されているのは、(5)この論文が『哲学雑誌』の編集委員に送られたことを物語っているのである。

（1）『全集』別巻一、二〇二頁。
（2）「書簡七九」（明治四一年五月二二日付、堀維孝宛）『全集』別巻五、九七頁。
（3）「書簡八三」、同前、一〇一頁。
（4）『全集』別巻一、二〇六頁。
（5）同前、二〇七頁。

こうして、八月には『哲学雑誌』（二五七号）に、「純粋経験と思惟、意志、及び知的直観」が発表された。そして、この論文こそ、のちに『善の研究』に第一編「純粋経験」としておさめられたものである。

西田が肋膜炎を再発したところ、四高の吉村校長は欠勤がちな西田に、これ以上学校を休むようなら辞めてもらいたいと伝えた。それは、西田に学校を休むなというつもりにすぎなかったかもしれない。前の年にもいやみを言われたこともあって、西田は四高にいることがいやになった。その前後、校長の無能のために、四高は全校がたつきはじめていた。ずっと以前から校長にたいしてまったく信頼を失っていた西田は、四高を去るべきときが来たとして、見切りをつけたのかもしれない。同僚のなかには、校長に辞表をたたきつけて他のポストを探すために金沢を去った人もあった。西田もできたらそうしたかったが、彼は病気のためにそうすることもできなかった。すでに、「実在に就いて」が発表されてから、京都の真宗大学から暁烏敏をとおして西田を招聘しようとする話が出されていた。西田はその招聘をうけて京都に出ようかとも考えた。友人たちも、転出を望む西田の意を知って、彼のためにいろいろと転出先を探してくれた。(1)三高のドイツ語の教授にという話もあったし、旧友の大島義脩が校長をしている八高で西田をとろうという話もあった。鹿児島に行くつもりはないかという打診もあった。おそらく七高の教授にということだったのであろう。西田が「純粋経験と思惟、意志、及び知的直観」を『哲学雑誌』に送る直前には、井上哲次郎から東京帝国大学の文科大学の講師になる意志はないか、あるとすれば哲学のどの分野の講義をのぞむかという打診がおこなわれた。西田の「実在に就いて」が発表されていらい、井上は西田の哲学のなかに自分の「現象即実在論」に近い性格の哲学思想を見ていたのであろうか、西田をかなり高く評価するようになったが、西田は選科に在学中から井上にたいしては敬意も好感もいだいたことがなかった。井上の学問的活動がいつも天皇制権力のための護教論的性格をもっていたことに反撥を感じていたからかもしれないし、学生時代に井上を訪ねて選科生のみじめさを味わわされたことでもあって、井上のなかに俗物性を感じとっていたからかもしれない。しかし、このときの井上の打診は、西田の心をかなり動かしたらしい。彼は田部隆次にあてた手紙のなかで、

「小生はあまり井上さんの学術に感服せず。先生の事は悪口無礼せし事もあるが先生は余の説に

余程同情せらるるは不思議なり。今は先生は余の知己の一人なるが人はあまり悪口もできぬ者なり。呵々。(2)」

と書いている。西田は、自分のために奔走してくれている田部にあてて、井上から打診のあったことそれにたいする自分の答えとを知らせるとともに、藤岡作太郎にあてて、井上に会って彼がほんとうに自分を講師にするつもりなのかどうかを確かめてくれるように依頼した。西田は、そのとき、井上に、

「小生の専門は純正哲学 (Metaphysics) 及認識論 (Theory of Knowledge, Erkenntnislehre.) に御座候。倫理学は専門にあらず。学校にある故已むを得ず講じ居り候。但し哲学には Practical part なかるべからず。**Praktische Philosophie** 及 **Religionsphilosophie** は哲学体系の sequence として研究致し居り候。倫理でも哲学でも歴史は凡て好まず極めて不得意に候。僕は文学ならば文学史家又は研究者にあらず創作者の方に候。故に僕の説は偏なるを免れず、大学に講じても popular なることを得ずと存じ候。(3)」

という旨の返事をしたのであった。

(1) 明治四一年の五、六月頃とみなされている二二日という日付のある河合良成宛の、「拝啓、倫理学原稿願上候処貴兄の分を玉わり候えども決してそれには及ばず候。いずれこの九月になれば更に印刷に付するならんと存じ候故小生の友人の方は其時にてよろしく候間必ず御配意被下間敷候。此印刷は不完全ながら小生が諸君に呈せんとする熱血の一滴に候間何卒此の儘に御納置被下度候。早々。」という手紙が残っている(「書簡八二」『全集』別巻五、一〇一頁)。西田は、転任運動のために自分の業績を誰か友人のと

ころに送ろうとして、「倫理学」の印刷本が手許になかったので、河合に余分があったら譲ってくれるようにたのんだのかもしれない。河合は当時四高生で、三々塾に起居して西田に親しみ、その薫陶をうけていた。河合は余分がなくて自分の「倫理学」を西田に提供したが、西田は自分の転任運動のためにそれをとりあげるのはいけないと考えて、河合に返したのであろうか。ここには教師としての西田の偉さの一面がしめされている。

（2）「書簡八五」（明治四一年七月一六日付）『全集』別巻五、一〇四頁。

（3）同前、一〇三頁。藤岡作太郎宛の手紙は、「書簡八六」として、同前一〇五—六頁におさめられている。それは、井上からの話をきいた西田の心のはずみがひびいてくるような文章で書かれている。

井上の申出は、もし西田に「東京に一定の地位あらば」という条件つきであった。「若し講師の機会が唯此の九月にのみあるというのならば之の機を失するのは甚惜しき様に考[1]」えたので、西田はその機会が「唯此の九月のみ」かどうかを藤岡に確かめてもらおうとしたのであったが、ちょうどその頃、北条時敬からも、学習院で林博太郎の後任にしたいという話がもちこまれていた。それは、林が多忙のため近く辞職するだろうから、そのときに後任として学習院に西田をとろうというのであった。だが、学年の変り目の人事異動の時期がきて林は辞職したけれども、西田の学習院への転出はきまらなかった。したがって、東大講師になる機会もまたお流れになった。真宗大学の方の口も学校の財政難のためにだめになり、友人たちがそれぞれ奔走してくれていた転任運動も、どれ一つとして実現しなかった。こうして、転任の可能性はいちおう消えてしまったが、西田は一〇年前のように焦りを感ずることはなかったし、校長の愚劣さを滑稽なものと見ておれるゆとりをもっていた。

（1）「書簡八六」（明治四一年七月一七日付、藤岡作太郎宛）『全集』別巻五、一〇五頁。

転任の可能性が消えると、西田は「宗教論」の執筆にとりかかった。彼は春に中断した著述の計画をあきらめていたのではなかった。井上哲次郎は、西田に東大講師になる意志があるかとたずねたすぐあとで、西田の論文を『東亜叢書』のなかの一冊として出版したいと申入れてきたが、その申入れについて、西田は田部隆次宛の手紙に、

「先日堀田君を介して井上さんより小生の論文を『東亜叢書』とか申す物の中にて出版したしと申来れり。此前弘道館よりの話は増補などという事なりし故面倒と思い断りしも今度はどうしようかと思うて居る。併し一旦版権を譲り渡して後に増補改訂も自由にできぬでは困ると思う。余はあの論文は後日 enlarge して一著述となす積りなれば、」

と書いている。西田は結局この申入れを断ったらしいが、井上の申入れは、「実在に就いて」と、この直後に『哲学雑誌』に発表されることになっていた「純粋経験と思惟、意志、及び知的直観」とを一冊にまとめて出版するということであったのだろう。そして、西田がこの手紙で「論文」といっているのは、後者のことであったにちがいない。西田は「純粋経験と思惟、意志、及び知的直観」を「enlarge して一著述となす」ために、「宗教論」の執筆にとりかかったものと思われる。

（1）おそらく「実在に就いて」が『哲学雑誌』に出たあとで、弘道館から、それを増補してくれれば出版したいという申出があったのであろう。弘道館は当時、哲学会の機関誌『哲学雑誌』の発行所であった。

（2）「書簡八七」（明治四一年七月三〇日付）『全集』別巻五、一〇七頁。

西田が「宗教論」を書きはじめたのは、明治四一年の一〇月の終りであった。日記には、一〇月二九日に「宗教論をかき始む」とあり、一一月一日には「宗教論の始を考える」と記されていて、両日とも「夜眠られず」と書かれている。(1) 肋膜炎のあとまだ健康の回復が充分でなかったために、精神を集中すると眠られなくなるのであった。(2) そのような条件のもとでは、執筆はしばしば中断されなければならなかったのであろう。一〇月の終りに書きはじめられた「宗教論」の一部が「宗教について」という題で『丁酉倫理講演集』第八〇集に発表されたのは、年があけて明治四二（一九〇九）年の五月のことであった。そして、そのつづきの執筆がはじめられたのは、やっと六月になってからであった。日記には、六月一二日に「午後又少しく宗教論をはじむ」(3) と記されている。それが脱稿して「宗教について――続」が『丁酉倫理講演集』第八二集に発表されたのは、七月のことであった。

（1）『全集』別巻一、二二三頁。

（2）明治四一年一一月九日付の堀維孝宛の手紙に、「小生も数年来は雪門老師の居られぬのと学問の方に頭をつき込み候とにて坐禅の方は全く怠り誠に慚愧の至りに御座候。何とかして今後又一奮発せねばならぬと存じ居り候。唯近来健康が充分にならぬもの故何事も思い切った事ができず数日前もあまり無聊に苦しみ多少筆を把り候処どうも工合あしく候故又やめ候。少々頭を用ゆる時はすぐ不眠症に陥ると尚時々胸に異様の感覚あるので困り居り候」と西田は書いている（「書簡九六」、『全集』別巻五、一一三頁）。

（3）『全集』別巻一、二二二頁。

「純粋経験と思惟、意志、及び知的直観」と「宗教について」とが書かれていたころ、西田の関心はマイノングやリッケルトやベルグソンなどにも向けられはじめていた。明治四一年の二月、彼はフリードレンデル書店に、マイノングの「仮定について」（Über Annahmen）および「対象論研究」（Untersuchungen zur Gegenstandstheorie）やベルグソンの「意識の直接与件についての試論」（Essai sur les données immédiates de la conscience）等々を注文したが、それらの書籍は六月になって届いた。[1] 西田は七月になるとさっそくマイノングを読みはじめた。明治四二年にはリッケルトが読まれはじめた（ベルグソンが熱心に読みはじめられるのは、明治四三年のことである）。しかし、これらの書物は、さきに触れたロイスの『世界と個人』とともに、『善の研究』以後の――「論理の理解と数理の理解」（大正元年、一九一二年）から『自覚における直観と反省』で展開される問題についての――思想を西田のなかに醱酵させることになったものであって、『善の研究』の思想にはなんら影響をおよぼさなかった。いいかえれば、西田は明治四一年から四二年にかけて、金沢時代すでに『自覚における直観と反省』の主題を胸中にあたためはじめていたのであった。

（1）『全集』別巻一、一九七頁および二〇五頁参照。

「宗教について――続」が書きはじめられようとする直前、西田の学習院への転任が内定した。北条の奔走が一年たったあとで効を奏したのであろう。[1] そして、明治四二年の八月下旬、西田は住みなれた金沢をあとにして、東京に引越した。九月から学習院教授に就任して、彼は「皇室の藩屛」である皇族や華族の教育に携わることになった。[2] 彼の担任はドイツ語であった。九月二日、西田は院長乃木大将を訪ねたが不在で会えなかった。彼が「乃木大将等始めて種々の人に逢」[3] えたのは一一日の始業式のときであった。

（1）高橋里美は、西田の学習院転任について、「先生が金沢から東京に転出したいという気持ちを押え切れなくなったとき、この先生の希望の実現を助けられたのは上田整次さんであった。上田さんの話によると、上田さんは学習院で出来るだけ多く独乙語の時間を余分に自分で引受け、後にそれを西田先生に譲ることによって、先生の学習院への転任を可能にしたということであった。」と書いている（「西田先生の言葉」、雑誌『心』第一二巻第一号、三三頁）。上田整次は四高で西田の同僚であり、親しい友人であった。北条が林博太郎の後任に西田を推そうとしたがうまくゆかなかったため、上田は明治四一年の九月いらい、ドイツ語の時間を余分にひきうけて、西田を招く道を開いたのであろう。

（2）晩年の西田が近衛文麿や木戸幸一らの重臣層と密接な関係をもつようになった機縁はこのときにある。

（3）『全集』別巻一、二二六頁。

「独立独行」の奮闘がようやく実をむすんで、西田は、何とかして中央の学界に出たいという妄執にも似た宿願を、いま達することができたのであった。東大講師の件はこの年もすでに機会を逸していたが[1]、日本大学や豊山大学という私学に出講することによって、経済的にもいくらか余裕をもつことになり、西田はながいあいだの北陸での不遇な生活からやっと解放された。そして、東京にやっと落着いたころ、この年の一一月はじめには、京都帝国大学から招聘の下交渉があった。西田を京都の文科大学によぶについてのイニシアティヴをとったのは四高生時代からの親友、山本良吉と松本文三郎であった[2]。松本は文科大学（京都）の教授、山本は京大学生監であった。招聘の下話は山本から西田に伝えられ、西田は招きに応じたが、文科大学教授会内部に懸念がもちあがったらしく思われる。京大側の懸念は、哲学の講座の教授のポストについている桑木厳翼が西田より大学卒業年次からいって二年後輩であるのに、西田を迎えるポストが倫理学講座の助教授のポストであるために、西田を招くことが彼にたいして相済まぬことになるのではないかという点にあった。(3)このことが山本から伝えられると、西田は山本に、

「小生の一身上の事につき貴兄及松本君に於て一方ならぬ御配慮を蒙り御芳情の程感謝の至りに堪えず候。何か小生自身に欠点ありとか他に適任の人ありとかいう事ならば致方無之候えども、単に位置の高下という如き事が真因ならば多少遺憾の感なき能わず候。特に桑木氏の如きは時代に於て小生より一二年の後なるべきも、其学識材幹履歴に於ては固より小生と同日の談にあらず、同氏にしてかゝる考を有せらるゝはちと意表に存じられ候。友枝氏は幾分かかゝる考も有之候かも知らぬが、小生は所謂世俗的地位に於て同氏の下にあるとも何等の介意する所なし。若し小生にして可能ならば直面目に同氏を助けて京大の倫理科の為に尽し度候。小生は唯時間の余裕と充分の書籍とを得て自由の研究ができれば満足之にすぎたる事なしと存じ候。万不得已ば講師という如き事にしても可ならずや。いつまでも自信なき独語を教え居るは心苦しく候。(4)」

と返事をした。西田がこの返事を山本に送ると間もなく、京都帝国大学文科大学教授会は西田の招聘を決定した。西田にその通告がもたらされたのは明治四三(一九一〇)年四月の下旬であった。八月、西田は京都に移り、郷里宇ノ気村の森を訪ねて父や姉の法要をいとなみ、金沢で四高の旧同僚と会い、九月の新学年から京都帝国大学文科大学の倫理学講座の助教授として講壇に立った。学習

院教授として東京に在住したのは一年間であった。

（1）高橋里美は、上田整次からきいた話として、西田が学習院に就任してのち、「学習院で教えるだけでは物足らなく」感じ、「東京大学で教えてみたいという希望」をもつようになったので、上田が大塚保治をつうじて井上哲次郎にはたらきかけたけれども、井上が「無給講師なら」と返答したため西田は「屈辱を感」じて断ったということを書いている（『心』第一二巻第一号）。西田が井上からの打診をうけて東大の講師になりたいと考えたことはまえに述べたとおりであるが、高橋がこれを学習院就任後のこととして書いているのは、彼のきき誤りか、上田の思いちがいかのいずれかであろう。学習院に移る直前の明治四二年の夏にも西田が東大での講師のポストを希望し上田が大塚にたのんで斡旋したということはありえないことではない。だが、それならば、西田はそれが無給のポストであったことをその前年の井上との折衝で知っていたはずである。本文で述べるように、西田は学習院に入って間もなく、京都大学から招聘の下交渉をうけていることを考えると、高橋の伝えたようなことがおこることは、時間的にいって、ありえないことである。

（2）明治四一年に西田を京大の学生監に迎えようという話が、西田の知らないところで、もちあがっていたらしい。明治四一年六月一八日付の田部隆次宛の返事に、西田は、「小生が京大の学生監となるのに松本が不賛成を唱えたというのは小生は何も知らぬが或は然らんと思う。松本は小生が純学者とならんことを望み居るなり。嘗てそんな話のあった時に同君は大不賛成なりき。余は松本が好意を多とす。京大の学生監は余の親友山本良吉氏が任命せられる事に内定し居り近日の中にその発表を見るならんと思う。」と書いている（「書簡八一」、『全集』別巻五、九九頁）。このとき、西田を京大学生監に推したのは誰であったのか、いったい西田が学生監におされた事実があったのかどうか、その点についてはわからない。おそらく、京大学生監に山本を推したのが松本文三郎であったのだろう。そうだとすれば、松本は、学生監には山本が適任だ、西田は学者にすべきで学生監をさせるべきではないと主張したにちがいない。西田はもちろん松本のそうした気持をよく理解し、それを多としていた。松本は山本を学生監として京大に迎えたのち、西田を京大の講座に迎える機会を待っていたのであろう。むしろ、そのような機会の近いことを予想して、西田を学生監にすることに反対し、山本と協力して西田を迎えるために山本を学生監に推したものと思われる。松本は、西田がひろく学会に知られる機会をつくり、つぎには西田を京大に招くために、さまざまに配慮していたようである（「実在に就いて」を『哲学雑誌』に発表させるイニシアティヴをとったのも松本だと思われる）。その点からいえば、西田が日本の指導的哲学者になる軌道を敷いたのは松本文三郎であったと言えるかもしれない。松本が、四高生時代に西田といっしょに処分をうけた仲間であり、学校当局の勧告にしたがって復学したことは第二章で述べたが、彼はそのときのことを忘れず、勧告を斥けて四高を退学したために不遇の道を歩いていた山本と西田に、終始厚い配慮をしてきたのであろう。松本の西田にたいする友情については、あまり触れられたことがないが、この友情は日本の哲学史の一つのエピソードとして注目してもよいであろう。

（3）明治四一年に井上哲次郎が西田に東大での講師の機会をあたえようとして、どのような科目の講義を選ぶかと打診したさい、西田は藤岡作太郎にむかって井上の意向をたたくことを依頼するとともに、「純正哲学及認識論……つまり桑木君と全く同一の専門」を選びたいと答え、「倫理は好む所にあらず」と言い、「桑木君と全く同一の専門」の分野で「自己の system を講じて見たい」と言った（「書簡八六」、『全集』別巻五、一〇六頁参照）が、もしかすると、桑木厳翼はそのときの西田の意向を知っていて、西田を倫理学の助教授に迎えることに躊躇を感じたのかもしれない。

（4）「書簡一二四」（明治四三年四月三日付）『全集』別巻五、一三八頁。

東京に在住していた一ヵ年のあいだに、西田は植村正久や狩野亨吉のような人びととも交わりをもつことができたし、京大転任が決定した直後には、大学の選科を卒業していらい顔を合わせたことのなかった田岡嶺雲とも逢って旧交をあたためることができた。(1) 明治四二年の一二月には哲学会で「純粋経験相互の関係及び連絡について」という報告をおこなった。それは、すでにいちおうの完成に達していた「純粋経験」の体系の概要を述べたもので、翌明治四三年二月『哲学雑誌』に発表された。この報告がおこなわれたころから、西田は「純粋経験」の概念を新しい方向に深める準備をすすめていった。彼はリッケルトとベルグソンとの研究にとりくみ、ひろく「現代の哲学」の動向に注目しながら、やがて『自覚における直観と反省』のテーマになる問題への方向にすすんでいったのであった。

(1) 西田が田岡嶺雲を訪ねて再会したのは、京大文科大学の教授会で西田の人事が決定した通知をうけとった二日後の明治四三年四月二四日のことであった。

京都に赴任するとき、西田は「純粋経験と思惟、意志、及び知的直観」、「実在に就いて」、「倫理学」、「宗教に就いて」および「知と愛」を一冊の書物にまとめて出版しようと考えて、すべてを紀平正美に託して行った。紀平は、自分が編集委員をしていた『哲学雑誌』の版元である弘道館に交渉し、託された論文を編集して出版した。(1) 第一編「純粋経験」、第二編「実在」、第三編「善」、第四編「宗教」という配列も各編の題名も紀平の手になるものであり、『善の研究』という書名も、紀平がジョサイア・ロイスの著書からヒントをえてつけたものである。

(1) 高橋里美は、得能文からのきき書として、次のように書いている。「先生が『善の研究』を出版したく思われても、まだ一般的に有名になっておられなかった先生の著書の出版を快く引受けてくれるところがどこにもなかった。そこで得能さんは方々奔走し遂に弘道館を口説き落して漸く出版の運びになったが、それが出版されたときの先生の悦びは非常なもので、得能さんの労を多として深い感謝の意を表されたとのことである」(『心』第一二巻第一号、三三頁)。西田が論文の出版を得能にも託し、得能と紀平とがいっしょに出版のために尽力したということも、『善の研究』が出版されたとき、西田が得能の「労を多として深い感謝の意を表」したということも、そのとおりであろう。しかし、西田が「実在に就いて」を発表したところに、増補して出版してはどうかという申出が弘道館からなされたこと(二一六頁に引いた「書簡八七」および二一七頁の注1参照)を考えると、「出版を快く引受けてくれるところがどこにもなかった」という得能の言葉(として高橋が伝えていること)は、いくらか誇張をふくんでいるのではないかと思われる。

明治四四年の一月、『善の研究』が西田幾多郎の処女作として出版されたとき、西田は四一歳に達していた。

第五章　『善の研究』について

『善の研究』は、これまで述べてきたように、西田幾多郎の前半生にわたるながい間の苦渋な「思索と体験」の結晶であった。この著作には、自由民権運動の挫折と天皇制国家体制の確立から、日清戦争を経て、日露戦争後の「閉塞の時代」にかけて矛盾にみちた発展をとげた日本の社会のなかで西田幾多郎が味わわなければならなかった人生の悲哀と、その悲哀を克服して誠実に自己の人格的統一を実現しようとするひたむきな精神的苦闘がこめられていた。

『善の研究』の第二編におさめられた論文が最初に『哲学雑誌』に掲載されたとき、紀平正美がそれに讃辞を呈して西田を学界に紹介したことは前に述べたが、『善の研究』が出版された翌年の明治四五（一九一二）年には、高橋里美が『哲学雑誌』の五月と六月の二号（第三〇四号および第三〇五号）にわたって、「意識現象の事実と其意味――西田氏著『善の研究』を読む」という長文の批評を発表して、西田の「純粋経験」の哲学にたいしてすぐれた重要な批判を展開しながら、この著作のふくむ「重大な価値」を認めて、それを「明治以来最初の哲学書」と呼んで評価し、これによって日本人が哲学的創造にたずさわることに自信がもてるようになったとして西田に感謝と敬意をささげ

た。(1)

(1) 高橋のこの批評にたいする西田の答弁は『哲学雑誌』の第三〇七号(大正元年九月)に、「高橋文学士の拙著『善の研究』に対する批評に答う」という題で発表された。西田のこの論文は、のちに『思索と体験』(『全集』第一巻)に収録された。ついでにいえば、高橋はのちにいたるまで一貫して西田にたいするすぐれた批判者であった。

しかし、当時の哲学界では認識論的な研究に重点をおく傾向が強く、そうした傾向にくらべると、『善の研究』はかなり古風なものに見えたようである。そのためであろうか、西田のこの著作は、紀平や高橋の讃辞にもかかわらず、当初はかならずしも多くの人びとの注目をひくことはできなかった。(1) 西田が初版の序に、

「当時ミュンステルベルヒの心理学やヘーゲルの論理学に負う所があったと思うが今にして思えばちと急いで旧思想と妥協した様な感じがする。」

と書いたとき、彼自身もまた『善の研究』が出版当時の哲学界の主流にくらべていくらか古めかしく見えると感じていたのであろう。(2) 高橋里美の認めたような『善の研究』の「重大な価値」が多くの人びとによって認められるようになったのは、西田が新カント主義と対決して悪戦苦闘したドキュメントを『自覚における直観と反省』という題で出版し、日本の指導的哲学者としての地位を占めるようになってからのことであった。しかし、『善の研究』が広範な読者をもつようになったのは、とくに、大正期の青年のあいだにたくさんの読者を擁していた倉田百三が、『愛と認識との出発』

においてそれを紹介したことによるところが大きかったことを見のがしてはなるまい。

(1) 高橋里美は、『善の研究』が多くの人びとの関心をひき、「飛ぶように売れ出したのは、その価値が漸く認められて岩波書店から出るようになってからのことである。」と述べている(「西田先生の言葉」雑誌『心』第一二巻第一号、三三頁)。『善の研究』の初版は売れ行きもあまりよくなく、のちには——岩波書店から再版が出るまで——ほとんど絶版になったままであった。

(2) 『善の研究』の初版の序のうち、ここに引用した部分は、前にも触れたように、再版のときに削除された。岩波書店から再版が出たのは大正一〇(一九二一)年、つまり初版が出てから一〇年後であった。そして、その間に西田はすでに『自覚における直観と反省』(一九一七年)と『意識の問題』(一九二〇年)を出版し、『芸術と道徳』(一九二三年)におさめられることになる諸論文を書きはじめていた。『善の研究』における「純粋経験」の概念は、すでに「絶対意志」の概念にまで深められていたが、この「絶対意志」の立場はまさにフィヒテの「事行」の立場を介して到達されたのであった。西田は、彼の「純粋経験」の概念にふくまれていた「フィヒテ以後の超越哲学」の側面を彫琢してそこに達したのであった。そして、その側面は、当時の哲学界で支配的になっていた新カント主義をつうじて、あらためてとりあげられることになったのであった。したがって、西田が、『善の研究』の第二編を書くにあたってミュンステルベルヒやヘーゲルに負うところがあったことを「ちと急いで旧思想と妥協した」と残念がる理由はなくなっていた(ミュンステルベルヒはフィヒテの哲学にもとづいて価値論を展開した人であった)。『善の研究』の初版の序からこの部分を削除したとき、西田は、かつて「旧思想」と感じられた側面の方が、かえって、ちっとも古くないばかりか、自分の思想の根本的な側面であったと考えるようになっていたのである。じっさい、西田がグリーンをつうじてはやくからつかんでいた「統一的或者」という「フィヒテ以後の超越哲学とも調和し得る」側面こそ、西田の「純粋経験」の概念の本質的な特徴であり、のちの西田哲学の核心をなすものである。

西田が『善の研究』以後も三〇数年にわたってめざましい哲学的活動を展開し、大正の後期以降は日本の最大の哲学者として文化の世界における指導的地位を占めてきたことは、あらためていうまでもない。だが、昭和一一（一九三六）年に、『善の研究』を改版するとき、彼が、自分の哲学の発展をふりかえりながら書いた、

「今日から見れば、此書の立場は意識の立場であり、心理主義的とも考えられるであろう。然非難せられても致方はない。併し此書を書いた時代においても、私の考の奥底に潜むものは単にそれだけのものではなかったと思う。純粋経験の立場は『自覚における直観と反省』に至って、フィヒテの事行の立場を介して絶対意志の立場に進み、更に『働くものから見るものへ』の後半において、ギリシャ哲学を介し、一転して『場所』の考に至った。そこに私は私の考を論理化する端緒を得たと思う。『場所』の考は『弁証法的一般者』として具体化せられ、『弁証法的一般者』の立場は『行為的直観』の立場として直接化せられた。此書において直接経験の世界とか純粋経験の世界とか云ったものは、今は歴史的実在の世界と考える様になった。行為的直観の世界、ポイエシスの世界こそ真に純粋経験の世界であるのである。(1)」

という文章のなかで暗示しているように、『善の研究』において「純粋経験」という概念で表わされていた彼の「実在」観——世界観——の根本内容は、その後の発展のなかでけっして変ったわけではなかった。むしろ、西田の哲学の中心概念は、西欧の哲学の諸概念とのねばりづよい思索による対決をつうじて、「行為的直観」という概念にまで彫琢され、さらに「絶対矛盾的自己同一」と

して論理化されたけれども、『善の研究』以後のその発展は、「純粋経験」としてとらえられていた「実在」について、その把握の仕方を洗練する過程であったにすぎない。いいかえれば、西田哲学の根本的な立場と性格とは、『善の研究』においてすでに確立されていて、その後も一貫して変ることがなかったのである。西田の哲学は、『働くものから見るものへ』において彼が自分のとらえた「実在」を論理化する端緒をつかんでからのち、「西田哲学」という固有名詞で呼ばれるようになり、世界にむかって日本を代表する「独自」な哲学とみなされることになったが、その点からいえば、『善の研究』は日本の「独自」な哲学の誕生という意味をもっているわけである。そして、『善の研究』の成立が日本における最初の「独創的」な哲学の成立を告げる重要な思想史的事件であるということについては、こんにち、それを疑う人はほとんどいない。『善の研究』の成立がそのような意味をもつ思想史的事件であることは、たしかにそのとおりである。しかしながら、『善の研究』がどのような意味で日本最初の「独創」的哲学であるのか、西田哲学が日本「独自」の哲学であるとは何を意味するのか、いったい『善の研究』の成立は日本の近代思想史においていかなる意義をもつのか、ということは、かならずしも充分明らかにされているわけではない。

（1）『全集』第一巻六―七頁。

『善の研究』における「純粋経験」の立場は、西田がひたすらな「打坐」の行をとおして体得した「見性」という身心脱落の経験を現実そのものの根本原理（「実在」）とみなし、そこからものを見、ものを考えようとする立場であった。西田にとって、「見性」の経験としての「正念」は、「数学の公理の如くに」明証的であり、しかも「吾之を曲げんとしたればとて曲げる」ことのできない「宇宙の大法」であった。したがって、彼が、身心脱落の境地として体験される――その意味で、「主客未分」な――もっとも直接的かつ明証的なこの「見性」という経験的事実を、「唯一の実在」としてとらえ、その見地から「すべてを説明して」みようとめざして、そのような「実在」観を「純粋経験」という概念で表わしたとき、その用語がエルンスト・マッハなりウィリアム・ジェームズなりから得られたものであったにしても、西田がそれで表わそうとしたものは、マッハからでないことはもちろん、西田が強い共感をいだいていたジェームズから由来したのでもなかった。西田の把握した「純粋経験」は、西欧的経験論の伝統にもとづくマッハやジェームズの「純粋経験」とはまったく内容を異にする概念であった。

ところで、西田の哲学が、参禅をつうじて「悟得」した「一大真理を……今日の学理にて人に説」こうとしたところに生まれたということから、『善の研究』は仏教的伝統の所産であるといわれ、あるいは、そのことを根拠にして、西田哲学は封建的性格のものであるともいわれてきた。『善の研究』が禅と、したがって仏教的伝統と深いつながりをもっていることは、疑いなくたしかなことである。けれども、西田が参禅をつうじてつかもうとしたのは、けっして封建教学としての仏教の教義ではなかったし、彼がめざしたのは、井上哲次郎がしたように、仏教教学を西欧の哲学と折衷して天皇制国家権力の護教論をうちたてることではなかった。西田が禅に求めたのは、なによりも、自己の個性または人格の統一と独立との精神的根拠であり、「自我」の確立であった。したがって、彼が「見性」における身心脱落あるいは「主客合一」という「直接経験」の明証的事実を現実そのものの根源――「真実在」としてとらえ、その立場で哲学をきずいたとき、彼の哲学は、いわば近代的人間意識の世界観的原理の確立の試みという意味をもっていたし、そのようなものとして、それはけっして封建的な意識の表現なのではなくて、かえって、日本の市民的意識の哲学的表現であったのである。

西田が、四高生時代に、自由民権運動の思想的余波がまだ残っていた当時の空気のなかで、啓蒙思想の影響をうけたことは疑えない。森有礼の国家主義的教育政策のもとにあった四高当局に抵抗して、「何事も独立独行で途を開いて行くという考で」中途退学した西田の「独立独行」の精神が、福沢諭吉に代表される啓蒙思想につながっていたことはたしかであろう。自由民権運動の挫折とともに、短かった啓蒙の季節はすでに終っていたが、西田は、そうした局面で「平民主義」を唱えていた徳富蘇峰の『国民之友』などをつうじて、「極めて進歩的な思想を抱」き、新しい時代の夢に胸をふくらませながら、啓蒙期の精神を継承したのであろう。「学問文芸にあこがれ」て、彼はせいいっぱい西欧文化を吸収したにちがいない。しかし、四高をとび出した彼の叛骨を底の方で支えていたものは、おそらく漢学の教養によって培われた気概であったにちがいない。山本良吉にあてて唯物論的、無神論的見解を述べた書簡のなかの「錦衣玉食似浮雲、人生百事偽平真」という句は、哲学にたいする西田の関心もまた、漢学的教養が西欧の近代文化に出会ったところから生まれたものであることをしめしている。

西田が哲学に志したのは人生の価値または意義を探るためであった。彼は近代文化（自然科学）に接して唯物論的立場に近づき、間もなくそこからはなれたが、それは、唯物論を「物質が究極の実在」とみなす立場ととらえていた彼にとって、唯物論は人間の精神的価値を否定して功利主義的生き方しか認めないものと思われ、そのことが不満に感じられたからであった。(1) 唯物論にたいする西田のとらえ方にもまた、漢学の伝統に養われた価値感がはたらいていたと言ってよかろう。

（1）西田は、唯物論が人間の精神的価値を否定するという、四高生時代にいだいた見解を、晩年までもちつづけた。『善の研究』の第二編「実在」の冒頭でも、彼は、「高尚なる精神的要求を持って居る人は唯物論に満足できず、唯物論を信じて居る人は、いつしか高尚なる精神的要求に疑を抱く様になる。」と書いている（『全集』第一巻四六頁）。西田は物質と精神との本源性にかんする理論的問題と、世界と人間との実践的関係にかかわる価値の問題とを区別することができなかったのである。唯物論にたいする右のような西田の見解は、彼が唯物論を「物質が究極の実在」とみなす立場としてきわめて抽象的に形而上学次元でとらえていたことにもとづいている。西田が唯物論に近づくにあたって中江兆民の『理学鉤玄』を読んだかもしれないことは、前に述べた。兆民は『理学鉤玄』の「実質説」において唯物論を解説しているが、そこでは経験論や実証主義も「実質説」にふくめられていると同時に、たんなる解説にとどまらない兆民自身のかなり徹底した唯物論的主張もふくまれている。たとえば「精神《アーム》」の章や「無神ノ説」の章には兆民自身の唯物論思想が決定的におしだされている。兆民の唯物論はラ・メトリーのそれ（とくに《*Histoire naturelle d'Âme ou Traité de l'Âme*》に述べられた唯物論）に近いが、むしろラ・メトリーよりも徹底している。しかし、兆民にあっては、『理学鉤玄』においても、物質はけっして「究極の実在」という形而上学的なものとしてはとらえられていない。彼は「実在」主義者ではなかった。自然の世界の底または根底にあって実在するものを、彼は認めなかったし、認めることを必要ともしなかった。兆民はまたけっして「精神」を否定したこともなかった。彼が否定したのは、精神の「不滅」ということであって、「精神」ではなかった。兆民は、現実の世界を神の概念につないでとらえる世界観を斥けたのであった。自然の世界の根底にあって「実在」するものを認めない態度は、『続一年有半』においてもつらぬかれている。人生の価値または精神生活にかんしていえば、兆民の精神生活を支えていたものは禅または陽明学に培われた思想であった。

西田が兆民の『理学鉤玄』を読んで唯物論を学んだとすれば、彼は兆民を充分には理解できなかったと言わねばならない。唯物論にたいする西田の理解が充分でなかったのは、一つには、井上円了の『哲学一夕話』の影響をうけていたからであろう。

西田が唯物論からはなれたことは、彼が功利主義的潮流にたいして批判的な立場をとる方向にすすもうとしていたことをも意味している。そして、この方向は、西田だけでなく、当時、人格的独立をつらぬいて近代的な人間としての生き方を追求しようとした人びとの多くがとろうとしていた方向でもあった。いいかえれば、功利主義的、現世主義的な方向を克服しようとする傾向は、明治二〇年代のはじめからだんだんと、日本の近代的な文化と思想とにおける代表的な、もっとも重要な潮流となっていったのであった。

明治維新によって統一的・民族的な国家が創立されたとき、国の新しい状態が古い思想的・政治的傾向からの解放を要求し、新しい政治的方向に思想的な根拠と基礎とをあたえる必要が強く感じられ、西欧の近代思想の諸潮流がおどろくほど精力的に摂取された。そして、福沢諭吉をはじめとする啓蒙思想家たちの努力をつうじて、新しい日本が独立の市民を基礎としなければならないということが多くの人びとの心に深くしみとおっていった。しかし、他方では、おびただしい具体的諸問題がさし迫ったものとして新しい国家に課せられていた。古い社会的・経済的構造はほとんどそのまま存続していたし、圧倒的に優勢な西欧の列強が民族的独立にとってたえざる脅威となっていた。誕生したばかりの国家は、民族の独立と統一とをまもりながら、急速に近代化をなしとげなければならなかった。それは苦難にみちた複雑な課題であった。多くの民権論的な政治家や思想家が反動的勢力との妥協にむかって突き動かされ、国の独立と統一とが、民主主義的発展の体制をおさえつけて社会的保守の利益になるような方向で把握されることになったのは、この苦難のためであった。この苦難をまえにして、民主主義的発展をめざす方向を追求することは国の独立と統一とを妨げる抽象的理想論であるかのように思われたし、そのような方向を導く思想的根拠を見出すには、日本人の精神活動はまだ局限されてもいた。(1) こうして、自由民権運動が挫折して天皇制国家秩序が確立されたとき、日本の社会と文化とは、中江兆民が『三酔人経綸問答』(一八八八年)において鮮かに描き出したように、深刻な危機を経過しはじめていた。明治二〇年ころから、国家的発展と社会的進歩とはますますするどく矛盾するものになっていったし、両者の統一の実現という国民的課題の解決はいよいよ困難になっていった(この課題は第二次大戦後の今日もまだ未解決なままである)。しかし、啓蒙思想はこの国民的課題の解決をたすけるに足るだけの思想的・文化的遺産を残してはいなかった。啓蒙思想の主潮であった功利主義の哲学的基礎は不可知論的な実証主義であって、深刻な危機のなかで国民的課題の解決の方向をしめしうるものではなかった。そればかりか、流動的であった社会が天皇制国家秩序の枠のなかに固定されて啓蒙の季節が過ぎ去ったとき、功利主義は体制の側に吸いあげられて、現実にたいする批判的意義をもちえなくなり、人間性の解放の主張という意味を失っていた。明治二〇年代から、功利主義の克服が強い潮流となったのは、そのためであった。

（1）たとえば、自由民権運動の左派の指導者であった植木枝盛も、心情という点からいえば、きわめてラディカルに革命的であったが、国家の理論を組織しようとしたとき、国家の「至上権」と民権の主張とを統一的にとらえる論理を見出すことができなかったし、国家主権の絶対性を説く彼の論理は民権についての彼の主張とはかけはなれていた。

功利主義に反対するこの傾向は、当時の諸条件のもとでは、啓蒙の諸潮流の特徴であった現世主義的傾向の克服という方向にすすまざるをえなかった。天皇制国家のもとで、権力の指導による近代化をつうじて資本主義が発展するにつれて、市民社会も発展せざるをえなかったが、確立された天皇制国家は自らを共同体に擬し、その「共同体」を理想化しようとしていた。しかし、市民社会の発展はその「共同体」的なものと衝突し、それを破壊する可能性をつねにはらんでいるので、天皇制イデオロギーは市民社会の発展によってたえず危機にさらされ、その危機を避けるためには、「共同体」を破壊するおそれのあるすべてのものを抑圧しなければならない。天皇制国家は資本主義を育成することによって市民社会の発展を促しながら、たえずそれを抑圧しなければならなかったのである。そのために、天皇制国家のもとでは、市民社会はそれ自身の合理的秩序をもつことができず、そこでの社会関係は前近代的な習俗にからみつかれて暗く不透明であった。そして、その不透明な暗さは、資本主義が発展すればするほど、複雑な色合いをおびて濃くなっていった。

このような社会のなかでは、独立の市民として人格的独立をつらぬいて生きようとすれば、現実の不合理な秩序と衝突しなければならなかった。そこでは、人格的独立をつらぬくことは世俗的な「立身出世」を断念しなければならないことを意味していた。しかし、明治の青年にとって、それは深刻な内的葛藤をよびおこさずにはおかなかった。なぜなら、「立身出世」は現実の諸条件に根ざし、とりわけ家族の必要という物質的な重みをもって個人を内からつきあげる欲求であり、いわば明治時代における欲望の社会的形態であったからである。したがって、人格的独立をつらぬくためには、現世主義を克服しなければならないし、それを克服しうる高次の価値を見出さなければならなかった。近代的人間として人格の独立と自由とを熱望した明治二〇年代の若い知識人たちは、あらためて、人格の独立の根拠と精神的支柱とをどこに求めるかという問題に直面したのであった。だが、現実の社会秩序が人格の独立と自律とを許さないものと見えたかぎり、人格性の根拠は自己の内面の底に見出される人間的普遍性の自覚そのもののうちに、いいかえれば、意識の内面において現象的世界を成立させるものとみなされるいわば超越論的な (traszendental) 自覚そのものの経験のうちに求められなければならなかった。市民的独立の精神的支柱は啓蒙思想を超えた次元に求められなければならなかったのである。こうして、明治二〇年代いらい、日本の市民的文化は、自己の実現を内面的な「超越」に求める観念論的な方向をとり、ロマン主義的な性格をおびるようになっていった。この方向は北村透谷において先駆的に、しかも典型的に表現されたが、西田がたどったのもおなじ方向であった。

西田は四高を中退したとき、「独立独行」をつらぬくことについて楽天的であったが、明治国家の秩序が確立した状況のもとでは、「独立独行」をつらぬこうとすれば深く傷つかねばならなかった。大学の選科で彼はヒュームやカントを学び、それらの学説をかなり正確に理解したが、選科生としての差別待遇をうけてふかい挫折感におそわれた西田にとって、西欧近代哲学の知的理解だけでは「独立」の精神を支えることはできなかったであろう。彼は「超然として自ら矜持する所のもの」によって挫折感と屈辱感とを克服し、人格の独立と統一とを保ちえたが、それは、自分の学力への自負もさることながら、やはり少年時代からの漢学の教養、とりわけ陽明学的伝統に支えられていたからであった。西田がいつ陽明学に親しんだかは明らかでないけれども、明治二四年一〇月六日付の山本良吉宛の手紙、とくに「去月二十日雲井龍雄に天王寺に謁し、其天地を動すの独立の精神を見て感慕の情に堪えず(1)」という言葉からみて、選科生時代の西田が自分の精神的支柱を陽明学に求めていたと考えることは、おそらく誤ってはいないであろう。大学を卒業したのちにも、彼は、失業、僻地での教師生活、家族関係の陰湿さなど、失意のなかで野心と挫折感との織りなす内心の葛藤にさいなまれ、人生の悲哀をかみしめなければならなかったし、人格的統一をたえずおびやかされざるをえなかった。しかし、森有礼の教育政策に反抗した叛骨は強く生きていた。彼はくじけそうになる自分を励まして、第二章と第三章とで述べたように、「天地崩るるも動かざる程の志と勇猛壮烈鬼神も之を避くる程の気力」をふるいおこして人格の統一と独立とをまもるために苦闘したが、その精神的抵抗の苦闘を支えたものが、陽明学に培われた気概であったことは、明治三〇年代の前半の日記における自戒の文章の文体から明らかである。

（1）「書簡六」『全集』別巻五、一三頁。

哲学に人生の価値の問題の解明を求めた西田は、T・H・グリーンの『倫理学序説』の「自己実現説」を「大体小生の意に合」うものとして、その人格的唯心論ともいうべき形而上学に共感をいだき、そこに自分の哲学の方向を定める最初の手がかりをつかんだ。そのことが啓蒙の潮流との決定的な訣別を意味していたことは、前にも述べたが、西田がグリーンの形而上学のうちに人格の独立と自由との哲学的基礎の探求の出発点を見出したのは、彼がそこに陽明学的伝統との親近性を見出したからであった[1]。グリーンの形而上学と陽明学との親近性は明治の人たちのあいだではひろく感じられていたようである。たとえば、かなりのちになるが、明治四二年に書かれた大著『王陽明の哲学』のなかで、三島復は両者を比較して、

「グリーンの知識論及び倫理論において、吾人の意識作用は宇宙大意識が吾人個〻の主観を通じて再現せる者に外ならずとするは、陸の心、若くは理、王の良知若くは天理に就ての説と相比すべき所なきか。蓋し理といい、良知といい、宇宙に充塞する大法にして、それが吾人方寸に寓す。かく方寸に寓する者に就て、その意識あることは、固より明言せる所なれば、宇宙間に於て亦たその意識作用あること推して知るべく、特に中江藤樹の神霊論を想起せざるを得ざるなり。而し

てグリーンが認識といい、道徳といい、同一意識の作用とするは陽明の良知が意識の全体を見わたせると相同じ。

　吾人の究竟理想は宇宙大理想の吾に再現したる者、即ち真我の実現にありて、ここに真の自己満足を得るなりとて、快楽はかかる実現満足の結果に過ぎずと論ずる者、これ陸王が理に純なること、即ち良知の至ること、換言すれば真己を成すを以て理想となして、快楽主義をとらず、ただこの理に循えば、自ら自慊即ち自己満足という快楽を感ずとするに類する所あり。

　グリーンが真我は歩〻発展の途にあるも未だその円現の極に達せずとするは、陸王が愚夫愚婦と雖も本来完全なる真心、良知を具う、而してただ欲の昏蔽を免れざるも、これを去りて真己を実現するを得べしとなすとは相異なる所あり。而して、グリーンが真我その者は完全にして、超時間的なるも物質的の物の中に活動するが故に、時間に抑制せられて、時間内に於て自己の力にて漸次発展すとなすは、『去人欲存天理』の旨に比して、相類するなきにあらず。何となれば人欲は軀殻即ち形体に本づき生ずる者にて、天理即ち良知を昏蔽す。而して良知即ち真己は自己の力を以てこの昏蔽を去るを得べきを以てなり。

　かくて吾人には、未だ真我の可能性を終局迄実現したる者あらず。かかる理想境は如何なる状態なりやを想像する能わずとするグリーンの旨は、陸王が何人と雖も努力勉励によりて、その理想とする理に純なるの境に達するを得べしとするとは相同じからず。特にその具体的理想とも謂うべき聖人に就て陽明の論ずるところ、及び周海門の『此心一刻自得《スレバ》、便《チ》是《レ》一刻聖賢、一日自得、便是一日聖賢、常々如是、便是終身聖賢』といえるなどに就てこれを見るべし。[2]」と書いている。西田はグリーンの形而上学が論理的分析を主とする「主知主義」的なものである点に強い不満をたびたび表明したが、その不満は、「若しカントのいう如くなれば心ノ欲スル所ニ従フテ規ヲコヘスという如き聖人は有徳の人と称す能わざるに至るべし。これ頗る理に違うものの如し」というカントの倫理思想にたいする彼の不満とおなじく、陽明学の伝統の立場からのものであった。そのことは、かえって、西田が陽明学の立場からグリーンに共感をいだいたことを裏書きしている。西田がグリーンのいわゆる「自己実現」としての「思想ノ統一」の「最捷径」を禅に求めたことも、西欧の哲学者たちの「知識的研究」にあきたらず〈soul experience〉についての「事実的研究」を強く求め、ヘーゲルよりもショーペンハウエルの「意志」説を高く評価したことも、彼が陽明学の「知行合一」の立場に導かれていたことと無関係ではあるまい。[3]

(1) 日本の市民的哲学が、ミルやスペンサーなどのイギリス哲学の影響下にあった啓蒙思想からドイツ・イデアリスムスの影響のもとでロマン主義的な「理想主義」の方向に移行したのは、T・H・グリーンの哲学を媒介にしてであった。西田ばかりでなく、高山樗牛のロマン主義もまたグリーンの「自己実現説」とむすびついていた。日本の哲学がドイツ観念論の影響をうけるようになったのは、通常、明治憲法がプロシア憲法に範をとったためであると説明されているが、それは必ずしも充分な説明ではないように思われる。ドイツの古典哲学が日本の哲学界において支配的な地位をしめるようになるうえで、グリーンをはじめイギリスの新カント主義または新ヘーゲル主義がはたした役割はもっと研究されるべきであろう。なお、カントからヘーゲルにいたるドイツ古典哲学の大要は三宅雪嶺の『哲学涓滴』などをつうじて明治二〇年頃には紹介されていたが、フィヒテやヘーゲルの哲学が陽明学を媒介して把握されていたことは注目に値する。

（2）三島復『王陽明の哲学』四六〇―六一頁。この書は三島が明治四二年に書いた『陸王の哲学』七巻のうちの第三巻以下で昭和九年に出版された。はじめの二巻は『陸象山の哲学』と題して大正一三年に出版された。

（3）西田は「見性」の体験に立って「純粋経験」の概念を形成するにあたって、逆に、陽明学の思想を媒介にしたように思われる。

『善の研究』の成立における陽明学の役割はこれまでほとんど注目されていないけれども、それは西田の思想の形成にとってきわめて重要な地位を占めていた。漢学界の泰斗であった狩野直喜は、西田が亡くなったとき、「西田君の憶い出」という短い追憶文のなかで、西田哲学において漢学が果した役割を指摘しながら、「ある私の友人が君の『善の研究』を読み『あれは陽明学だ』と言ったことがある。」という注目すべき言葉を記しているが、(1)『善の研究』の思想が「あれは陽明学だ」といわれるほど王陽明の「哲学」と本質的な近さをもっていることは、安岡正篤の『王陽明研究』（一九一二年）からも知られる。安岡はおそらく『善の研究』を読んでこの著作を書いたものと思われるが、安岡の説く王陽明の思想は『善の研究』の思想とほとんどおなじものである。(2)もちろん、西田が陽明学の伝統に支えられていたからといって、それはけっして西田が封建的な思想の持主であったということを意味するのではない。(3)西田は市民としての人格的な独立と自律をつらぬくためにこそ、陽明学の伝統的教養を精神的支柱にしたのであった。

(1)『哲学研究』第三四七号、一九四六年四月号、二八頁。
(2) かつて、三木清は西田に「志士的なもの」があると語ったことがあるが(『西田先生との対話』角川文庫、一四八頁参照)、西田の「志士的なもの」が陽明学的立場につながっていたことは、安岡の『王陽明研究』を読めば充分推察できる。安岡正篤が右翼的思潮の指導的思想家であったことはいうまでもないが、彼の立場はいわば「志士」的方向を一面的におしすすめたところに成立つといえよう。
(3) 陽明学は朱子学にたいして、カトリシズムにたいするプロテスタンティズムとどこか似た性格をもっているし、けっしてたんに封建的とはいえないものをはらんでいる。幕末に横井小楠は良知説から四海同胞の思想をひきだし、人類という見地の自覚に近づいた。明治の初年にプロテスタントになった人たちのなかにも陽明学を媒介にした人が少なくなかったことも注目に値する。
また、西田の教養はけっして伝統的な教養だけではなかった。本書では充分に触れる機会がなかったけれども、西田は西欧近代の文学について高い教養をもっていた。

西田は、しかし、伝統的な陽明学の教養にとどまっていたのではない。陽明学は彼の思想の出発点にすぎなかった。グリーンの「自己実現説」に「大体小生の意に合う」理論を見出した西田は、「知行合一」という伝統の声に導かれて、暗く不透明な環境のなかでたえず心をかき乱されている自分の「思想統一」をおこなう必要を感じ、そのための「最捷径」として禅を選んだ。彼にとって、はじめ禅は必ずしも宗教的意味をもってはいなかった。それは禅でなくて、陽明学の「静坐」であってもよかったにちがいない。だが、参禅をつうじて西田は宗教的関心をふかめ、禅は「深く〳〵心の奥を探りて真正の己を得て之と一とな」って永遠の内的生命を捕捉する行として、第一義的なものとみなされるようになった。「心の奥に返りて妄念の本を断つ」ために彼がおこなった精神的苦闘については、すでに第三章で述べたが、彼が人格の独立と自由との根拠を「宗教」的自覚においてとらえようと苦闘していたころ、多くの知識人もまた、西田とおなじく、宗教的関心を強くいだきはじめていた。

明治二〇年代に啓蒙の現世主義を否定して人格的独立の保証を自己の内面だけに求める傾向が主要な潮流となりはじめたことは前に触れたが、日清戦争後、この潮流はロマン主義として大きくたかまった。戦後の急速な資本主義の発展につれて、日本人の精神活動は以前の局限された状態をつき破ってひろがり、知識人の近代的意識が発展し、個性の実現にたいする要求が強まった。しかし、個性の実現をロマン主義的に「自我」の拡充という方向に求めれば求めるほど、「自我」の理想は現実の諸条件とますますするどく矛盾することになった。ロマン主義はこの「理想と現実との分裂」のためにたちまち行き詰らざるをえなかった。だが、内面に折れまがっていたロマン主義的「自我」の意識にとっては、この矛盾が天皇制のもとでの市民社会の歪みに根ざしているということは問題にならなかったし[1]、この矛盾はもっぱら「自我」に固有な内的矛盾として、いいかえれば「人生の悲哀」として意識されるほかなかった。したがって、個性の実現を熱望すればするほど、現実と理想との矛盾のために、虚無感が深まらざるをえなかった。こうして、明治三六年ころには、「人生観的懐疑」が叫ばれ、「人生問題」の解決が切実に求められることになったが[2]、その解決は宗教に求められるほかなかった。理想と現実との矛盾を有限な人間に固有な矛盾として「自我」の内部でとらえていた知識人たちは、西田とおなじように、「自我」を内に超越したところに絶対的なものを直接体験することによってその矛盾を克服するほかなかったからである。日露戦争の前後に宗教的関心が多くの知識人をとらえたのは、そのためであった。

(1) 明治三〇年代には資本主義社会の矛盾に目をむけ、さらには社会主義運動にすすみ出た知識人も現われていたことを見おとしてはならない。社会主義の方向にすすんだ人のほとんどすべてが、ユニテリアン系のキリスト教徒であったことは注目に値する。

(2) 明治三六年、藤村操が「巌頭ノ辞」を遺して華厳の滝に身を投じたことは、「人生観的懐疑」が知識人のあいだにひろがりはじめていたことをしめしている。おなじ年、黒岩涙香は『天人論』のなかで、「人生問題」と宗教的要求とのつながりを次のように述べた。

「人は疑問の中に生まれ、疑問の中に死す。何故に生まれたるやが一の疑問なり、生存中に何をなすべきやが二の疑問なり、死すれば何の境に入るやが三の疑問なり、此疑問を解釈するを人生観という。人は自ら知らずして生る、即ち天然に生れたるなり、然れども其の天然の天というものは何ぞや、是れ人生観の奥底に横たわれる大問題なり、之を解釈するを宇宙観という。」

「人、宇宙の無窮無限に対し静かに思う所あれば誰か深き畏敬の心を生ぜざらんや、顧みて己れを観、如何にして我たる者の在るやを思い、又如何にして我の此世に来りたるやを思い、更らに我か力の能く何事を為し得るやを思わば又誰か自己の卑小を感ぜざることを得んや。此心が真の道徳心なり、真の宗教心なり。」

おなじ明治三六年に、西田もまた『人心の疑惑』を書いて、涙香よりもはるかにするどく「人生観」と宗教との関係について述べた。

理想と現実との矛盾およびそこから生まれる虚無観を克服し、人格と理想とを支える精神的支柱を見出すということは、日露戦争前後から、知識人にとって、もっとも切実な思想的課題であった。

そして、当時の宗教的関心のたかまりは、内面の底に「絶対的」なものを直接体験し、その体験の明証性のなかに個性と人格の根拠としての人間的普遍性の顕現を見ることによって、その課題を解決しようとめざすものであった。その意味では、その宗教的関心または宗教的要求は、近代市民としての人格の独立と統一を求め、理想主義ないし人格主義の基礎を確立しようとするものにほかならなかった。

明治三八年二月、綱島梁川は『宗教上の光耀（神秘的実験の一側面）[1]』において、このような宗教的要求を実現した経験を述べて、多くの人びとの関心を強くひいたが、そこには、その要求の実現された境地が次のような文章で記されている。

「自営欲を中心とする一切の想念、心像、感性の流れ皆打絶えて、而も意識分外に惺々、静かなる知見の鏡ここに開けて、庭上の松、窓下の竹、飛ぶ鳥の影、浮ぶ雲の姿、一切のもの皆来って其の如々の象を宿すに任せたり。この境復た情波識浪に漂ふ平生の我なるものを見るべからず。『物々皆游び、物々皆観る。』我れ庭上の松か、庭上の松我れか。『汝是渠《かれ》ならず、渠正しく是汝。』是を無我と謂わむか。意識鏡裏の松は、花は、是正さしく我れにはあらじか。この刹那における意識鏡裏の松、花乃至一切の物、如何なればかくも曽て経たることしもなき明鬯親切のこころ饒かなるぞや。我、我を無限に超越して、而かも我、我と最も親しく一原に逢ふ。“Great enough to be God ; interior enough to be me.” この一種崇高なる矛盾総合の意識境、これ我が始めて天地万有の真実相に還りて神游自得せるのこころにあらざる乎。始めて本地の風光に面相接して見性三昧せるのこころにあらざる乎。如何にか見性三昧せる。

是の意識境（其間殆んど一刹那なることあり）に於いては物々皆観念として流る。平生尋常の意識境に於いては、硬き嶮しき物質の障壁、到る処に聳えて、差別の装い、いかめしく、ひしひしと我れを取りかこめる観をなす。対峙あり、軋轢あり、罣礙あり、不可透《インペネトラビリテイ》あり。物質的原子と原子と相剋相殺して、彼此人我の迷執、永えに絶ゆることあらず。忽然として光耀の意識に躋れば、因果万重の世界脚下に砕けて、唯見る、我れと山と水と雲と天と地と、一切物、一切処、すべて明瑩一気、流るるが如き観念の世界として充ち広がれるを。ここに一の窒礙なく、障壁なく、難入難透の響きなし。一即一切、一切即一、げに銀碗の雪一つの色に親しめどもなお其の界を分かち、月下の鷺自他の彩を分かてどもなお同じ光に通えり。無辺の法界、唯だ聞く、大いなる一生命の無窮に脈打ち流るる声を。誰れか能く永劫を横絶するこの大いなる生命の流れを限り、絶ち、別かつことを得ん。ここには万有はその差別の薄衣《うすごろも》（吾等が常に実有の相として執するなる）を脱ぎすてて、法身一如の透明なる姿として現前す。宗教的光耀の一特相は、万有を透明と観ずることにあらずや。

吾人はまた光耀の意識に於いて天地の戯曲的意識に相参ずることあり。吾が心の、万有と一体に展び栄ゆくこころぞやがてそれなる。この意識、是れ一切を我が大いなる観念の懐ろに摂《おさ》めて煦《あたた》め育つるこころにあらじか。これぞ所謂天地的意識《コズミカル・コンシャスネス》なる、神心《かみごころ》なる。我れ神心に入れる乎、神心我れに入れる乎。是の刹那、我れは万有を一体として静観すると同時に、万有自爾の内在の理想に分け入りて、その一々の発展の心を楽しみ、その一々の化育に、心のしらべを合わせんとす。あわれ我儕果敢なき一塵の身を以てして、この宏大なる天地の経倫に与ることを得る。何等の解脱ぞ、何等の光耀ぞ。(2)」

（1）この論文は明治三七年九月に書かれ、翌年、雑誌『新小説』の二月号に発表された。
（2）『梁川全集』第五巻一〇六―八頁。傍点は梁川のもの。

西田は明治三八年二月一七日の日記に「綱島氏の宗教上の光耀と題する文をよみ感発する所あり」と書いている(1)。彼は梁川の思想にふかい共感をいだき、梁川の論説を熱心に読んだらしい。翌明治三九年三月二一日付の堀維孝宛の手紙に、西田は、「梁川氏の病間録は小生等には其境遇を伺うことはできぬが思想に於ては小生其一字一句を讃成〔ママ〕致し全く余の言わんと欲する所を言いたる如き心地致し候。」と書いているが(2)、じっさい、梁川の思想と西田の思想とは本質的におなじ性格のものであった。そのことは、「宗教上の光耀」をふくめて『病間録』やその後の梁川の著作を『善の研究』とくらべてみれば明白である。しかし、そのことは、けっして、西田が梁川の思想の影響をうけて『善の研究』を書いたということを意味するのではない。なぜなら、「宗教上の光耀」を読むよりも前に、西田はすでに禅をつうじておなじような境地を体験し、「曲げんとしたればとて曲げ」ることのできない「宇宙の大法」としての「正念」のうちに人格と理想との根拠を見出して、自分の直面してきた「人生問題」を解決していたし、『病間録』に共感したのは、西田がもう『善の研究』の第二編と第三編とを執筆しつつあったころのことだからである。禅に「思想統一」を求めた西田とクリスチャンであった梁川とが、宗教的体験のうえでも思想のうえでも一致していたということは、両者がおなじように、自然的自己を超越して、内面の底に「真の己を得」てその「真の己」の普遍性のうちに人格と理想との根拠を求める方向をたどったことにもとづいているが、そのことはまた、明治の知識人たちにとっては、禅とキリスト教との差異よりも、近代的人間意識の精神的根拠を求める要求の共通性の方がいっそう本質的であったことをしめしている。宗教的「光耀」をつうじて「人生問題」を解決するということが広範な知識人たちの共通の関心事であったことは、明治三八年に梁川の『予が見神の実験』が発表されると、それにならって見神者または見仏者と称する人びとが続々と現われたことからも知られるであろう(3)。

(1)『全集』別巻一、一三五頁。

(2)「書簡五四」『全集』別巻五、七五頁。おなじ日付の山本良吉宛の手紙にも、「余は深く綱島梁川の病間録を感んず。高見いかん」と書かれている(「書簡五三」同上、七四頁)。ところで、明治三九年の日記には、三月の終りまで、梁川に触れた記事はないが、明治三八年三月二日の日記には「此日太陽の綱島氏の文をよむ。深く感んず。」と書かれている(『全集』別巻一、一三六頁)ところから、これらの手紙も明治三八年のものであろうと推定している人もある。しかし、その推定は正しくないと思われる。西田が明治三八年三月二日に読んだ「太陽の綱島氏の文」は、おそらく雑誌『太陽』の同年二月号に掲載された「余録二題」と「心響録」とであろう。単行本『病間録』が出版されたのは明治三八年八月のことであるから、西田がそれを出版以前の三月に読むはずはない。彼はきっと翌三九年の三月になって手にしたのであろう。もっとも、手紙にいう「病間録」が明治三七年一〇月に発表された論文のことだとすれば、日記を書いた三月二日に読んだと考えることもできなくはないが、この論文が発表されたのは、日記に明記されている

『太陽』ではなくて、『新小説』である。したがって、右の日記の記事を根拠にして、右の手紙もまた明治三八年のものだと推定することは軽率だと言わねばならない。

(3) 河上肇が『社会主義評論』の筆をなげうって伊藤証信の「無我愛」の運動に投じたのも、梁川が『予が見神の実験』を発表した翌年のことであった。島村抱月や石川啄木らも、梁川の「見神の実験」から強い感銘をうけた。「見神の実験」とは神をまのあたりに見たということではなく、自覚の深化を宗教的体験として表わしているのである。

ところで、綱島梁川は宗教的「光耀」をつうじて「人生問題」を解決する道をしめしたが「光耀」の体験を「科学上、哲学上の言葉に飜して説く」ことは他に譲って、「意識上疑うべからざる確実な事実」としてのその体験を描写する以上にはすすまなかった。[1] だが、それでは「人生問題」の解決の「客観的確実を証する」ことはできない。[2] その客観的確実性を「証する」には、宗教的——とみなされた内面的——体験の事実の根源性と普遍性とを哲学的に明らかにすることが必要であった。そして、この課題をはたしたものこそ、西田の『善の研究』であった。

(1) 『梁川全集』第五巻一一三頁参照。

(2) 梁川はこの点について、「上挙光耀の意識の客観的確実を証する道ありとせば、予は之れを吾人日常の実際生活の経験其のものに訴えて説かん乎。何をか実際生活の経験によれる証明とはいう」と書いている。(同前。傍点は梁川)。

西田は、禅の修行にはげんでいたころから、哲学と宗教との関係について、宗教こそ哲学の基礎でなければならないという見解[1]をかため、「知識的研究」を斥けて「事実的研究」を重んじて、グリーンやヘーゲルの「主知主義」にたいしてショウペンハウエルの「意志説」に共感するようになっていたが、「見性」ののちは、その方向をさらにすすめて、心身脱落における「正念」の体験の直接的な明証性と確実性とを基準にして西欧近代哲学の基本的な概念やカテゴリーと対決し、その対決をつうじて『善の研究』における「純粋経験」の概念を形成したのであった。この対決における西田の思索は、ある意味で、きわめて徹底的であった。そして、この対決の徹底性によってこそ、西田は「見性」の体験的事実の根源性と普遍性を哲学的に明らかにし、彼自身の「思想統一」の超越論的根拠を哲学的自覚にもたらすことができたのであった。その点からいえば、『善の研究』は禅的体験と理論的な西欧近代哲学とを媒介するところに成立したものであるが、それは禅そのものではなくて、かえって人格性の根拠の哲学的自覚として、まさに哲学であった。それは、いわば禅を止揚した観念論的哲学であった(2)。その意味で、『善の研究』は、何よりもまず、明治の知識人たちが「人生問題」の解決をそこに求めた「宗教」的「光耀」というロマン主義的意識の哲学的自覚なのであり、「理想と現実との分裂」として意識されていた市民意識の矛盾を克服したところに見出され、人格の独立と統一を支える基礎とみなされる超越論的自己の叡智性の哲学的自覚、端的にいえば、明治の社会における市民意識の哲学的表現なのであった。そして、西欧の哲学は、西田の思索においてはじめて日本人の精神生活そのものに根ざし、日本人の精神生活の形態の一つになることができたのである。『善の研究』が日本における最初の独創的な哲学だといわれ、日本の独自な哲学とよばれるのは、この意味においてである。

（1）「山本安之助君の『宗教と理性』という論文を読みて所感を述ぶ」（『全集』別巻二）を参照。『善の研究』の序にも「余がかねて哲学の終結と考えている宗教」という言葉が見える（『全集』第一巻三頁）。明治三〇年代には、宗教こそ哲学の終結であり基礎であるという考え方はかなりひろくおこなわれていた。たとえば、清沢満之も「哲学の終るところ宗教の事業始まる」といっている。

（2）じっさいには、西田の哲学は禅の立場そのものを真に自由な思索の対象として批判し克服したわけではない。禅は西田の哲学的批判の対象とはならずに、彼の哲学の地盤として前提されたままであった。

しかし、西田の「純粋経験」の哲学はきわめて重大な弱点をはらんでいた。

西田が「純粋経験」というのは、「疑うにももはや疑い様のない」(1)われわれの直覚的経験の事実としての「意識現象」であり、「例えば一生懸命に断崖を攀づる場合の如き、音楽家が熟練した曲を奏する時の如き」(2)、「意志の要求と実現との間に少しの間隙もなく、其最も自由にして活潑なる状態」(3)のことである。もっと一般化していえば、それは「毫も思慮分別を加えない、真に経験其儘の状態」(4)、「知識と対象とが全く合一」(5)した「見る主観もなければ見られる客観もない」(6)、「心を奪われ、物我相忘れた」(7)状態である。いいかえれば、作用と作用の対象、見るものと見られるものとが同一であって、主客が分裂対立していない状態、純粋な意識の統一作用が現実として直覚的に経験されている状態である。そして、西田はこの「純粋経験」、直覚的経験の事実としてのこの「意識現象」こそ真の実在にほかならないと考えるのである。

（1）『全集』第一巻四七頁。
（2）同前、一一頁。

（3）同前、一四頁。
（4）同前、九頁。
（5）同前。
（6）同前、五九頁。
（7）同前。

しかし、西田によれば、「純粋経験」は「私」の経験ではない。「私」という限定は「私」でないものとの対立、つまり主客の対立を予想しているからである。「純粋経験」は「私」の経験の根底にあるもの、主観と客観との対立の根底にあって、「私」をもそれにおいて、それによって成立させる根源的な意識の統一作用である。したがって、「純粋経験」は直覚されるだけで、意識内容としては意識されない。直覚が直覚として反省されるならば直覚ではなくなるからである。「純粋経験」は反省をふくまない意識であって、直覚的に体験されるよりほか知りようのないものなのである。反省されると、主観と客観とが分裂し対立することになり、「純粋経験」はその統一性が破れて「純粋経験」ではなくなる。意識は意識されると「純粋経験」からはなれて実在性を失い、「抽象的」なものになってしまう。したがって、「純粋経験」は無意識というべきものであるが、意識でないのではない。それは意識的でない意識という矛盾的性格をもっているのである。

主観と客観とは「純粋経験」が反省によって分裂したときに成立する派生的なものにすぎない。したがって、「純粋経験」から主観と客観とを考えることはできるが、主観または客観から「純粋経験」を考えることはできない。すべての意識現象はさまざまな内容をふくみ、差別や対立をふくんでいるが、そのかぎり「純粋経験」ではない。差別され対立しているものは、それだけでは相互に結合し関係することができず、統一をもちえないが、意識内容が事実としてたがいに結合し関係しあっていることは、意識現象の根底に「純粋経験」があってそれらを統一しているからでなければならない、と西田は考える。その意味で、すべての意識現象には「純粋経験」の状態があるということができる。「純粋経験」は「例えば一生懸命に断崖を攀づる場合」のようなある特殊な意識状態にすぎないのではなく、あらゆる意識現象においてそれの統一作用として現実的にはたらいている普遍的なものである。「純粋経験」がなければ意識現象はありえない。したがって、西田にとって、「純粋経験」はもっとも直接な、しかももっとも根本的なものである。それはたえずはたらいている現実的な全体である。いいかえれば、現実そのものの根源である。にもかかわらず、それが意識にとって意識されないのは、対象的に見られると、それはすでに統一するものとして現われなくなるからである。こうして、西田はあらゆる意識内容と意識現象とを「純粋経験」の発現とみなし、この立場からすべてを考え、説明しようとするのである。

「純粋経験」はこのようなものとして唯一の実在でもあるとされる。意識とその諸現象、したがって精神や心はもちろん、自然、物質、物体とその諸現象もまた、「純粋経験」の事実において、それの発現として成立するものとみなされる。精神および自然という概念は「純粋経験」の分裂において成立するものであり、「純粋経験」の「抽象面」として「純粋経験」なしには実在性をもたない、派生的、抽象的なものにすぎない。精神または物質を実体あるいは実在とみなすのは思惟の要求による仮定——抽象的思惟の独断にほかならない。「純粋経験」、すなわち「実在としての意識現象」は、自然現象とも精神現象ともいえないもの、「有即活動」というほかないものである。[1] 物をも成立させる意識としての「純粋経験」はたんなる存在ではなくて活動であるが、働くものがあって働くのではなく、働きがあって働くものが考えられるのである。真の実在は働くものなくして働く働きそのものなのである。そして、この働きそのものとしての「純粋経験」は能動的であり、「構成的要素」をふくんで体系的に自発自展する主体的なものであり、いかなる意味においても対象とならないもの、「知情意」の分離していない「独立自全の純活動」[2] であって、知情意をもったものとして働く人間、「人格」においてのみ現実的となるものである。その意味では、「実在」としての「純粋経験」は意味にあふれた活動として[3]「人格的」であり、このようなものとしてもっとも具体的なものとされるのである。

（1）『全集』第一巻五四頁。
（2）同前、五八頁。
（3）同前、六〇—六二頁参照。

したがって、「純粋経験」は思惟として発現する。意味も判断も意識の統一作用の自己発展によって生ずるのである。意味は外から、客観にたいする主観の関係から生ずるのではなく、内から、「純粋経験」そのものから生ずる。思惟は一種の統一作用として意志的な性格をもっている。「純粋経験」は衝動的であり、その発現は意志とおなじ形式をもつものである。そして、感覚と知覚と思惟との相違はこの発現における統一の「程度の差」にすぎない。ところで、「純粋経験」が思惟の性質をもつということは、それが自己のうちに差別と対立、分裂と不統一をふくむことを意味する。「純粋経験」はその不統一を止揚することによって体系的に自発自展するのである。こうして、西田は「純粋経験」をヘーゲルの「概念」とおなじものとみなした。

しかし、西田は、「統一的或者」としての「純粋経験」の分裂と発展とを論理的に説明することはできなかった。現実の多様性――意識内容の多様性、その差別と対立は反省によって「純粋経験」が分裂するときに成立するものとされていながら、「純粋経験」が直観から反省に移行する契機と根拠とはそのなかに見出されない。ヘーゲルの論理学においては、もっとも直接的なものはもっとも抽象的なものであったにたいして、西田の「純粋経験」はもっとも直接的であるとともに、もっとも具体的なものであり、あらゆる対立や分裂をいわばすでに止揚しつくしているものであった。「純粋経験」の立場はヘーゲルが『論理学』のなかで詳細に、しかもはげしく批判した立場にほかならなかったのである。[1] 西田は「純粋経験」を「知的直観」としてとらえたが、「知的直観」の立場こそ、ヘーゲルが「きわめて不精な unbequemste」「不法なもの Unfug」と呼んだものであり、思惟の発展を「概念」の発展として把握することを許さないものであった。「知的直観」としての「純粋経験」の立場にとっては、「統一的或者」の分裂（他者への移行）も主客の区別が消滅している絶対知への昂揚も、「直接に要求された……主観的要請」[2]にすぎないものであった。西田が「実在の成立には……其根柢に於て統一というものが必要であると共に、相互の反対寧ろ矛盾ということが必要である」といい、「統一があるから矛盾があり、矛盾があるから統一がある」というとき、じっさいには、矛盾する内容の多様性は「抽象的思惟の独断」から「実在」のなかにもちこまれたものにすぎず、「矛盾」の内的なつながりはしめされないまま「統一」が要請されるだけである。西田はただ、矛盾と統一とは「同一の事柄を両方面より見たものである」[3]と主張し、その「同一」が直覚的経験の事実だと断言するにすぎないのである。

（1）Vgl. Hegel : Wissenschaft der Logik (Felix Meiner 1951) SS. 61—63.
（2）Hegel, op. cit. S. 61.
（3）『全集』第一巻六八頁。

「純粋経験」の分裂が論理的に説明されないとき、その分裂によって成立する抽象的なものとされた主観的なものと客観的なものとは対立しあったままにとどまり、現象間の生きた内的連関と移行とは見出されることができない。したがって、西田にとって現実の内容の生きた内面的な連関としての論理は問題になりえなかったし、じっさいには彼は現実にたいする実証主義的無批判性にとどまったまま、思惟や意志の底に、つまり内面性の底に「人格的」な統一があることを主張するだけにすぎなかった。西田は「純粋経験」を「知的直観」としてとらえることによって、「純粋経験」の概念につきまとう主観主義を克服しようとしたのであったが、「何処までも直接な、最も根本的な立場」からものを見、ものを考えるという彼の立場は、こうして、ヘーゲルが当時のドイツにおいておこなわれていた「知的直観」の哲学を批判していったように、じっさいには思惟の媒介作用を拒否して「思惟の怠惰」という「暖い褥（しとね）」のうえにあぐらをかき、理性よりも情意的なものを優位におく非合理主義にすぎないものであった。

西田は「純粋経験」をシェリングの「知的直観」とむすびつけたが、シェリングの「知的直観」が天才だけに許されるものであったにたいして、西田はそれを日常生活のあらゆる経験において体験されうる「自然的な意識」とみなした。「天真爛漫なる嬰児の直観」も「すべてこの種に属するものである」、と彼は書いている。(1) しかし、それはある意味で、西田において非合理主義がシェリングにおけるよりも徹底的であったことを物語っている。

（1）『全集』第一巻四二頁。

シェリングにおいて、「知的直観」は時間、空間をこえた神秘的なものであったが、西田においては、それは神秘的なものではないとされている。なぜなら、時間、空間は経験を制約するものではなく、逆に経験がそれを制約するのであって、時間、空間、個人は「純粋経験」において、「純粋経験」によって成立するものだからである。西田によれば、「知的直観」は「純粋経験」がその「状態を一層深く大きくした」(1)もの、むしろ「純粋経験」の統一作用そのものであって、「意識体系の発展途上における大なる統一」(2)にほかならない。したがって、日常生活におけるコツや会得も、学者の発明も、道徳家の理想も、芸術家の着想も、宗教家の覚醒も、すべて「知的直観」としての「純粋経験」の統一の発現であり、あらゆる精神生活の現象が「知的直観」を根底にもっているのである。思惟の根底にもそれがある。思惟はその背後にある無意識の直覚によって成立するのであるが、その直覚は説明できない。西田によれば、説明とはより大きな直覚への還元にほかならないからである。思想の根底にはこのような説明できない「神秘的或者」があり、その直覚である「知的直観」が説明の根拠になると同時に思惟の力となるのである。西田は意志の根底にも「知的直観」を見る。意欲することは主客合一の状態を直覚することであり、意志の進行はこの直覚的統一の発展、完成である。そして、真の自己とはこの直覚にほかならないのである。

（1）『全集』第一巻四二頁。
（2）同前、四二頁。

宗教的回心もまた「知的直観」である。それは知識、意志の根底によこたわっているふかい統一を自覚することであり、ふかい生命をとらえることである。この「知的直観」は思惟や意志を成立させるものであるから、いかなる欲求もこれを動かすことができず、いかなる論証をもってしてもそれを曲げることができない。すべての宗教的体験の根底にはこのような根本的直覚がある。したがって、学問、道徳の基礎には宗教がなければならない。むしろ、あらゆる学問、道徳は宗教によって成立するのである。

西田は、こうして、知識と意志、科学と道徳との基礎に宗教をおいた。彼によれば、「純粋経験」は直覚的経験の事実であるとともに、「精神と自然との合一」した「独立自全の純活動」として「神」にほかならないからである。(1)

（1）『全集』第一巻九六頁。なお、四五頁および一〇〇頁を参照。

西田にとって、知識と意志との区別は主観と客観とが分裂し、「純粋経験」の統一が破れた状態において成立するものであった。つまり、意志における欲求も知識における思想も、ともに「理想と事実」とが分裂した不統一の状態である。思想とは客観的事実にたいする一種の要求のことであり、真理とは事実に合致した欲求のことにほかならないが、それは一般的欲求であって、個人的欲求ではないというだけである。それゆえ、意志の実現も真理の把握も、この不統一の状態から統一の状態、「理想と事実」とが一致した状態に達することによってのみ可能となる。そして、その一致の状態においては、真理は意志の実現の一変種にすぎない。しかし、西田にとって、「理想と事実」、主観的なものと客観的なものとの一致の基準は、両者の対立の底にある「純粋経験」の直覚のうちにしかない。したがって、完全な真理は直覚的に体験されるだけで、概念的に把握されることも、言葉で言い表わすこともできない。理性によって概念的に把握され言表される真理は抽象的で不完全なものにすぎない。「直接経験の状態に於て主客相没し天地唯一の現実、疑わんと欲して疑う能わざるところに真理の確信がある。[(1)]」と西田は書いているが、彼が「純粋経験」の分裂をも、主観と客観との対立から統一への行程をも論理的に説明することができなかったかぎり、彼においては、具体的な真理とは情意的体験における主観的確信にすぎないものであった。こうして、『善の研究』においては、理性は真の内容を認識しえないものであって、絶対真理にかんしてもっぱら信念にたよるほかないという非合理主義が鳴りひびいているのである。

(1)『全集』第一巻三七頁。

西田が『善の研究』を書いたのは、「人生問題」を解決し、自己の安心の本をさだめるためであったし、彼が「実在」を問題にしたのは、真の善とは何か、人間はいかに生きるべきかという問題を明らかにするためであった。ところで、西田によれば、善はカントのいうように形式的道徳律にしたがうことでもなく、功利主義が説くように快楽を追うことでもなく、真の実在に合一することであり、真の自己を知ることであり、「個性の完成」、すなわち自己を実現することである。そして、自己の実現とは大自然の生命の実現ということであり、真に「天命」がおこなわれることであって、「天命」というのは自己の内的必然性のことであり、「大なる実在」の自然的発展のことにほかならないし、自己の内的必然性としての「自然」にしたがうことこそ自由なのである。そして、悪とは自己に不忠実なこと、とりわけ怠慢であることである。したがって、善の実現、すなわち「個性の完成」は、偽なる自己としての「主観的」な「私情」を滅し、小なる自我を否定し、大いなる自我と合一し、宇宙の無限にふかい大いなる生命の統一に触れることである。しかし、この真なる自己、大いなる生命としての「実在」こそ、「主客未分」にして我も汝もなく知情意の分裂していない「独立自全の純活動」としての「純粋経験」にほかならない。こうして、「純粋経験」における主客合一の体験としての「知的直観」、すなわち自我の内面の底に絶対的な「統一的或者」の現前を見る人格的自覚の体験、いいかえれば「宗教的覚悟」こそ、「個性の完成」にほかならないし、この人格的自覚においてこそ「理想と現実」との統一が実現される、とされたのであった。(1)

（1） 西田においては「純粋経験」としての「実在」は意志的であり、意志活動は「実在」そのものの発現である。そして、意志活動の根底にはそれ自身の先天的要求ともいうべきものがあり、それが個人の意識においては目的観念として現われる。人間はこの目的を追求することによって、「実在」のふかい根本的な要求を満たすのであるが、この先天的ともいうべき要求の顕現が「理想」である。この「理想」の実現のための努力において人間は「実在」の統一力としての「宇宙の本体」に触れている、と西田は考える。したがって、「理想」の実現のために「私情」や「私欲」をすてて一心不乱に努力することが、主客の合一として「理想と現実」との統一なのである。西田にとって怠慢が悪であるのは、「実在」そのものが意志的であるからである。こうして『善の研究』の「理想主義」はフィヒテの主意主義とシェリングの神秘主義とをかさねあわせたような性格をもっている。

西田のこの意志主義的な思想は陽明学の伝統からきたものにちがいない。

他方、西田はまた「実在」を「情」的なものと見た。のちに『現代に於ける理想主義の哲学』において、彼は、『善の研究』とおなじ思想を展開しながら、「実在を理解するということは自己の奥底に深くはいって行くことである。ハインリッヒ・フォン・オフターディンゲンが『青き花』を求めて長き旅をつづけたのは、かくの如き情の故郷を尋ねたのである。情は主観と客観との統一、理想と現実との合一であった」といい、「情はすべての物を照す光であり、すべてのものの帰るべき故郷である」と書いている(角川文庫版五〇―五一頁)。西田はドイツのロマン主義文学にふかく親しんだが、それは明治時代の日本人の精神的状況が一九世紀初頭のドイツ人の精神的状況とよく似ていたからであろう。

西田の思想が大正期の青年たちを強くひきつけたのは、このような努力主義と主情主義とがそこでむすびついていたからであろう。

ついでにいえば、北村透谷のロマン主義思想は西田の『善の研究』の右に述べた思想ときわめてよく似ている。その点の詳細は別の機会に譲ることにして、ここではそのことを指摘するにとどめておく。

『善の研究』は、まさにこの点で、明治二〇年代いらいの日本の市民的意識の哲学的自覚であったし、やがて大正期の支配的思潮となった「理想主義」または「人格主義」の告知であるとともに、それの哲学的基礎づけでもあったのである。

しかし、『善の研究』における「純粋経験」の哲学は、「純粋経験」の「主客」の対立への分裂を論理的に説明することができずに、かえって、暗黙のうちに「主客」の対立を前提しているという根本的な哲学的弱点をもっていたし、明治の社会と文化とにたいしてはきわめて消極的な批判的意義しかもちえなかった。西田は、デカルトとおなじように、「疑いうるだけ疑って、凡ての人工的仮定を去り、疑うにももはや疑い様のない、直接の知識を本として出立」しようとしたが、彼の懐疑は、デカルトのように方法的ではなかったばかりか、日本人の伝統的な表象や観念にはむけられずに、かえって、科学と理性とにむけられた。彼の哲学的思索は人間と自然との本質的な関係を明らかにする方向にではなくて、もっぱら心の動きにむけられたのであった。西田には――いや明治三〇年代の日本の哲学界では――まだ「実在」、「自然」、「物質」というような高度に抽象的な概念を論ずるための論理的な思考の途がまだ充分にはついていなかったのであった。そのため、西田は「実在」の問題を扱うにあたって、いきなり「主客合一」の体験、すなわち、「人格的自覚」という具体的なものから出発して、その自覚における統一性を「統一的或者」として実在の根源または原理に仕立てて、そこからすべてを説明しようとしたのであった。しかし、それは「実在」というもっとも抽象的な水準において成立する概念を「人格的自覚」というもっとも具体的な特定の主観的体験によっておきかえることであり、主観的表象によって客観的なものを解釈することにほかならない。西田の方法は科学的であるどころではなく、人格的な表象に固執して、それによって現実を解釈するものとして、実在を擬人化するいわば神話的な思考様式の水準を超えてしまってはいなかった。西田の哲学が現実の科学的把握の方法になんらの寄与をもたらさなかったのはそのためであった。そのうえ、西田は「純粋経験」を「実在」そのものの根本原理に仕立てるために、「個人あって経験あるにあらず、経験あって個人あるのである」として、個人の感性的現実性についてはもちろん、「コギト」の主観性についてさえもその実在性を否定して、それを「純粋経験」の統一性のなかに吸収してしまった。したがって、彼の「純粋経験」の立場においては、慣習、制度、法、国家は「大我」または「大なる意志」の発現とみなされ、「小我」としての個人と「大我」としての国家との区別と対立との現実的根拠は見出されなくなり、その現実的対立は実在性をもたないものとされるにいたった。じっさい、西田にとっては、天皇制国家秩序のもとでの市民社会の諸矛盾も、国家的発展と社会的進歩との矛盾も問題にならなかったばかりでなく、彼の哲学は現実の諸矛盾をいわば実在性のない仮象的なものとみなすことによって、それをおおいかくすイデオロギーとしての意味をもったのであった。彼の「純粋経験」の哲学は、天皇制国家のもとでの人格の独立を根拠づけるものとして、自由主義的なものであったけれども、「個人あって経験あるにあらず、経験あって個人あるのである」とされたとき、その自由主義は現実の社会と国家とにたいする批判の牙をまったく失うことになったのであった。

『善の研究』における「純粋経験」の哲学は、日本の文化と社会とが明治二〇年ころから経過しはじめた深刻な危機のなかで生みだされたものであったが、この危機を克服し、国家的発展と社会的進歩との矛盾を解決するという国民的課題にこたえうる文化の創造をめざして形成された思想ではなく、むしろ、その危機のなかでそれに耐えて人格の独立と人間的価値とをかろうじてまもりつらぬく努力を支える精神的支柱を追求するところに形成されたものであった。その思想は、その意味ではいわば受動的であり、哲学的には右に触れたような重大な弱点をはらんでいた。しかし、それはやはり、矛盾にみちた明治の社会のなかで人格的独立をつらぬこうとした人びとの苦闘を支えた精神的支柱の哲学的表現として、日本の近代市民文化の原理的自覚であったのである。『善の研究』が大正期から第二次大戦直後にいたるまで、多くの知的青年の知的・道徳的形成を培い、いわば日本の市民的教養の古典となったのは、そのためであった。

西田幾多郎年譜

年次	年齢	事項	参考事項
明治3年 (1870)	1	五月一九日　父得登（当時三七歳、天保五年生）の長男として石川県河北郡宇ノ気村字森レ八拾弐番地に生る。 母　寅三《とさ》（林孫八郎娘、当時二九歳、天保一三年生） 長姉　正《まさ》（当時一二歳、安政六年生） 次姉　尚《なお》（当時五歳、慶応二年生） 妹　隅《すみ》（明治四年生） 弟　憑次郎（明治六年生） 注　戸籍面の生年月日は明治元年八月一〇日であるが、明治三年生れとするのが正しい。	二月　京浜間鉄道工事着手。 六月　東京に小学校開設さる。 八月　東京に中学校開設。 九月　藩制改革。 一一月　徴兵規則頒布。 農民一揆なお続く。
明治4年 (1871)	2		三月　パリ・コンミューン。 五月　散髪廃刀令。 七月　廃藩置県。 『西国立志伝』（中村正直）。 一二月『学問のすすめ』（福沢諭吉）。

年	年齢	事項	一般事項
明治5年 (1872)	3		八月　学制発布、義務教育制実施。 九月　京浜間鉄道開通。 一一月　太陽暦採用。
明治6年 (1873)	4	宇ノ気村字向野に移る。この松林の一軒家にて成長す。	一月　森有礼ら明六社結成。 七月　地租法改正。 『致知啓蒙』（西周）。 一〇月　征韓論敗れ西郷ら失脚。
明治7年 (1874)	5		一月　民撰議院設立建白。 二月　佐賀の乱。 三月　『明六雑誌』創刊。 四月　台湾の役。 板垣退助ら立志社を起す。
明治8年 (1875)	6	四月　明治五年の学制発布により、宇ノ気村に、森の長楽寺を仮校舎として小学校開設さる。向野の家より通学す。	四月　『文明論之概略』（福沢諭吉）。 六月　地方官会議。 一一月　新島襄、同志社創立。 『百一新論』（西周）。
明治9年 (1876)	7	宇ノ気新の森七左衛門の家屋の一部を借用して宇ノ気新小学校と称す。	一月　熊本キリスト者の誓い。 九月　『家庭叢談』創刊。 熊本神風連の乱。 旧秋月藩士の乱。 一〇月　前原一誠萩の乱。

明治10年 (1877)	明治11年 (1878)	明治12年 (1879)	明治13年 (1880)	明治14年 (1881)
8	9	10	11	12
			父得登により、森にある西田家の持家を用いて新化小学校開設され、この学校に学ぶ。卒業までに、山下精一、小倉又吉、山下忠本、梯田信行、黒田某等につき読書、数学、窮理等を学ぶ。成績優良の故に郡役所等よりしばしば褒状賞品等を受く。	
二月 西南の役。『日本開化小史』(田口卯吉)。 四月 開成所・医学校を合併して東京大学と改称。	四月 大久保利通暗殺さる。 六月 陸軍士官学校設立。 九月 『通俗民権論』(福沢諭吉)。	四月 『民権自由論』(植木枝盛)。 九月 学制を廃し、教育令を制定。 愛国者同盟、大阪に組織され、これより自由民権運動大いにおこる。	四月 集会条例。国会期成同盟、請願書を太政官に斥けらる。 政治小説の抬頭。 一二月 『六合雑誌』創刊。	七月 北海道開拓吏官物払下事件。 一〇月 自由党結成。明治二三年国会開設の詔。

明治15年 (1882)	明治16年 (1883)	明治17年 (1884)	18年 85)
13	14	15	
四月　新化小学校を卒業。 五月より藤田維正、長尾含等につき読書文学を修め、石田古周につき数学を学ぶ。	井口孟篤に漢学を、上山小三郎に数学を学ぶ。 七月　石川県師範学校（金沢）に入学。この年、一家宇ノ気村より金沢市に移る。姉、尚没す。	二月　石川県師範学校予備科卒業。 八月　本科六級を卒業。 十月　病気（チフス）のため退校。	本田維正について文学を修め、佐久間義三郎に英語を学ぶ。なお、数学をも（上山小三郎?に）学ぶ。
一月　軍人勅諭。 三月　改進党結成。 一〇月　『人権新説』（加藤弘之）。『民約訳解』（中江兆民訳）。 一二月　福島事件。	四月　新聞紙条例改正。 八月　伊藤博文欧州より帰朝、これより絶対主義的な政治確立に向う。 一一月　鹿鳴館開館。 政治小説隆盛にむかう。 『希臘古代理学一般』（末松謙澄）。	一月　「哲学会」結成。 春　車会党結成。 五月　群馬騒動。 七月　華族令制定。 八月　名古屋事件。 九月　加波山事件。 秩父騒動。 一〇月　自由党解党宣言。 一一月　飯田事件。 『独逸哲学英華』（竹越与三郎）等哲学書多く刊行さる。	二月　硯友社結成。 六月　『十九世紀日本の青年及其

年	年齢	事項	一般事項
明治（18…）	16		教育』（徳富蘇峰）。 七月　『女学雑誌』創刊。 一二月　太政官を廃し、内閣制度創設。
明治19年（1886）	17	二月　この月より北条時敬につき数学を学ぶ。 九月　石川県専門学校附属初等中学校第二級に補欠入学す。	三月　教育令を改正して、帝国大学令、師範学校令、中学校令、小学校令等を公布。 六月　『理学鉤玄』（中江兆民）。
明治20年（1887）	18	二月　初等中学校第二級を卒業。 七月　初等中学校を卒業。 九月　石川県専門学校を第四高等学校と改称、官立に移管、同校予科第一編に編入さる。	二月　『国民之友』創刊、平民主義を提唱。 『哲学会雑誌』創刊。 三月　『日本道徳論』（西村茂樹）。 四月　鹿鳴館仮装舞踏会。 『三酔人経倫問題』（中江兆民）。 五月　条約改正会議。 一〇月　政党大同団結成る。 一二月　保安条例公布。 ブッセ東大講師に着任。 『哲学一夕話』（井上円了）。
明治21年（1888）	19	北条時敬宅に寄寓して、数学を学ぶ。 七月　尋常中学科を卒業。 九月　第四高等中学校第一部一年生となる。哲学者になろうと志す。四高では上級に、松本文三郎、井上友一、木村栄等、同級に藤岡作太郎、鈴木大拙、金田（山本）良吉等がいた。	四月　枢密院設置。 『日本人』創刊。 五月　「批評心」（大西祝）。 一一月　条約改正外交始まる。 一二月　高島炭坑事件。 国粋主義の抬頭。 哲学館開設。

年	年齢	事項	社会
明治22年(1889)	20	松本、金田、藤岡と文会をつくり、回覧雑誌を発行。節句復興の会など開く。この頃、有翼と号す。 七月 「行状点欠少」のため落第。 この頃、金沢市長土塀二番丁二に住む。	二月 欽定憲法発布。森有礼刺さる。 四月 『楚囚の詩』(北村透谷)。 一一月 『哲学涓滴』(三宅雪嶺)。
明治23年(1890)	21	第四高等中学校を中途退学す。 眼を病む。	七月 第一回衆議院議員選挙。 一〇月 教育勅語発布。 一一月 第一回帝国議会召集。 経済恐慌おこる。
明治24年(1891)	22	七月 友人川越宗孝自殺。遺稿編集のため「川越淡斎小伝」を草す。 九月 東京文科大学哲学科選科に入学。 この年「韓図倫理学」を草す。 東京市本郷区台町六 日吉館、ついで、本郷区森川町一 荻野方に止宿す。	一月 板垣退助等自由党を脱党。内村鑑三不敬事件。 三月 『真善美日本人』(三宅雪嶺)。 九月 『勅語衍義』(井上哲次郎)。 一二月 坪内逍遙と森鷗外とのあいだに没理想論争はじまる。
明治25年(1892)	23	九月 東京市本郷区森川町新坂三六二号に母と家をもつ。 在学中、鎌倉建長寺、円覚寺にて参禅す。	二月 衆議院臨時総選挙、政府の選挙干渉のため流血を見る。 七月 「徳川氏時代の平民的理想」(北村透谷)。 一一月 大井憲太郎ら東洋自由党を結成。 教育と宗教をめぐる論争。
26年 93)	24		一月 『文学界』創刊。 二月 「人生に相渉るとは何の謂ぞ」(北村透谷)。

年	年齢	事項	社会
明治（18			透谷＝愛山論争。 五月「内部生命論」（北村透谷）。
明治27年 (1894)	25	七月　東京文科大学哲学科選科を卒業。 金沢市備中町七六　得田方に居住す。	ケーベル、大学でショーペンハウエル、ハルトマンを講ず。 二月「ハインリヒ・ハイネ」（田岡嶺雲）。 以降嶺雲の夜鬼窟生る。 五月　北村透谷自殺。 六月　高等学校令公布。 八月　日清戦争始まる。
明治28年 (1895)	26	四月　石川県能登尋常中学七尾分校教諭となる。 五月　得田耕の長女寿美《ことみ》と結婚。能登、七尾湊町二丁目大乗寺に住む。この頃、「グリーン倫理学」を草す。	一月『太陽』創刊。 『帝国文学』創刊。 四月　日清講和条約調印。 五月　三国干渉。 深刻小説流行、文学の人民的傾向生る。 九月「小説と社会の隠微、下流の細民と文士」（田岡嶺雲）。 藤野古白自殺。 『西洋哲学史』（大西祝）。
明治29年 (1896)	27	三月　長女弥生生る。 四月　第四高等学校講師となる。心理、論理、独逸語を担当。 金沢市備中町七六　得田方に居住。 この年「ヒューム以前の哲学の発達」、「ヒュームの因果法」を四高校友会『北辰会雑誌』（一三号）に発表す。	一一月「社会主義の必要」（大西祝）。 『標註韓図純理批判解説』（清野勉）。

年	年齢	事項	一般事項
明治30年 (1897)	28	参禅への関心たかまる。 六月　第四高等学校講師を辞す。 七月　京都妙心寺にて半夏大接心に参加、これよりながく打坐参禅。 九月　山口高等学校教授嘱託となる。単身赴任して山口県山口町米屋町一五番地に住む。 この年「先天智識の有無を論ず」を四高校友会『北辰会雑誌』(一四・一五・一六号)に連載。	二月　新自由党結成。 三月　足尾銅山鉱毒事件はじまる。キングスレー館できる。 六月　「日本主義」(高山樗牛)。 七月　労働組合期成会結成。 社会主義・社会小説論ぜらる。 日本主義思潮発生す。 「現象即実在論の要領」(井上哲次郎)。 『倫理学史』(山本良吉)。
明治31年 (1898)	29	一月　京都妙心寺僧堂に参禅す。 六月　長男謙生る。 「山本安之助君の『宗教と理性』と云う論文を読みて所感を述ぶ」を『無尽燈』(第三巻第六号)に寄稿。 父得登、金沢市堅町に於て没す。享年六五歳。 この頃、桃陽と号す。 七月　京都妙心寺僧堂に参禅。 一〇月　「静斎遺稿の後に」を誌す。	六月　大隈重信、最初の政党内閣を組織す。 一〇月　安部磯雄、片山潜ら社会主義研究会を設立。 社会小説の出現。 一二月　『不如帰』(徳富蘆花)連載はじまる。 「破唯物論」(井上円了)。 『カントの哲学』(蟹江義丸)。
明治32年 (1899)	30	三月　山口高等学校教授に任ぜらる。 七月　第四高等学校教授となる。心理、論理、倫理、独逸語等を担当す。 八月　京都妙心寺僧堂に参禅。居を金沢市百姓町七一に定む。 九月　金沢郊外臥竜山、雪門老師に参ず。爾後主として同師に参ず。	四月　『日本之下層社会』。 七月　外国人内地雑居実施さる。条約改正実施。 『霊魂不滅論』(井上円了)。

明治33年 (1900)	明治34年 (1901)	35年 02)
31	32	
三月 「美の説明」を四高校友会『北辰会雑誌』（二六号）に発表。同僚三竹、杉森等とともに「三々塾」をつくり生徒の指導に当る。	二月 次男外彦生る。金沢市中本多町三番丁に転居す。 三月 雪門老師より寸心居士の号をうく。 六月 弟憑次郎結婚。金沢市塩川町九に転居す。 一二月 「現今の宗教について」を『無尽燈』（第六巻第一二号）に寄稿。四高時習寮舎監を兼任す。	七月 時習寮舎監を辞す。 七～八月 奈良、吉野地方に遊ぶ。 一二月 次女幽子生る。 この頃学校にて、ファウスト会、ダンテ会を組織して輪読をつづ
三月 治警法公布。普通選挙期成会生る。 四月 「千曲川旅情の歌」（島崎藤村）。 五月 義和団北清事変。 八月 『自然と人生』（徳富蘆花）。 九月 伊藤博文政友会を組織す。 大西祝没。 『哲学概論』（桑木厳翼）。	一月 「文明批評家としての文学者」（高山樗牛）。 四月 『廿世紀の怪物帝国主義』（幸徳秋水）。 五月 幸徳秋水、木下尚江ら社会民主党を結成、即日禁止さる。 八月 『一年有半』（中江兆民）。「美的生活を論ず」（高山樗牛）。 ニーチェ主義風靡す。 『西洋哲学史要』（波多野精一）。 『精神主義』（清沢満之）。 福沢諭吉、中江兆民没す。	一月 日英同盟成立。 五月 竜土会生れ、自然主義の温床となる。 哲学、宗教熱たかまる。

明治(19	33	ける。	七月　文部大臣、学校騒動につき訓令を発す。 『グリーン倫理学』(西晋一郎訳)。 西村茂樹、高山樗牛没。
明治36年 (1903)	34	一月　弟憑次郎東京に出る。 五月　「人心の疑惑」を起草。 六月　「人心の疑惑」を『北辰会雑誌』(三五号)に発表す。 七～八月　京都大徳寺孤蓬庵広州老師に参ず。無字の公案透過。金沢市長土塀四番丁に転居す。 この頃より講義草案を起草す。	一月　「思想問題」(島村抱月)。 四月　日露戦雲急をつげ、黒岩涙香、幸徳秋水、内村鑑三ら反戦を力説す。 五月　藤村操自殺。 『天人論』(黒岩涙香)。 七月　『社会主義神髄』(幸徳秋水)。 一一月　幸徳秋水、堺枯川、平民社を設立し、『平民新聞』を創刊。
明治37年 (1904)	35	六月　弟憑次郎出征。 八月　憑次郎旅順に戦死。『北国新聞』に追悼文を記す。	二月　日露戦争始まる。 三月　平民社、反戦アピールをロシアに送る。 八月　片山潜、アムステルダムのインターナショナル大会に出席してプレハーノフと握手。 九月　愛国婦人会成立。 社会主義文学運動の抬頭。 『デカルト』(桑木厳翼)。
		一月　弟憑次郎の遺族をひきとる。 七月　富山県国泰寺にて瑞雲老師に参ず。 一〇月　三女静子生る。	一月　旅順開城。 二月　「宗教上の光輝」(綱島梁川)。

年	年齢	事項	一般事項
明治38年 (1905)	36		五月　日本海海戦。 「見神の実験」(綱島梁川)。 八月　日露戦争終結。 九月　ポーツマス条約調印、講和反対国民大会暴動化す。 『病間録』(綱島梁川)。 田口卯吉没。
明治39年 (1906)	37	『西田氏実在論及倫理学』を印刷に附す。おそらく、この年の暮、別に『実在論』を印刷に附す。(いずれも講義案として) 金沢市下本多町三番丁三に転居。	一月　第一次西園寺内閣成立。 日本社会党結成。 三月　『破戒』(島崎藤村)。 六月　「社会主義管見」(山路愛山)。 九月　『草枕』(夏目漱石)。 一〇月　『社会主義評論』(河上肇) 一一月　「懺悔」(木下尚江)。 自由主義文学成立。
明治40年 (1907)	38	一月　次女幽子没す。 肋膜炎発病。 三月　「実在に就いて」を『哲学雑誌』に発表。 四月　上京して井上哲次郎、元良勇次郎等を訪問。 『倫理学』を印刷に附す。 五月　四女友子、五女愛子生る。 六月　五女愛子没す。 七月　藤岡作太郎著『国文学史講話』の序を執筆。 病後保養のため、石川県江沼郡橋立　増谷平吉方に転地す。 八月　雑誌『精神界』のために「知と愛」を草す。 九月　森内政昌の死に伴い、遺児の教育費募集に尽力す。	二月　日本社会党第二回大会。 四月　『平民主義』(幸徳秋水)。 五月　『文学論』(夏目漱石)。 一〇月　『平凡』(二葉亭四迷)。 一二月　「人生観上の自然主義」(片山伸)。 綱島梁川没。

年	年齢	事項	社会事項
明治41年 (1908)	39	四月　肋膜炎再発。間もなく平癒。 四高面白からず、転任運動を試みる。 七月　病後保養のため石川県上金石町湊町七一　赤井方に転地す。 八月　「純粋経験と思惟、意志及び知的直観」を『哲学雑誌』に発表す。 九月　金沢市塩川町一三に転居す。 十月　「宗教論」を書始む。	八月　桂内閣、社会主義取締方針を公表。 九月　『三四郎』（夏目漱石）。 一〇月　戊申詔書公布。 社会主義文学退潮。
明治42年 (1909)	40	三月　六女梅子生る。 四月　京都に行き、さらに上京す。 四〜七月　「宗教に就いて」を『丁酉倫理講演集』に発表。 七月　学習院教授に任ぜらる。 八月　上京、東京府下西大久保三八二に住む。 一〇月　日本大学講師となる。 一二月　東京大学哲学会にて「純粋経験相互の関係及び連絡に就いて」の講演を行う。	六月　『それから』（夏目漱石）。 七月　『三人』（ゴルキー、田岡嶺雲訳）。 一〇月　『田舎教師』（田山花袋）。 伊藤博文、ハルピンにて暗殺さる。 一二月　山県有朋、枢府議長となる。
明治43年 (1910)	41	二月　「純粋経験相互の関係及び連絡に就いて」を『哲学雑誌』に発表。 藤岡作太郎逝去し、その遺子のための募金に尽力す。 三月　日本大学講師を辞す。 四月　豊山大学講師となる。 八月　京都帝国大学文科助教授（倫理学担任）に任ぜらる。 京都に移住、居を京都市吉田町字近衛一三に定む。 「ベルグソンの哲学的方法論」を『芸文』に発表。哲学倫理学研究会秋季大会にて「自然法と道徳法」を講演す。 九月　始めて哲学概論を講ず。	一月　「現代思想の特徴」（田中王堂）。 四月　『白樺』創刊。 六月　大逆事件。 八月　「時代閉塞の現状」（石川啄木）。 日韓合併。 九月　『新思潮』（第二次）創刊。

年	年齢	事項	社会
明治44年 (1911)	42	一月 『善の研究』出版（弘道館）。 「トルストイについて」を『芸文』に発表。 四月 「愚禿親鸞」を発表。 八・九月 「認識論に於ける純論理派の主張に就て」を『芸文』に発表す。 一〇月 真宗大谷大学講師となる。 一一月 「ベルグソンの純粋持続」を発表。	二月 南北朝正閏論。 九月 「現代生活の意義」（田中王堂）。 一〇月 片山潜、社会党を結成し禁止さる。合法的社会主義運動絶望となる。
明治45（大正元）年 (1912)	43	二月 「法則」を『哲学雑誌』に発表。 五月 「理解と直観」を講演。 九月 「論理の理解と数理の理解」を『芸文』に発表す。 「高橋（里美）文学士の拙著『善の研究』に対する批評に答う」を『哲学雑誌』に発表。 一〇月 「認識論者としてのアンリ・ポアンカレ」を『芸文』に発表。	七月 美濃部、上杉憲法論争。明治天皇没。大正改元。 九月 乃木大将殉死。 一〇月 大杉栄ら『近代思想』創刊。 一一月 友愛会成立。 一二月 第二次桂内閣成立、憲法擁護連合大会。 『国民道徳論』（井上哲次郎）。 『哲学綱要』（桑木厳翼）。 オイケン、ベルグソン哲学流行。 石川啄木、田岡嶺雲没。
大正2年 (1913)	44	四月 東京大学哲学会にて「自然科学と歴史学」を講演。 六月 「知識と宗教」を講演。 八月 京都帝国大学文科大学教授。宗教学講座担任を命ぜらる。 九月 「自然科学と歴史学」を『哲学雑誌』に発表。 「自覚に於ける直観と反省」（一～三）を『芸文』に発表。 文科大学心理学担当を命ぜらる。 一一月 「自覚に於ける直観と反省」（四～六）を『芸文』に発表。 一二月 文学博士の学位をうく。	六月 軍部大臣、現役制廃止。 七～九月 中国第二革命。 七月 サンジカリズム研究会発足。 一〇月 『ニーチェ』（和辻哲郎）。 『現代の価値』（桑木厳翼）。

大正3年 (1914)	45	三月　「自覚に於ける直観と反省」(七・八)を『芸文』に発表。 四月　田部隆次著『小泉八雲』の序、草す。 八月　宗教学講座担任を免じ、哲学哲学史第一講座担任を命ぜらる。 「自覚に於ける直観と反省」(九・一〇)を『芸文』に発表。「宗教に就て」講演す。 一一月　「自覚に於ける直観と反省」(一一～一三)を『芸文』に発表。	一月　シーメンス事件。 二月　憲政擁護大会。 四月　『三太郎の日記』(阿部次郎)。 八月　第一次世界大戦勃発。 山東・南洋群島出兵。 ドストイェフスキー、タゴールの流行。
大正4年 (1915)	46	一月　「自覚に於ける直観と反省」(一四・一五)を『芸文』に発表。 三月　「自覚に於ける直観と反省」(一六・一七)を『芸文』に発表。 『思索と体験』を千章館より出版。 五月　「新理想主義」を講演す。 六月　「自覚に於ける直観と反省」(一八～二〇)を『芸文』に発表。 一二月　「自覚に於ける直観と反省」(二一～二三)を『芸文』に発表。	六月　『道草』(夏目漱石)。 一一月　大正天皇即位式。 『最近の自然科学』(田辺元)。 『ゼーレン・キェルケゴール』(和辻哲郎)。
大正5年 (1916)	47	一月　「心の内と外」を『無尽燈』(第二一巻第一号)に寄稿。 「自覚に於ける直観と反省」(二四～二六)を『芸文』に発表。 三月　「自覚に於ける直観と反省」(二七～二九)を『芸文』に発表。 四月　「現代の哲学」を『哲学研究』(創刊号)に発表。 八月　「コーヘンの純粋意識」を『芸文』に発表。 「現今の唯心論」、「現代哲学に於ける科学的真理の概念」、「現今の理想主義」を講演す。	一月　吉野作造「憲政の本義を説いて其有終の美を済すの途を論ず」を発表。以後デモクラシーの思潮つよまる。 四月　『哲学研究』創刊。 五月　友愛会会員三万となる。 八月　民衆芸術論おこる。 『文学に現はれた我国国民思想の研究』(津田左右吉)。

		大正6年 (1917)	大正7年 (1918)
		48	49
	一〇月「自覚に於ける直観と反省」(三〇〜三二)を『哲学研究』に発表。 一一月「自覚に於ける直観と反省」(三三〜三六)を『哲学研究』に発表。 一二月「自覚に於ける直観と反省」(三七・三八)を『哲学研究』に発表。	一月「自覚に於ける直観と反省」(三九)を『哲学研究』に発表。 二月「自覚に於ける直観と反省」(四〇・四一)を『哲学研究』に発表。 四月「自覚に於ける直観と反省」(四二)を『哲学研究』に発表。 東京大学哲学会にて「種々の世界」を講演。 五月「自覚に於ける直観と反省」(四三・四四)を『哲学研究』に発表。 『現代に於ける理想主義の哲学』を弘道館より出版。 六月「種々の世界」を『哲学雑誌』に発表。 一〇月『自覚に於ける直観と反省』を岩波書店から出版。 「日本的といふことに就いて」を『思潮』に寄稿。	一月「ライプニッツの本体論的証明」を『芸文』に発表。 「意識とは何を意味するか」を『哲学研究』に発表。 三月「象徴の真意義」を『思潮』に発表。 六月「感覚」を『哲学研究』に発表。 七月「感情」を『哲学研究』に発表。 九月「意志」を『芸文』に発表。 母寅三、金沢市常盤町に於て没す。享年七七歳。 「芸術の対象界」を『創作』(第一巻第一号)に発表。
	『宗教哲学の本質及び其根本問題』(波多野精一)。 『近世に於ける我の自覚史』(朝永三十郎)。 夏目漱石没す。	三月『貧乏物語』(河上肇)。 一一月 ロシア社会主義革命。 『カントと現代の哲学』(桑木厳翼)。 『経済哲学の諸問題』(左右田喜一郎)。	一月 吉野作造ら普選研究会を組織す。 八月 米騒動おこる。 シベリア出兵。 一一月 ドイツ共和国宣言。 世界大戦休戦条約。 デモクラシー思想をめぐって吉野作造、浪人会と立会演説をおこなう。

	大正8年 (1919)	大正9年 (1920)
	50	51
	一月　岩波書店刊『哲学辞典』へ哲学用語解説を寄稿す。 二・三月　「経験内容の種々なる連続」を『哲学研究』に発表。 四月　「意志実現の場所」を『芸文』に発表。 五月　京都哲学会にて「意志の対象」を講演。 五・六月　「意志の内容」を『哲学研究』に発表。 六月　「関係に就いて」を『芸文』に発表。 九月　「意識の明暗に就いて」を『哲学研究』に発表。 妻寿美、脳溢血にて病床につく。 一〇月　大谷大学にて「Coincidentia oppositorum と愛」を講演す。 一二月　竜谷大学にて「宗教の立場」を講演す。	一月　『意識の問題』を出版す。 三・四月　「美の本質」を『哲学研究』に発表。 六月　長男謙没す。享年二三歳。 一〇月　「マックス・クリンゲルの絵画と線画の中から」を『芸文』に発表。
一二月　黎明会、結成。 新人会、結成。	一月　友愛会左傾化。 河上肇『社会問題研究』を創刊。 三月　コミンテルン第一回大会(モスクワ)。 四月　堺利彦・山川均『社会主義研究』を発刊。 七月　啓明会、結成。 八月　友愛会、大日本労働総同盟と改称。 田辺元、京大助教授となる。 『古事記及び日本書紀の新研究』(津田左右吉)。 『国民哲学の建設』(田中王堂)。	一月　森戸事件。 「唯物論と唯物史観」(桑木厳翼)。 二月　普通選挙促進大会。 三月　シベリア撤兵声明。 五月　最初のメーデー。 尼港事件。 一二月　日本社会主義同盟創立大会。

大正10年 (1921)	52	一月　『善の研究』岩波書店より再版。 四月　「感情の内容と意志の内容」を『哲学研究』に発表。 五月　三女静子発病。 九月　「真善美の合一点」を『哲学研究』に発表。 一一月　「反省的判断の対象界」を『芸文』に発表。	五月　社会主義同盟第二回大会。 これよりアナ・ボル論争おこる。 一〇月　『思想』創刊。 『種蒔く人』再刊。 『唯物史観研究』（河上肇）。 『愛と認識との出発』（倉田百三） 『哲学以前』（出隆）。 『現代国家批判』（長谷川如是閑）
大正11年 (1922)	53	四月　「社会と個人」を『哲学研究』に発表。 八月　「認識論」を講演。 九月　京都市左京区田中飛鳥井町三二に転居。 「行為的主観」および「美と善」を『哲学研究』に発表。 「意志と推論式」を『思想』に発表。 九・一〇月　「作用の意識」を『芸文』に発表。 一一月　「ボルツァーノの自伝」を『哲学研究』に発表。	一月　極東民族労働大会。 六月　日本共産党、結成。 八月　山川均「無産運動の方向転換」を発表す。 岩波書店『哲学大辞典』を刊行。 『カントの平和論』（朝永三十郎） 『文化価値と極限概念』（左右田喜一郎）。 『人格主義』（阿部次郎）。
大正12年 (1923)	54	一月　「カント倫理学」を講演。 二月　「法と道徳」を『哲学研究』に発表。 「真と美」を『改造』に寄稿。「真と美」を『思想』に発表。 七月　『芸術と道徳』を出版。 八月　「ケーベル先生の追憶」を『思想』に寄稿。 九月　「直接に与えられるもの」を『哲学研究』に発表。 一一月　「直観と意志」を『講座』に発表。	三月　失業者大示威運動。 九月　関東大震災。 一二月　虎ノ門事件。 ケーベル没す。

大正13年 (1924)	55	一月　信濃哲学会々員のために「フィヒテの哲学」を講演。 「物理現象の背後にあるもの」を『思想』に発表。 三・九・一〇月　「内部知覚について」を『哲学研究』に発表。	二月　総同盟方向転換宣言。 三月　日本共産党解党決議。 七月　「無産階級政治運動」（山川均）。 京大で河上肇、早大で大山郁夫「社研」を結成。 『カントの目的論』（田辺元）。
大正14年 (1925)	56	一月　妻寿美没す。 三月　「表現作用」を『思想』に発表。 八月　長野県にて「コーヘンの哲学」を講演。 一〇月　「働くもの」を『哲学研究』に発表。 この年より折にふれて書幅の揮毫を始む。	三月　ラジオ放送開始。 治安維持法案衆院通過。 五月　普通選挙法公布。 一〇月　福本イズム抬頭。 一二月　日本プロレタリア文芸連盟創立。 『デカート』（朝永三十郎）。 『数理哲学研究』（田辺元）。
大正15（昭和元）年 (1926)	57	四月　「戸田海市君の追憶」を『経済論叢』に寄稿。 六月　「場所」を『哲学研究』に発表。 東京大学哲学研究室にて「意識の問題」について講演。 七月　「取残される意識の問題」を『得能博士還暦記念哲学論文集』に寄稿。	三月　労働者農民党、結成。 五月　学生の社会科学研究を禁止。 一二月　日本共産党、再建。 大正天皇没。昭和と改元。 「西田哲学の方法について」（左右田喜一郎）。 『パスカルに於ける人間の研究』（三木清）。 『日本精神史研究』（和辻哲郎）。

昭和2年 (1927)	昭和3年 (1928)	
58	59	
一月 「プラトンの哲学」を信濃哲学会員に講演。 四月 「左右田博士に答う」を『哲学研究』に発表。 「四高の思出」を『四高同窓会報』に寄稿。 六月 帝国学士院会員となる。 八・九月 「知るもの」を『思想』に発表。 一〇月 『働くものから見るものへ』を出版す。	二月 京都大学における最終講義を了う。 四月 「所謂認識対象界の論理的構造」を『哲学研究』に発表。 「述語的論理主義」を『思想』に発表。 「希臘哲学に於ての有るもの」を岩波講座『世界思潮』に執筆。 七月 「自己自身を見るものの於てある場所と意識の場所」を『哲学研究』に発表。 「アウグスチヌスの自覚」を岩波講座『世界思潮』に発表。 八月 停年退職、免官辞令出る。 訳詩「Mignion の歌一つ」を《The Muse》に寄稿。 一〇月 「叡智的世界」を『哲学研究』に発表。 一二月 始めて鎌倉に冬を過す。鎌倉市材木座三六八。	一月 「直覚的知識」を『哲学研究』に発表。 二月 京都帝国大学名誉教授となる。 三月 東京大学哲学科にて「カントとフッサール」を講演す。 四月 「自覚的一般者に於てあるもの及それとその背後にあるものとの関係」を『思想』に発表。五・六月に及ぶ。
二月 『日本資本主義発達史』(野呂栄太郎)。 六月 「人間学のマルクス的形態」(三木清)。 七月 山東出兵。 二七年テーゼ。 芥川竜之介自殺。 一一月 田辺元、京大教授となる。	一月 第一回普選。 三月 三・一五事件。 五月 済南事変。 『唯物史観と現代の意識』(三木清)。 六月 治安維持法改悪。 七月 特別高等警察を全国に設置。 一〇月 三木清・羽仁五郎『新興科学の旗のもとに』を創刊。 一二月 労農党禁止。 『マルクス・エンゲルス全集』刊行開始。	四月 四・一六事件。 六月 『科学方法論』(戸坂潤)。 一〇月 プロレタリア科学研究所、創立。 世界恐慌はじまる。

昭和4年 (1929)	昭和5年 (1930)	6年 31)
60	61	
五月 「或教授の退職の辞」を『思想』に寄稿。 「鎌倉雑詠」を『思想』に寄稿。 「私の判断的一般者というもの」を『哲学研究』に発表。 九月 訳詩 Robert Browning, Home Thoughts From the Sea を《The Muse》に寄稿。 九・一〇月 「一般者の自己限定」を『思想』に発表。 一〇月 「一般者の自己限定と自覚」を『哲学研究』に発表。 「北条先生に始めて教を受けた頃」を広島高等師範学校校友会雑誌『尚志』に寄稿。 一一月 「自覚的限定から見た一般者の限定」を『思想』に発表。	一月 『一般者の自覚的体系』を出版す。 二月 隠居届を出す。 七・八月 「表現的自己の自己限定」を『哲学研究』に発表。 この年より夏を鎌倉にて過す。 八月 「人間学」を『朝永博士還暦記念哲学論文集』に寄稿。 九月 「場所の自己限定としての意識作用」を『思想』に発表。	二月 「私の立場から見たヘーゲルの弁証法」を『ヘーゲルとヘーゲル主義』(国際ヘーゲル連盟日本版)に寄稿。 「煖炉の側から」を《The Muse》に寄稿。 二・三月 「私の絶対無の自覚的限定というもの」を『思想』に発表。 六月 「永遠の今の自己限定」を『哲学研究』に発表。
	一月 金解禁実施。 ロンドン軍縮会議。 「所謂科学の階級性に就いて」(田辺元)。 五月 川崎武装メーデー。 「西田先生の教を仰ぐ」(田辺元)。 一一月 文部省に官民合同「思想問題研究会」設置。 『イデオロギーの論理学』(戸坂潤)。 内村鑑三没す。	四月 日本共産党、政治テーゼ草案。 右翼活溌化す。 九月 満州事変。 岩波講座『哲学』刊行開始。

昭和 (19	昭和7年 (1932)	8年 33)
62	63	64
七月　「プラトンのイデヤの本質」を『ギリシヤ・ラテン講座』に寄稿。 八月　「歴史」を岩波講座『哲学』に寄稿。 九月　「井上先生」を『井上先生喜寿記念文集』に寄稿。 「時間的なるもの及び非時間的なるもの」を『思想』に発表。 一二月　「ゲーテの背景」を『ゲーテ年報』に寄稿。 山田琴と再婚す。	二・三月　「自愛と他愛及び弁証法」を『哲学研究』に発表。 三月　慶応大学にて講演す。 五月　「自由意志」を『思想』に発表。 六月　法政大学にて「時の論理的構造」を講演す。 六・七月　「宗教・哲学・文化の諸問題について」の座談会を『読売新聞』に掲載。 七月　「私と汝」を岩波講座『哲学』に発表。 九月　長野市にて「実在の根柢としての人格概念」を講演す。 一〇月　「生の哲学について」を『理想』に発表。 一二月　『無の自覚的限定』を出版す。	一月　「短歌について」を『アララギ』に寄稿。 一・二月　京都大学にて講義。 二月　「形而上学序論」を岩波講座『哲学』に発表。 「知識の客観性」を『改造』に寄稿。 四月　「私と世界」を起稿。ついで「総説」を起稿。 九月　「数学者アーベル」を『朝日新聞』に寄稿。
	一月　上海事変。 日本ファシズム連盟結成。 三月　コップ弾圧。 四月　『歴史哲学』(三木清)。 五月　五・一五事件。 『日本資本主義発達史講座』刊行開始。 八月　三二年テーゼ。 国民精神文化研究所設置。 一〇月　唯物論研究会、創立。 一一月　『唯物論研究』創刊。 『ヘーゲル哲学と弁証法』(田辺元)。 『全体の立場』(高橋里美)。	一月　ヒトラー政権獲得。 三月　国際連盟脱退。 四月　滝川事件。 「無の論理は論理であるか」(戸坂潤)。 「西田哲学批判」(山崎謙)。

昭和（19	昭和9年（1934）	
	65	
一二月 『哲学の根本問題』を出版。 夏冬を鎌倉市姥ヶ谷五四七にて過すことがこの年から始まる。	一月 信濃哲学会々員に「行為の世界」を講演。 京都大学にて講演。 「現実の世界の論理的構造」を『思想』に発表。二・三月に及ぶ。 六月 「弁証法的一般者としての世界」を『哲学研究』に発表。七・八月に及ぶ。 一〇月 『哲学の根本問題続篇』を出版す。 一一月 京都大学英文学会にて「伝統主義について」を講演す。	一月 信濃哲学会々員のために「現実の世界の論理的構造」を講演す。 「世界の自己同一と連続」を『思想』に発表、二・三月に及ぶ。
六月 佐野・鍋山転向声明。 七月 神兵隊事件。 一二月 「リンチ」事件。 『哲学通論』（田辺元）。	二月 「絶対弁証法の観念論的性格」（船山信一）。 三月 満州国帝政。 日本プロレタリア作家同盟解体声明。 フランス・スペイン人民戦線運動。 四月 帝人疑獄事件。 「西田哲学の根本問題」（三枝博音）。 一〇月 陸軍省「国防の本義とその強化」を発表。 一一月 「社会存在の論理」（田辺元）。 『人間の学としての倫理学』（和辻哲郎）。 『日本資本主義分析』（山田盛太郎）。 『日本資本主義社会の機構』（平野義太郎）。	二月 天皇機関説問題となる。 『唯物論全書』刊行開始。 「日本浪漫派のために」（保田与重郎）。

年	年齢	事項	一般事項
昭和10年 (1935)	66	五月 「伝統主義について」を『英文学研究』に発表。 六月 京都大学美学会にて「表現作用」を講演。 七月 「私の人格の世界について」を『信濃教育』に寄稿。 「行為的直観の立場」を『思想』に発表、八・九月に及ぶ。 一一月 『哲学論文集第一』を出版。	四月 『西田哲学』(高山岩男)。 六月 文化擁護国際作家会議(パリ)。 七月 コミンテルン人民戦線戦術を採用。 九月 政府、国体明徴具体策を発表。 『風土』(和辻哲郎)。 一〇月 イタリア、エチオピア侵略。 「種の論理と世界図式――絶対媒介への哲学の道」(田辺元)。 『ヘーゲル研究』(務台理作)。 『日本イデオロギー論』(戸坂潤)。 『明治思想史』(鳥井博郎)。
昭和11年 (1936)	67	一月 「国語の自在性」を『国語』に寄稿。 五月 「理想編集者への手紙」を『理想』に寄稿。 七月 「論理と生命」を『思想』に発表、八・九月に及ぶ。 一二月 「フランス哲学についての感想」を『思想』に寄稿。	一月 『思想』西田哲学特集、(三木清「西田哲学の性格について」)。 二月 二・二六事件。 七月 コム・アカデミー事件。 一〇月 「ヒューマニズムの哲学的基礎」(三木清)。 「ヒューマニズムについて」(田辺元)。 一一月 日独防共協定。
		一月 「堀維孝君の四高三々塾についてを読みて」を武蔵高等学校校友会雑誌『武蔵』に寄稿。	四月 「知識階級と伝統の問題」(三木清)。

年	年齢	著作	事項
昭和12年 (1937)	68	三月「実践と対象認識——歴史的世界に於ての認識の立場——」を『哲学研究』に発表、四・五月に及ぶ。 五月『続思索と体験』を出版。 七月「種の生成発展の問題」を『思想』に発表。 八月「行為的直観」を『思想』に発表。 九月 長野女子専門学校にて「歴史的身体」を講演。 一一月 日本諸学振興委員会哲学公開講演会にて「学問的方法」を講演す。 『哲学論文集第二』を出版す。	五月 文部省教学局『国体の本義』を発表。 六月 第一次近衛内閣。 七月 中日戦争勃発。 九月『現代哲学』(古在由重)。 「種の論理の意味を明らかにす」(田辺元)。 一〇月「哲学の現代的意義」(戸坂潤)。 「科学政策の矛盾」(田辺元)。 「種の論理に対する批評に答う」(田辺元)。 一二月 矢内原事件。 人民戦線事件。 左翼的作家、評論家にたいする執筆禁止。 『歴史的世界』(高坂正顕)。
昭和13年 (1938)	69	三月「人間的存在」を『思想』に発表。 四月「始めて口語体の文章を書き出した頃」を『図書』に寄稿。 四・五月 京都大学学友会主催の月曜講義にて「日本文化の問題」を連続講演す。 八・九月「歴史的世界に於ての個物の立場」を『思想』に連載。 一〇月「岩井君の思出」を『実験心理学研究』(第五巻、第一・二輯)に寄稿。 一一月「ギリシア語」を『図書』に、「鎌倉雑談」を『中央公論』に寄稿。	一月「西田哲学の根本性格」(古在由重)。 二月 唯物論研究会解散。 労農派教授グループ検挙。 六月 国民精神総動員連盟、非常時国民生活様式改善委員会設置を決定。 「現代日本に於ける世界史の意義」(三木清)。 七月『日本哲学思想史』(永田広

	昭和14年 (1939)	15年 40)
	70	
	一月　「アブセンス・オブ・マインド」を『新風土』に寄稿。 二月　「トマス・アクイナスの全集」を『図書』に寄稿。 三月　「コニク・セクションス」を『図書』に寄稿。 「絶対矛盾的自己同一」を『思想』に発表。 文芸春秋社にて、三木清ら「西田幾多郎を囲む座談会」。 八月　「経験科学」を『思想』に発表。 九月　「明治の始頃、金沢の古本」を『図書』に寄稿。 一一月　『哲学論文集第三』を出版。	一月　御講書初儀の控として宮中に参内。 二月　「三宅真軒先生」を『図書』に寄稿。 三月　『日本文化の問題』を出版。 四月　「古義堂を訪うの記」を『図書』に、「若かりし日の東圃」を『国語国文学』に寄稿。
志)。 産業報国連盟創立。 九月　ミュンヘン協定。 一〇月　河合栄治郎事件。 『皇道日本の世界化』(徳富蘇峰) 『哲学的人間学』(高山岩男)。	一月　『新日本の思想原理』(昭和研究会)。 四月　出版統制強化。 五月　ノモンハン事件。 七月　国家総動員法全面発動。 『思想の運命』(林達夫)。 八月　独ソ不可侵条約。 九月　第二次大戦勃発。 『協同主義の哲学的基礎』(昭和研究会)。 『表現愛』(木村素衛)。 一〇月　「国家存在の論理」(田辺元)。 『構想力の論理第一』(三木清)。 『正法眼蔵の哲学』(田辺元)。 『文化類型学』(高山岩男)。	二月　紀元二千六百年の詔。 三月　津田左右吉の著書発禁、起訴。 六月　近衛文麿、新体制運動に乗出す。

昭和 (19	昭和16年 (1941)	
71	72	
八月「実践哲学序論」を岩波講座『倫理学』に発表。 九・一〇月 慶応大学にて連続講義。 一一月「読書」を『改造』に寄稿。 文化勲章を受く。 一二月「ポイエシスとプラクシス」を『思想』に発表。 「吾妻鏡」を『図書』に寄稿。	一月 御講書初儀に「歴史哲学について」を進講す。 四月 四女友子死去。 五・六月「歴史的形成作用としての芸術的創作」を『思想』に連載。 七月「高木博士の近世数学史談」を『図書』に寄稿。 九月「国家理由の問題」を岩波講座『倫理学』に発表。 一〇月 リュウマチスの大患のため衰弱、執筆不能、約一〇ヵ月病臥す。 一一月『哲学論文集第四』を出版。	七月 リュウマチスしだいに快癒、健康を回復す。 「知識の客観性について」を起稿。 山本良吉死去。「山本良吉弔詞」を執筆。 一〇月「明治二十四年頃の東京文科大学選科」を『図書』に寄稿。 一二月「山本晁水君の思出」を武蔵高等学校校友会雑誌『武蔵』に寄稿。
一〇月 大政翼賛会、結成。 一二月「西田哲学の意義」(佐藤信衛)。 『歴史的現実』(田辺元)。 『哲学入門』(三木清)。 『表現と論理』(務台理作)。 岩波講座『倫理学』刊行開始。	一月 陸軍情報局「戦陣訓」。 六月 独ソ戦勃発。 文部省学校報国団編成を指令。 九月 大政翼賛会、大東亜共栄圏文化工作案決定。 一〇月「思想報国の道」(田辺元)。 「実在概念の発展」(田辺元)。 一二月 太平洋戦争勃発。 『学術維新』(蓑田胸喜)。 『皇道哲学』(佐藤通次)。	一月 三木清ら、陸軍報道班員に徴用。 「大東亜共栄圏への道」(高坂正顕)。 高坂正顕・西谷啓治・鈴木成高・高山岩男による「世界史的立場と日本」についての

年	年齢	著作	事項
昭和17年 (1942)	73		座談会。 四月　右同、「東亜共栄圏の倫理性と歴史性」。 六月　「大東亜戦と世界観」(高坂正顕)。 九月　文学会同人を中心に「近代の超克」についての座談会。 一〇月　「歴史の推進力と道義的生命力」(高山岩男)。 一二月　大日本言論報国会、結成。 『民族の哲学』(高坂正顕)。 『世界史の哲学』(高山岩男)。
昭和18年 (1943)	74	一・二月　「知識の客観性について」を『思想』に連載。 五月　「世界新秩序の原理」を執筆。 五・六月　「自覚について」を『思想』に連載。 九月　「伝統」を『思想』に発表。 「物理の世界」を起稿。 一一月　「木村栄君の思出」を『思想』に寄稿。 一二月　「論理と数理」を起稿。	一月　高坂・西谷・鈴木・高山の座談会「総力戦の哲学」。 六月　学徒戦時総動員体制確立要綱発表。 「思想戦の形而上的根拠」(高坂正顕)。 七月　右翼の側からの西田哲学攻撃はじまる。 九月　イタリア無条件降伏。 一一月　大東亜共同宣言。 『時間と永遠』(波多野精一)。 『ギリシャの哲学と政治』(出隆)
		一月　「物理の世界」を『思想』に発表。 二月　「国体論」を執筆。	四月　学徒動員本部設置。 五月　文部省、学校工場化を指

昭和19年 (1944)	昭和20年 (1945)
75	76
三月 「論理と数理」を『思想』に発表。 「予定調和を手引として宗教哲学へ」を脱稿。 四月 「デカルト哲学について」を脱稿。 五・六月 「予定調和を手引として宗教哲学へ」を『思想』（合併号）に発表。 七月 「デカルト哲学について」および同「附録」を『思想』に発表。 「空間」を起稿、八月脱稿。 八月 『哲学論文集第五』を出版。 九月 「哲学論文集第四補遺」を『哲学研究』に発表。 「生命」を起稿。 一〇月 「生命」を『思想』に発表。 一二月 「数学の哲学的基礎づけ」を起稿。	一月 「数学の哲学的基礎づけ」を脱稿。 二月 「場所的論理と宗教的世界観」を起稿。 長女弥生死去。 四月 「場所的論理と宗教的世界観」を脱稿。 五月 「私の論理について」（絶筆）を起稿。 六月七日午前四時、鎌倉姥ケ谷において尿毒症のため急逝。九日逗子小坪火葬場にて荼毗に附す。法名、曠然院明道寸心居士。遺骨は三分して、神奈川県北鎌倉東慶寺、石川県河北郡宇ノ気町森、長楽寺、京都市右京区花園妙心寺山内霊雲院に埋む。 八月 「生命」（続篇）を『思想』に発表。 一〇月 「数学の哲学的基礎づけ」を『哲学研究』に発表。 一二月 『哲学論文集第六』刊行。
令。 六月 大日本言論報国会、ヒトラーに激励電報を送る。 七月 『改造』、『中央公論』に廃刊指令。 一一月 尾崎秀実ら死刑執行。 大日本言論報国会、「国民決戦綱領」を決定。 「国民主義理論の形成」（丸山真男）。 『魯迅』（竹内好）。 『場所の論理学』（務台理作）。 『ギリシャの哲学』（山内得立）。 『ヘーゲルの国家観』（金子武蔵）。 井上哲次郎没。	二月 米英ソ、ヤルタ会談。 五月 ドイツ、無条件降伏。 六月 大政翼賛会解散。 戸坂潤獄死。 七月 米英ソ、ポツダム会談。 八月 広島・長崎に原爆投下。 ソ連、対日宣戦。 ポツダム宣言を受諾して日本無条件降伏、天皇終戦詔勅。 九月 アメリカを中心に連合軍、日本占領、マッカーサー、「日本管理方針」声明。

			三木清獄死。 一〇月 GHQ、治安維持法などの撤廃を指令、政治犯出獄。
昭和21年 (1946)		二月『哲学論文集第七』刊行。 一〇月『西田幾多郎全集』の編輯始る。	
昭和22年 (1947)		三月『「続思索と体験」以後』刊行。	

主要参考文献

高坂正顕『西田幾多郎先生の生涯と思想』一九四七年、弘文堂
西田静子・上田弥生『わが父西田幾多郎』一九四九年、弘文堂（アテネ文庫）
竹内良知「西田幾多郎」（竹内良知編『昭和思想史』一九五八年、ミネルヴァ書房）
上山春平「ブルジョア自由主義の思想」（『近代日本思想史講座』第四巻、一九五九年、筑摩書房）
古田光「西田幾多郎」（務台理作・山崎正一編『近代社会思想史論』一九五九年、青木書店）
宮島肇『明治的思想家像の形成』一九六〇年、未来社
山田宗睦『日本型思想の原型』一九六一年、三一書房
下村寅太郎『西田幾多郎　人と思想』一九六五年、東海大学出版会
上山春平『日本の土着思想』一九六五年、弘文堂

著者略歴

1919年　大分県に生れる
1941年　京都大学文学部卒業
1977年　関西大学教授
1991年　没

近代日本の思想家 7
西田幾多郎

1966年 8月20日　初　　版　第1刷
1970年 7月25日　UP選書版　第1刷
2007年 9月21日　新 装 版　第1刷

［検印廃止］

著　者　竹内良知《たけうちよしとも》

発行所　財団法人　東京大学出版会
代表者　岡本和夫

〒113-8654
東京都文京区本郷 7-3-1 東大構内
電話 03-3811-8814　Fax 03-3812-6958
振替 00160-6-59964

装　幀　間村俊一
印刷所　株式会社平河工業社
製本所　牧製本印刷株式会社

ISBN978-4-13-014157-4　Printed in Japan

近代日本の思想家　全11巻

四六判　1〜10　定価各二九四〇円

1　福沢諭吉　遠山茂樹
2　中江兆民　土方和雄
3　片山潜　隅谷三喜男
4　森鷗外　生松敬三
5　夏目漱石　瀬沼茂樹
6　北村透谷　色川大吉
7　西田幾多郎　竹内良知
8　河上肇　古田光
9　三木清　宮川透
10　戸坂潤　平林康之
11　吉野作造　松本三之介
（二〇〇八年初春刊）